직장인을 위한 감정노동 솔루션

스트레스를 조율하는 리더
스트레스를 이겨내는 직원

스트레스를 조율하는 리더
스트레스를 이겨내는 직원

직장인을 위한 감정노동 솔루션

최환규 지음

두드림미디어

�)끈대 문화가 여전한 한국의 직장에서
스트레스를 이겨내는 방법

'아는 만큼 보인다'라는 말이 있다. 코로나19 발생 초기 치료와 예방 방법을 제대로 몰랐을 때는 이로 인한 공포와 스트레스는 상당했다. 시간이 지나면서 백신이 개발되고 예방 방법도 알게 되면서 사람들은 초기의 공포에서 벗어나 어느 정도 마음의 안정을 찾을 수 있었다. 이처럼 스트레스의 속성을 제대로 이해할 수 있다면, 스트레스로 인한 고통에서 벗어날 수 있다. 예방에서 그치지 않고 스트레스를 활용해 업무 성과를 높일 수도 있다.

어떤 병이라도 원인을 알면 예방과 치료가 수월해지는 것처럼 스트레스도 마찬가지다. 스트레스의 원인이 일 때문이라면 업무 수행 능력을 향상하거나 업무량을 조절하는 것으로 해결할 수 있다. 스트레스의 원인이 상사나 동료 혹은 고객이라면 상대와의 관계 개선이나 문제 해결을 통해 스트레스를 해소할 수 있다.

스트레스에 대한 지식은 리더에게만 필요한 것은 아니다. 스트레스에 관한 지식은 나를 지켜주는 안전 표지판과 같은 역할을 한다. 도로에 안전 표지판이 없는 채 작업을 한다면, 작업자는 자신에게 다가오는 차에 신경 쓰느라 일에 집중할 수 없게 되면서 작업 효율은 떨어진다. 마찬가지로 직장에서 스트레스에 시달리면 안전 표지판이 없는 상태로 일할 때처럼 일에 집중할 수 없게 된다. 이런 상태에서의 결과물은 질이 떨어지거나 목표를 달성하지 못하는 것은 당연하다.

직장인에게 스트레스는 휴대전화와 같은 존재다. 직장인이 휴대전화를 어떻게 사용하느냐에 따라 긍정적인 결과를 얻을 수도 있지만, 득보다 실이 많은 존재가 될 수도 있다. 스트레스도 마찬가지다. 스트레스로부터 긍정적인 결과를 얻기 위해서는 스트레스를 건강하게 해소하고 생산적인 결과를 얻을 수 있는 지식과 노력이 필요하다.

직장인이 경험하는 스트레스의 원인에는 '사람들이 함께 일하는 조직의 속성 때문에 발생하는 스트레스'가 대부분이다. 하지만 이런 원인을 바탕으로 스트레스를 설명하는 책은 그리 많지 않다. 이것이 이 책을 출간하게 된 이유다. 이를 위해 긍정심리학, 긍정조직학, 조직심리학, 의미치료를 중심으로 한 실존주의 심리학, 코칭 이론을 바탕으로 이 책의 내용을 구성했다.

이 책은 직장에서 경험할 수 있는 여러 스트레스를 중심으로 설명했다. 특히, 서열 관계로 인한 스트레스나 꼰대 문화와 같은 스트레스는 우리나라 조직문화만의 특징이라고 할 수 있다. 이와 함께 직장인이 흔히 경험하는 건강하지 못한 조직문화로 인한 스트레스, 상사로 인한 스트레스, 조직원으로 인한 스트레스를 구분해 설명하고 있다. 이에 관한 해결책으로 조직 차원에서의 방안, 리더가 갖춰야 할 역량 향상 방법과 실천해야 할 내용 그리고 조직원이 실천해야 할 내용 등을 구분해 설명함으로써 직장인들이 스트레스를 더 깊이 이해하고 스트레스의 고통에서 벗어날 방법을 제시했다.

이 책을 통해 조직원들이 스트레스의 굴레에서 벗어나 마음껏 자신의 능력을 발휘하면서 즐겁고 보람찬 일터를 만드는 데 작은 도움이나마 됐으면 하는 바람이다. 이 순간에도 스트레스로 인해 힘들어하는 직장인에게 도움이 되기를 바라며 모든 직장인에게 응원과 찬사를 보낸다.

CONTENTS

3장

오늘도 격하게 사표 쓰고 싶다?
직장인을 괴롭히는 다양한 스트레스 원인

4장

지금 당장 고생 끝, 행복 시작!
만성적 스트레스의 굴레에서 탈출하기

1장

과연 제대로 알고 있을까?
스트레스를 안다고 생각했던 당신,

스트레스는 편견이라는
초원을 달리는 희생양?

살아가는 동안 스트레스로부터 자유로운 사람은 아무도 없다. 무인도에서 혼자 살더라도 비나 바람과 같은 외부로부터의 자극은 항상 존재하기 때문에 스트레스 상황에서 벗어날 수 없다. 즉, 모든 사람은 살아있는 동안 정도의 차이는 있지만, 스트레스에 노출된 채 살아가는 것이다. 따라서 스트레스가 있다는 의미는 생명을 유지하면서 일상생활을 하고 있다는 것을 인식할 기회이기도 하다.

이처럼 스트레스에서 벗어나려는 시도는 또 다른 스트레스를 만들기도 한다. 지금의 직장에서 스트레스를 받고 있다고 다른 직장을 찾는다면, 희망하는 직장에서 자신을 원하지 않으면 더 큰 스트레스를 경험할 수도 있다. 따라서 스트레스는 살아있는 동안 함께 해야 하는 숙명이라고 생각하고, 스트레스의 속성을 이해한 다음 스트레스를 활용해 긍정적인 결과를 만드는 것이 스트레스의 현명한 대처 방법일 수 있다.

1) 외부 자극이 없어도 스트레스를 경험할 수 있다

놀이공원에 놀러 온 신나라 씨와 반대한 씨는 오랜 기다림 끝에 롤러코스터에 앉았다. 신나라 씨는 롤러코스터를 즐기지만, 반대한 씨는 신나라 씨가 같이 타고 싶다는 말에 어쩔 수 없이 타게 됐다. 롤러코스터가 서서히 움직이자 신나라 씨와 반대한 씨의 심장 박동은 빨라지기 시작했다. 롤러코스터가 정상 근처에 이르자 신나라 씨와 반대한 씨의 긴장감은 최고조에 달하면서 반대한 씨는 비명을 지르기 시작했지만, 신나라 씨는 반대한 씨와는 달리 긴장되는 상황을 즐기기 시작했다.

롤러코스터에서 신나라 씨와 반대한 씨의 모습은 완전히 다르다. 신나라 씨의 긴장은 즐거운 상황을 기다리는 기대에 부푼 긴장이지만, 반대한 씨의 긴장은 불안감과 초조함으로 인한 긴장이다. 두 사람이 롤러코스터라는 같은 경험을 하지만, 두 사람이 느끼는 긴장감의 원인과 결과는 완전히 다르다.

직장인이 경험하는 스트레스는 일상의 평형 상태를 깨뜨리거나 변화시키는 요인에 의해 신체나 감정에서 긴장 상태에 놓이는 만드는 것이다. 외환위기나 금융위기처럼 회사의 생존을 위협할 정도의 엄청난 환경 변화로 느끼는 긴장감이 아니라면 직장인이 경험하는 스트레스 대부분은 스스로 만드는 긴장감도 한몫한다.

반대한 씨와 신나라 씨는 롤러코스터를 탑승함으로써 일상에서의 변화를 줬다. 만약 롤러코스터가 사고가 빈번하게 발생하는 놀이기구라면 신나라 씨와 반대한 씨는 놀이기구를 탈까 말까를 결정할 때부터 롤러코스터 운행이 끝날 때까지 안전하지 않다는 생각에서 오는 긴장감을 느끼면서 스트레스를 받게 된다. 하지만 반대한 씨가 안전이

검증된 롤러코스터를 탈 때도 긴장한 것은 불안을 느끼면서 스스로 마음의 평형 상태를 무너뜨렸기 때문이다.

여러 관광지에 구름다리가 있다. 구름다리 중간에 유리로 아래를 볼 수 있도록 만든 곳도 많다. 구름다리를 걷는 사람 중에는 유리를 통해 아래를 보는 것이 무서워 구름다리에서 공포심을 느끼면서 구름다리 끝까지 가는 것을 포기하기도 한다. 다리 아래를 보도록 만든 작은 창이 사람들에게 긴장감을 넘어 공포심을 느끼게 만든 것이다. 하지만 구름다리가 안전하다는 믿음이 강할수록 구름다리의 경관을 즐길 가능성이 커진다.

산업이 발달하면서 안전한 근무환경에서 일하는 조직원도 여전히 스트레스에 민감하게 반응하는 이유는 우리 뇌는 여전히 과거와 같은 방식으로 스트레스를 인식하기 때문이다. 이처럼 직장인이 경험하는 스트레스는 외부의 자극으로 인해 마음의 균형이 무너지는 경우보다는 직장인 스스로 균형을 무너뜨려 스트레스를 경험하기도 한다.

2) 비가 온다고 항상 홍수가 나지는 않는다

소나기는 맞는 사람에 따라 반응이 달라진다. '가뭄에 단비'라는 말처럼 가물 때 내리는 소나기는 농사에 큰 도움이 되지만, 운전하는 사람이나 관광객에게는 전혀 반갑지 않은 불청객이다. 한겨울에 도심에 내리는 폭설은 운전자에게는 불편한 존재이지만, 운동장에서 노는 아이에게는 큰 선물처럼 반가운 존재다. 이처럼 같은 자극이라도 때와 장소 그리고 사람에 따라 전혀 다르게 받아들일 수 있다.

사람마다 같은 스트레스라도 다르게 반응한다. 함께 롤러코스터를 탄 신나라 씨와 반대한 씨의 반응은 다르다. 롤러코스터 탑승은 신나라 씨에게는 긴장감 넘치는 즐거운 시간을, 반대한 씨에게는 괴롭고 힘든 경험을 제공했다. 스트레스는 많은 사람의 기억 속에 반대한 씨처럼 괴롭고 힘들었다는 부정적인 기억만이 자리하고 있을 가능성이 있다. 이런 이유로 사람들은 스트레스 자체를 부정적으로 받아들이고, 스트레스는 '피해야 한다'라는 믿음이 생기면서 거의 모든 사람이 스트레스는 '나를 힘들게 하는 원인'이라고 부정적으로 인식한다.

사람은 생존을 위해 긍정적인 경험보다 부정적인 경험을 더 오래 기억하고 부정적인 경험의 영향을 더 크게 받는다. 이로 인해 스트레스에 대한 기억은 자신을 힘들게 했던 경험만 있는 것처럼 여긴다. 스트레스의 긍정적인 영향을 많이 체험한 사람도 긍정적인 영향보다는 부정적인 영향을 먼저 떠올릴 가능성이 크다. 이런 편견에서 벗어나기 위해서는 스트레스의 속성을 명확하게 이해할 필요가 있다.

3) 내가 알고 있는 스트레스 지식은 반쪽짜리?

스트레스의 뜻에 담겨있는 긴장과 압박, 그리고 고난이나 역경에 관한 기억은 불편함이나 불쾌함과 관련이 있다. 우리는 어릴 때부터 가족, 친척이나 친구들과 비교를 당하면서 비교우위에 서라는 압박을 받기 시작했다. 주변에 있는 사람만이 아니라 언론에 보도되는 사람과 비교를 당하면서 살아야 했다. 누구보다도 빨리 말을 하고, 활동적이어야 했고, 학교에 입학하면서부터는 모든 과목에서 우등생이 돼야 했다. 하지만 성적이 우수하거나 열등하거나 압박을 받기는 마찬가지였다. 우등생은 성적을 유지하거나 올리기 위해, 열등생은 성적을 올리라는 압박을 받으면서 성장했다.

학교를 졸업하고 직장에서도 압박감과 긴장감은 계속된다. 아침에 출근하면 처리해야 할 업무가 쌓여있다. 여기에 관련 부서에서 뜬금없이 자료를 요구하면서 마치 그 자료를 맡겨놓은 것처럼 미안한 기색도 없이 즉시 처리하라는 말을 들으면 화가 나지만, 내색도 못 하고 조금만 늦춰달라고 사정해야 한다. 이럴 때 옆에서 나곤대 부장이 "긴장이 풀어졌다."라느니 "나 때는 이렇게 느슨하게 일을 하지 않았다."와 같은 잔소리를 하면서 사람 속을 뒤집어 놓는다. 이런 부정적인 경험에 따른 스트레스를 디스트레스라고 한다.

하지만 우리는 알게 모르게 유익한 스트레스를 경험하고 활용하고 있다. 초보운전 때를 떠올리자. 차를 운전하기 위해 운전석에 앉는 순간 긴장한다. 운전대를 잡으면 사고를 막기 위해 온 신경을 전방에 집중한다. 마찬가지로 시험 직전 잠깐 책을 볼 때도 엄청난 집중력을 발휘한다. 이때 경험하는 스트레스는 안전 운전이나 좋은 성적이라는 결과물을 만들어내는 유익한 스트레스다. 이런 스트레스를 유스트레스라고 한다.

업무에서도 유익한 스트레스를 수시로 경험하지만, 해로운 스트레스의 영향이 유익한 스트레스보다 더 크기 때문에 가끔 유익한 스트레스의 존재를 잊어버리고, 유익한 스트레스의 효과를 제대로 활용하지 못하고 있다.

4) 적절한 자극은 오히려 업무 성과를 끌어 올린다

신나라 씨가 롤러코스터를 즐기기 위해 놀이공원에 갔다. 그날따라 롤러코스터를 점검하는 날이라 롤러코스터를 탈 수 없었다. 다른 선택지가 없어 다른 롤러코스터를 탔지만, 별다른 재미를 느끼지 못했다.

신나라 씨가 롤러코스터를 탔지만, 즐거움을 느끼지 못한 것은 자극의 강도가 약했기 때문일 것이다. 이처럼 자극의 강도가 약하면 재미가 줄어들 수 있다. 만약 신나라 씨를 자극하지 못한 롤러코스터를 반대한 씨가 탔다면, 반대한 씨는 신나라 씨와 달리 재미를 느꼈을 가능성이 있다. 이것을 그림으로 설명하면 아래와 같다.

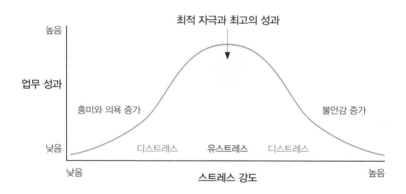

업무도 마찬가지다. 단순하고 반복적인 작업은 흥미를 느끼지 못하게 하고, 지루하기만 하다. 반대로 너무 어려운 업무를 맡게 되어도 부담감과 불안감을 느낄 수 있다. 따라서 조직원이 하는 업무의 난이도를 조정하는 일이 상사의 중요한 역할 중 하나다.

상사의 배려로 쉬운 업무를 담당하면 업무를 통해 성장하지 못할 수 있다. 이와는 달리 자신의 능력에 비해 너무 어려운 업무를 담당하면 그 담당자는 성장보다는 좌절할 가능성이 크다. '적재적소'란 말처럼 상사는 조직원 역량을 객관적으로 평가해 조직원의 능력보다 조금 어려운 과제를 부여할 필요가 있다. 이럴 때 조직원은 성장하고, 조직의 성과는 높아질 수 있다.

리더십이나 코칭 등에서 강조하는 공통적인 내용은 리더는 조직원에게 건강한 자극을 통해 조직원의 능력을 개발하고 성과를 향상하라는 것이다. 건강한 자극이 곧 유익한 스트레스를 의미한다.

리더와 조직원은 해로운 스트레스는 예방하고 유익한 스트레스를 얼마나 활용하느냐에 따라 조직의 성과가 결정될 수 있다. 이를 위해서는 유익한 스트레스와 해로운 스트레스의 원인을 제대로 파악해야 예방과 활용을 할 수 있다.

스트레스 요인과
스트레스 반응은 다르다

퇴근 무렵 나곤대 부장이 "내일 사장님께 보고드릴 자료를 만들어야 합니다"라는 말을 했다고 하자. 나곤대 부장의 말에 신나라 씨는 '오늘은 퇴근이 늦어져 드라마를 보지 못하겠네'라고 아쉬워하면서 하던 일을 계속했다. 반면, 반대한 씨는 "갑자기 야근하라고 하면 약속이 있는 사람은 어떻게 해"라고 화내면서 사장과 부장을 향해 불만을 늘어놓기 시작했다.

반대한 씨가 불만을 품은 이유는 부장의 갑작스러운 업무 지시로 퇴근 시간이 늦어졌기 때문이다. 이로 인해 반대한 씨가 스트레스를 받았다면, 스트레스의 원인(스트레스원)은 '퇴근 무렵의 업무 지시로 퇴근 시간이 늦어진 것'이다. 불만을 품으면서 주변 사람에게 불만을 말한 것이 스트레스 반응(증상)이다.

사람은 생존에 영향을 미치는 위험을 감지한 순간 선택을 해야 한다. 숲 속에서 멧돼지를 만났다고 하자. 이때 생존하는 방법은 멧돼지와 싸워 이기거나 멧돼지의 공격에서 벗어나기 위해 멀리 도망가는 것이다. 우리가 멧돼지와 같은 장애물을 만나면 평상심을 잃게 되면서 스트레스를 느끼게 되면서 반응하게 된다.

1) 스트레스 반응

신나라 씨와 반대한 씨의 반응에는 분명히 차이가 있다. 신나라 씨는 퇴근 시간 이후 근무에 대해 별다른 불만이 없었지만, 반대한 씨는 강한 불만을 드러내었고, 이로 인해 주변 사람들까지 불편함과 불쾌함을 느끼게 했다. 이처럼 스트레스원에 반응하는 방법에 따라 자신만이 아니라 주변 사람들에게까지 영향을 미친다.

스트레스와 연관된 단어나 기억은 대부분 부정적인 경험이나 기분일 것이다. 스트레스는 인간의 생존에 직접적인 도움을 줬다. 지금처럼 문명이 발달하기 전 인간은 온갖 위험에 노출됐고, 그런 위험에 맨몸으로 맞서야 했기 때문에 위험을 감지하는 순간 얼마나 빨리 그 위험에 맞서거나 도망치느냐에 따라 생존이 결정됐다. 따라서 스트레스 반응은 차분하게 문제의 원인을 파악하고, 해결 방법을 찾는 이성적인 반응이 아니라 자극을 받으면 생존을 위해 반응 시간을 줄이는 감정적인 반응을 하게 됐다.

2) 스트레스 반응의 종류

스트레스 상황에서의 반응은 자극 호르몬인 아드레날린이나 다른 호르몬이 혈중 내로 분비되어 우리 몸을 보호하려고 하는 반응으로 위험에 대항해 싸우거나 그 상황을 피할 힘과 에너지를 제공한다. 위험한 상황에서 대처하는 방법은 싸움(fight) 혹은 도망(flight) 중에서 선택해야 하는데 이것을 스트레스 반응이라고 한다. 스트레스로 인한 반응은 크게 생리, 심리 그리고 행동으로 구분할 수 있다.

생리적 반응

호흡이 가빠진다. 긴장이나 불안으로 인한 스트레스는 몸속 교감신경을 활성화해 호흡이 얕고 빨라지도록 한다. 이처럼 가쁜 호흡을 심하게 하는 상태를 과호흡증후군이라고 한다. 과호흡으로 인해 산소를 자꾸 들이마시면 상대적으로 몸에 이산화탄소가 부족해지면서 실신이나 어지럼증이 생길 수 있다.

심장 박동이 빨라진다. 스트레스는 아드레날린, 카테콜아민 등 교감신경을 흥분하게 만드는 호르몬을 분비해 심장 박동을 빠르게 한다. 심장 박동이 빨라지면 평소보다 심장에 많은 혈액이 필요한데, 스트레스로 인해 혈관이 좁아진 상태에서는 심장에 충분한 혈액을 공급할 수 없게 되면서 심장마비가 올 수 있다. 스트레스가 심한 사람에게서 돌연사가 많이 발생하는 이유가 여기에 있다.

피곤함과 소화불량도 스트레스 반응이다. 스트레스 상황에서 몸이 스트레스 상황에 빠르게 대처할 수 있도록 에너지를 공급하기 위해 간은 비축하고 있던 포도당을 혈액에 분비한다. 많은 포도당이 분비되기 때문에 스트레스를 받을 때 몸이 쉽게 피로해지고 지치게 된다. 이와 함께 스트레스가 발생하면 우리 몸은 위장에서 사용되는 혈액까지 근육이나 신체의 여러 장기로 보낸다. 만약 식사를 다 하고 난 뒤 별다른 이유 없이 소화가 잘되지 않는다면, 스트레스로 인해 위장이 제 기능을 제대로 못 하기 때문일 가능성이 크다.

사람의 몸은 스트레스 상황에 맞서 싸우거나 스트레스 상황에서 벗어나기 위해 민첩하게 움직일 준비를 한다. 이 과정에서 근육의 긴장도가 높아지고, 스트레스를 받는 상황이 오래 지속되면 근육의 피로도가 쌓여 근육 통증이 올 수 있다.

스트레스 반응에 따른 신체의 변화

- 근육, 뇌, 심장에 더 많은 혈액을 보내줄 수 있도록 맥박과 혈압의 증가가 나타난다.
- 더 많은 산소를 얻기 위해 호흡이 빨라진다.
- 행동할 준비로 인해 근육이 긴장한다.
- 상황판단과 빠른 행동을 위해 정신이 더 명료해지고 감각기관이 더 예민해진다.
- 위험을 대비한 중요한 장기인 뇌·심장·근육으로 가는 혈류가 증가한다.
- 위험한 시기에 혈액이 가장 적게 요구되는 곳인 피부·소화기관·신장·간으로 가는 혈류는 감소한다.
- 추가 에너지를 위해서 혈액 중에 있는 당·지방·콜레스테롤의 양이 증가한다.
- 외상을 입었을 때 출혈을 방지하기 위해 혈소판이나 혈액응고인자가 증가한다.

심리 반응

반대한 씨는 상사로부터 급하게 자료를 작성해야 한다는 말에 화가 났다. 상사의 지시로 인해 퇴근 후 자기만의 시간을 즐기겠다는 계획이 무산되면서 마치 적으로부터 기습 공격을 받은 사람처럼 당황스러운 상황을 맞이하면서 불만을 품게 된 것이다.

스트레스 상황에서는 불안, 분노나 우울 등 부정 감정을 느끼는 경우가 대부분이다. 우울은 업무 스트레스로 인해 발생하는 결과의 하나다. 직장인의 우울은 두통, 만성 속쓰림, 위식도역류 질환, 만성 피로 등 신체적 증상과 불안, 초조 등 정신적 증상을 유발한다. 우울은 신체적 증상 이외에도 사회적 고립, 약물 남용, 알코올 중독 등 부작용을 초래해 심한 경우 극단적 선택으로도 이어질 수 있는 위험한 증상이다.

행동 반응

스트레스에 반응하는 이유는 스트레스가 생존에 영향을 미치기 때문이다. 즉, 사람은 스트레스를 느낄 때 생존에 도움이 되는 선택을 한다. 맹수가 자기를 노려본다면, 생명을 유지하기 위해서는 맹수와 맞서 싸우거나 재빨리 도망가야 한다. 이때 맹수와 맞서 싸우면 투쟁 반응이라고 하며, 도망을 가면 도피 반응이라고 한다.

스트레스 반응은 여전히 직장인에게 영향을 미친다. 감정노동을 하는 직장인이 외부의 자극으로 인해 생명에 영향을 받을 일은 거의 없다. 하지만 직장인은 스트레스를 받을 때 맹수를 앞에 둔 것처럼 투쟁이나 도피 반응을 보인다.

상사가 부하에게 큰소리로 야단치더라도 부하의 생명에는 영향이 없다. 큰소리를 듣는 부하보다 큰소리를 지르는 상사가 뇌출혈이나 심장마비를 먼저 경험할 가능성이 더 크다. 하지만 많은 사람이 상사의 질책을 생명을 위협하는 총알이나 화살로 인식하기 때문에 불필요한 갈등을 만들고, 실제보다 더 높은 강도의 스트레스를 경험하는 것이다.

직장인의 가장 큰 위협은 '자기 머릿속에서 살아가는 맹수'이다. 직장인이 일하는 과정에서 상사나 동료로부터 생명의 위협을 받는 때는 없지만, 막연한 두려움이 상사나 동료를 맹수로 만들어 불필요한 충돌을 일으키는 것이다.

3) 직장인의 머릿속에 자리 잡은 맹수

직장인의 고통은 자기 뜻대로 스트레스 반응을 선택할 수 없다는 것이다. 위험을 맞닥뜨릴 때의 선택은 싸우거나 피하는 것이다. 그런데 직장인은 상사와 싸울 수도, 상사의 지시를 거부할 수도 없기에 직장인에게 스트레스는 필요악이다.

지금 회사에서 업무나 사람으로 인해 스트레스로 고통받는 사람이 있다고 하자. 이 사람이 다른 회사로 이직하더라도 일과 사람으로 인한 스트레스에서 해방된다는 보장이 없다. 직장생활을 하는 동안 정도의 차이는 있지만, 사람과 일에서 벗어날 수 없게 된다. 이런 상황이 되면 머릿속에서 잠자던 맹수가 깨어나 스트레스 상황을 통제하게 된다.

머릿속의 맹수는 사소한 스트레스에도 과도하게 반응하게 만든다. 롤러코스터를 타는 동안 느끼는 약간의 공포를 생명을 위협하는 공포라고 인식하게 만들고, 상사의 갑작스러운 업무 지시에 과도한 불만을 느끼게 만드는 등 직장인이 주의해야 할 스트레스의 원인은 머릿속 맹수의 통제를 받는 자신일 수 있다.

일이 많아도, 일이 적어도 스트레스를 받기는 마찬가지다. 선량한 직장인이 받을 수 있는 최악의 결과는 연봉 삭감 혹은 원하지 않는 업무로 배치받은 것이다. 이런 상황은 불편하거나 힘든 것이지 목숨까지 위협받을 상황은 아니다.

직장인은 스트레스로 인해 치명적인 영향을 받을 상황이 없다고 확신할 필요가 있다. '롤러코스터는 안전하고 재미있는 놀이기구다'라고 믿을 때 롤러코스터를 즐길 수 있으며, 투명창이 있는 다리 위에서도 '다리는 안전하다'라고 믿을수록 주변 경관을 더 많이 볼 수 있다. 직장에서도 '상사와 동료로 인해 고통을 받고 있다'라는 생각보다 '상사와 동료는 내게 도움을 주는 사람이다'라는 인식이 강할수록 자기 머릿속에 있는 맹수를 쫓아내고 마음의 평화를 얻을 가능성이 커진다. 이럴 때 조직에서 자신도 성장할 수 있다.

결국, 스트레스의 해소 주체는 '나'이고 '나'여야 한다. 주변에서 아무리 도와주더라도 스스로 스트레스를 제대로 이해하고, 적절하게 대처하지 못한다면, 머릿속의 맹수를 쫓아내지 못하기 때문이다.

똑같은 스트레스가 공격해도
대처하는 방법은 사람마다 천차만별!

신나라 씨와 반대한 씨가 롤러코스터에서 내린 후의 모습은 다르다. 신나라 씨는 롤러코스터를 타는 내내 즐거움을 만끽했지만, 반대한 씨는 롤러코스터에 타는 순간부터 내릴 때까지 두려움에 떨었다.

신나라 씨는 롤러코스터를 타는 동안 느낀 흥분이 남아 있는 채 반대한 씨에게 "너무 재밌었지? 한 번 더 탈까?"라고 제안했다. 하지만 반대한 씨는 신나라 씨에게 "또 타자고? 미쳤어?"라고 소리를 지르면서 그대로 출구로 걸어갔다.

1) 같은 자극이라도 사람마다 다르게 받아들인다

같은 자극에 대해 사람마다 느끼는 강도는 다르다. 신나라 씨와 반대한 씨는 롤러코스터를 타면서 다른 감정을 느꼈다. 신나라 씨는 재미와 흥분을, 반대한 씨는 불안과 두려움을 느낀 것이다. 같은 놀이기구를 타면서도 사람마다 다른 감정을 느낀다. 즉, 같은 자극에 대해 다른 반응을 보이는 것이다. 하지만 안전에 문제가 없는 데도 불안을 느낀다면, 그 원인은 우리 마음속에 있다.

막연한 불안이 우리를 힘들게 한다. 아이들은 어른들과 달리 전망창이 달린 구름다리에서도 신나게 뛰어다닌다. 어른들과 달리 유리로 된 구간도 망설임이 없다. 아이들이 어른과 다르게 행동하는 이유는 위험에 관한 직간접 경험이나 지식이 어른에 비해 없거나 부족하기 때문이다. 그저 순수한 마음으로 놀이기구처럼 즐기기 때문에 어른들처럼 실체가 없는 두려움으로 인한 망설임이 없는 것이다.

'모르는 게 약'이라는 말처럼 아이들은 위험에 대한 감수성이 어른에 비해 부족하다. 어른들은 롤러코스터에 타기 전 '만약 놀이기구가 고장이 나거나 궤도에서 이탈하면 어떡하지?'라고 의심하지만, 아이들은 어른들과 달리 놀이기구를 즐기는 것에만 집중한다. 어른들처럼 사서 불안을 느끼지 않는 것이다.

직장에서의 스트레스도 막연한 불안감이 원인이 될 때가 많다. 익숙하지 않은 업무를 해야 하는 경우 여러 생각이 든다. '내 잠재능력을 시험할 수 있는 좋은 기회이다' 혹은 '새로운 업무를 해볼 수 있는 좋은 기회이다'라는 긍정적인 생각보다는 '제대로 해내지 못하면 어쩌지?' 혹은 '능력이 부족하다는 것이 드러나면 어쩌지?'라는 부정적인 생각으로 인해 걱정, 불안이나 불편과 관련이 있는 부정 감정을 느끼기 쉽다. 이런 생각을 하는 순간 마음속에서는 소용돌이가 일어나면서 스트레스를 느끼게 된다.

2) 자극에 대한 반응은 스스로 결정하라

조선소나 제철소의 여름 작업장은 견디기 어려울 정도로 온도가 높다. 이런 환경에서 일하는 사람은 작업 환경으로 인한 스트레스가 상당하지만 이에 대한 반응은 사람마다 다를 수 있다. 더위를 견디지 못해 일을 포기하는 사람도 있지만, 묵묵히 자기 일에 집중하는 사람도 있다. 이처럼 같은 스트레스원에 대한 반응이나 스트레스에 견디는 힘은 사람마다 다르다.

나곤대 부장의 퇴근 시간 후 근무 지시에 대해 신나라 씨와 반대한 씨의 반응은 다르다. 신나라 씨는 어차피 야근을 피하기 어려우니 업무에 집중해 빨리 마무리하는 것이 오히려 일찍 퇴근할 수 있다고 생각해 별다른 불만 없이 업무에 집중했다.

반면, 반대한 씨는 나곤대 부장이 지위를 이용해 부당하게 야근을 지시한다고 받아들였다. 이런 부정적인 생각은 반대한 씨를 분노하게 했다. 분노한 반대한 씨는 동료들에게 나곤대 부장을 비난하는 것으로 자신의 감정을 표출했다.

반대한 씨가 아무리 나곤대 부장을 비난하더라도 해야 할 업무가 줄어들지는 않는다. 반대한 씨는 격앙된 감정으로 인해 업무에 집중하기 어려워진다. 반대한 씨가 평상심을 잃으면서 업무에 집중하지 못하게 되면 평소보다 업무 처리가 늦어질 가능성만 커진다. 이로 인해 퇴근 시간은 늦어지고, 실수로 인해 나곤대 부장에서 질책을 들을 가능성만 남을 뿐이다.

이처럼 현명하지 못한 스트레스 반응은 업무에 지장을 초래하고 상사나 동료와의 관계에 부정적인 영향을 미친다. 그러므로 특정 상황에서 자신이 어떻게 반응하는지 파악할 수 있다면, 이에 대한 대비도 수월해진다.

3) 불안과 분노가 스트레스 반응을 결정한다

스트레스 상황에서 보이는 대표적인 반응은 '불안'과 '분노'이다. 특정 상황에서의 감정은 스트레스 반응을 결정하는 데 영향을 미친다. 불안을 느낀 사람은 그 상황을 정면으로 맞닥뜨리기보다는 피하려고 노력하고, 분노한 사람은 싸우려고 한다.

다양한 스트레스는 감정과 밀접한 연관성을 가지고 있다. 만약 직장에서 부당하게 해고당하면 분노나 우울과 같은 감정을 느끼게 되며, 이런 감정은 다양한 생리적(혈압, 혈당, 내분비 등) 변화를 일으키게 된다. 따라서 스트레스 반응을 이해하기 위해서는 불안과 분노와 같이 스트레스와 관련이 있는 감정을 이해할 필요가 있다.

불안은 도피 반응과 관련이 있다

롤러코스터의 긴장감을 즐기는 신나라 씨와 달리 반대한 씨는 롤러코스터를 피한다. 반대한 씨는 신나라 씨와 달리 롤러코스터에서 느끼는 불안과 긴장감이 싫기 때문이다. 반대한 씨는 이런 이유로 신나라 씨가 놀이공원에 놀러 가자고 말할 때마다 사전에 약속이 있다는 핑계가 통해 지금까지 롤러코스터를 타지 않을 수 있었다. 하지만 친한 친구 모두와 함께하는 날이어서 어쩔 수 없이 롤러코스터 앞에까지 왔지만, 자기 앞에서 기다리는 사람의 숫자가 줄어들 때마다 불안함이 커지고 있다.

반대한 씨가 처음부터 롤러코스터에 불안함을 느낀 것은 아니다. 몇 년 전 다른 놀이공원에서 공중자전거를 탈 때 강한 바람으로 자전거가 심하게 흔들리면서 불안감을 느끼기 시작했다. 이런 상황에서 함께 자전거를 타던 친구가 자신의 마음도 몰라주고 흔들리는 자전거가 재미있다고 일부러 흔들기까지 하는 것이었다. 반대한 씨가 놀이공원에서 불안감을 느낀 며칠 후 외국의 놀이공원에서 롤러코스터가 고장나 탑승객이 몇 시간 동안 공포에 떨었다는 언론보도 이후 놀이기구에 대한 불안감은 커져만 갔다.

반대한 씨는 이때부터 다른 사람이 즐기는 놀이기구라도 땅에서 떨어져 움직이는 놀이기구를 볼 때마다 고장 난 롤러코스터가 떠올라 불안함을 느끼기 시작했다. 친구가 놀이기구를 타자는 소리만 들어도 '이번에는 어떤 핑계를 대면서 피할까?'라는 생각을 하면서 스트레스를 받는다.

반대한 씨처럼 불안은 누구나 일상생활에서 경험하는 불쾌하고 고통스러운 감정이며, 위험하거나 위협적인 상황에서 나타나는 자연스러운 반응이다. 사람은 불안함을 느꼈을 때 부정적인 결과가 발생하지 않도록 긴장하고 경계하며, 조심스럽게 행동한다. 이런 과정을 통해 위협적인 상황을 벗어나면 다시 안도감을 느끼고 긴장을 풀면서 편안한 기분이 된다.

불안은 불쾌한 감정 반응으로 여러 가지 신체적·생리적 반응과 함께 위험 요소를 제거하거나 회피하기 위해 행동하기도 한다. 두려움은 눈앞에 칼을 든 강도가 나타났을 때와 같이 구체적인 위험이 있을 때 느끼는 감정이다. 반면, 불안은 '대표이사에게 사업계획서 보고를 망친다면, 부하들에게 체면이 깎일 것 같다'와 같이 미래지향적이고 두려움보다는 실체가 없는 위협이 된다.

두려움과 불안은 스트레스 반응 중 도피 반응과 관련이 있다. 밤에 술 취한 사람들이 큰 소리로 싸우고 있으면 이들을 피해 조금 멀더라도 다른 길을 선택하는 것도 위험을 회피하기 위한 선택이다. 그러나 두려움과 불안이 지나치면 문제가 될 수 있다. 반대한 씨가 롤러코스터의 안전에 대한 막연한 불안으로 놀이기구를 즐기지 못하는 것처럼 위험 평가가 지나치면 업무에서나 인간관계에서나 부작용이 발생할 수 있다.

불안은 대인관계에서 경험하는 불쾌한 감정이다. 불안은 긴장 혹은 무의식 속에서 일어나는 절박한 위협에 대한 긴장, 우려, 두려움 등의 감정이며, 그 대상은 내적 갈등, 내적 욕구나 현실적 욕구와의 갈등에서 야기된다. 불안을 적당히 느끼면 위기 상황에서 잘 대처할 수 있지만, 불안이 심하면 상황 지각 능력이 떨어지고 일상생활, 업무나 대인관계에서 적응하지 못하는 원인이 된다.

분노는 투쟁 반응과 관련이 있다

스트레스 상황에서 사람들은 두 가지 방법으로 분노를 표출한다. 하나는 '분노 억제'로 화가 나더라도 이를 겉으로 드러내지 않는 것이다. 화가 나면 겉으로 드러내기보다 오히려 말을 하지 않거나 사람을 피하고 속으로만 상대를 비난하는 것이 분노 억제에 해당한다. 만약 반대한 씨가 롤러코스터를 타면서 '싫을 걸 억지로 탄 내게 화가 난다'

라고 생각했다면, 이는 분노 억제의 한 형태다. 직장에서 상사에게 야단을 맞으면 '학창 시절 공부를 열심히 하지 않은 내가 너무 원망스럽다'라고 생각하면서 자신에게 화를 냈다면, 분노를 억제하는 것이다.

다른 하나는 '분노 표출'이다. 분노 표출은 말 그대로 화가 나면 화난 표정을 짓는다거나 욕, 말다툼이나 과격한 공격행동 등으로 자신의 감정을 상대에게 드러내는 것이다. 반대한 씨가 신나라 씨에게 "너 때문에 내가 롤러코스터를 탔잖아. 앞으로 두 번 다시 놀이공원 오자고 전화하지 마!"라고 화를 내는 것이 분노 표출의 한 형태다. 상사가 프로젝트 일정에 차질이 생기자 자신에게 화를 낼 때 "그럼 부장님은 그동안 뭘 하셨습니까?"라고 큰소리로 반박하는 것도 자신의 분노를 상대에게 드러낸 것이다.

분노 억제와 분노 표출은 심리적, 신체적 건강에 부정적인 영향을 미친다. 과도한 분노 표출은 알코올 관련 문제와 심혈관계 및 소화계 질환과도 높은 관련성이 있는 것으로 밝혀졌다. 분노 억제는 우울감이나 절망감을 자주 보였으며, 심근경색이나 자살 위험성이 높다고 알려졌다. 분노 표출은 심장질환의 위험성 증가와 관련이 있는데 분노를 밖으로 표현하는 것은 급성 심장발작과 관련이 있다는 사실이 다양한 연구에서 나타나고 있다.

분노가 직장인에게 미치는 영향은 심각하다. 분노는 조직원이 업무에 전념하는 것을 방해해 업무 성과를 떨어뜨린다. 부서장이 실수한 부서원에게 심한 말로 질책했다고 하자. 부서장의 화난 목소리는 다른 부서원에게도 전해지면서 부서원을 긴장하게 만든다. 긴장한 부서원은 실수할 가능성이 커지고, 부서장의 눈치를 살피느라 업무에 집중하지 못하게 된다. 부서원의 이런 모습을 보는 부서장의 분노는 커지고, 부서원의 긴장감은 극에 달하는 악순환이 시작된다. 이처럼 분노는 직장인이 업무에 전념할 수 없게 만들면서 이로 인한 손실은 심한 경우 회복이 불가능할 수도 있다.

분노는 자신을 절벽 끝에 서 있는 것처럼 위태롭게 만든다. 자신에게 화를 내거나 욕하는 사람을 좋아하는 사람은 아무도 없다. 동료나 부하에게 수시로 분노를 표출한다면, 업무 수행을 위해 최소한의 대화는 하겠지만, 서로에게 도움이 되는 생산적인 결과를 만들지는 못할 것이다. 이런 시간이 오래될수록 그 사람 곁에는 아무도 남지 않게된다.

분노는 조직원을 수동적으로 만든다. 화를 내는 상사에게 반대 의견을 말하기는 쉽지 않다. 부하는 상사의 부당한 지시에 맞서거나 설득하기보다는 시키는 일만 하는 것이 상사로부터 분노의 화살을 맞는 것보다 안전하고 편하기에 상사의 태도가 변하지 않는 한 상사가 시키는 대로만 일하는 수동적인 태도를 유지한다. 수동적인 조직문화를 변화시키기 위해서는 큰 노력과 오랜 시간이 걸릴 수 있다. 이런 조직을 변화시키기란 조직을 새로 만들기보다 더 어렵고 힘들 수 있다.

커뮤니케이션 역량 부족이
스트레스를 가중시킨다

상사와 대화하는 시간을 기대하는 사람은 드물 것이다. 머리로는 '상사와 대화할 시간을 늘려야 한다'라고 생각하면서도 몸과 마음은 머리와 달리 상사와의 만남을 본능적으로 꺼린다. 이렇게 되는 이유는 상사와의 관계가 수평적이 아니라 수직적이기 때문이다.

상대와의 심리적 관계가 수직적으로 되면 의사소통에 어려움이 생긴다. 대화라는 것이 업무와 관련이 있는 정보를 서로 주고받아야 하는데 상대로부터 일방적인 지시만을 받고, 자신의 의견을 말하지 못하거나 받아들여지지 않으면 불편해지고 화가 나면서 상대와의 대화를 꺼리게 된다.

대화는 직장인의 중요한 업무 수단이다. 상사로부터 업무와 관련한 지시를 받는 부하는 '먹기 싫은 음식을 억지로 먹어야 할 때'처럼 부담스럽고, 긴장하게 된다. 먹어야 할 음식이 쌓일수록 부담이 큰 것처럼 일방적인 지시가 많을수록 부하의 스트레스 수준은 높아진다. 동료와의 대화도 상사와의 대화와 마찬가지다. 따라서 원활한 의사소통을 위해서는 대화에 부정적인 영향을 미치는 원인을 알 필요가 있다.

구화지문(口禍之門)이란 말이 있다. '입은 재앙을 불러들이는 문이다' 라는 뜻으로 말로 인한 부정적인 영향을 알려주는 말이다. 자신의 커뮤니케이션 능력이 주변에 미치는 영향을 인식하고 능력 향상을 위해 노력한다면, 자신과 주변 사람의 스트레스 수준은 상당한 폭으로 떨어질 것이다.

1) 커뮤니케이션 태도가 스트레스에 영향을 미친다

상사에게 업무를 보고할 때 부하는 긴장하게 된다. 특히, 카리스마가 넘쳐흐르는 상사라면 부하는 '보고해야 한다'라고 생각만 해도 심장박동수가 빨라지면서 스트레스 상태가 된다.

큰 경기에 나서는 운동선수가 긴장으로 인해 자기 실력을 온전히 발휘하기 어려운 것처럼 부하도 스트레스 상태에서는 자기 생각을 조리 있게 상사에게 말하기 어렵다. 이때 상사가 갑자기 질문하거나 문제점을 지적하면 당황해 제대로 대답하지 못하거나 대답이 꼬이게 된다. 상사는 부하의 이런 모습에 답답해하면서 제대로 말하라고 야단치기도 한다. 상사로부터 야단을 맞으면 부하는 더 긴장하게 되면서 스트레스 수준도 덩달아 높아진다.

부하는 상사로부터 질책을 받으면 질책받지 않기 위해 두 가지 방법 가운데 하나를 선택한다. 하나는 '업무 능력 향상을 위해 노력'하는 것이다. 업무에 관한 이해도를 높이고 관련 정보를 더 많이 획득해 보고서를 작성하거나 업무에 활용한다. 다른 하나는 '질책을 피하기 위한 노력'을 한다. 이를 위해 부하는 자기 의견을 말하기보다는 '어떤 말을 해야 상사로부터 야단맞지 않을까?'라고 스스로 질문하면서 상사가 원하는 대답을 하거나 상사의 질책을 피할 수 있는 정보들만 골라 대화하게 된다.

하지만 상사 중에는 커뮤니케이션 태도가 미치는 영향에 대해 심각하게 인식하지 않는 사람도 있다. 리더십이나 커뮤니케이션 관련 책에서 대화 분위기의 중요성을 강조하는 이유도 여기에 있다. 상사가 부하에게 "5분 후에 자리를 떠야 하니 그 전에 보고를 끝내라"라고 말하면 부하는 자신도 모르게 마음이 급해진다. 여기에 더해 부하가 말하는 도중에도 계속 시계를 보면 부하는 초조함을 느끼면서 '어떻게 해야 하지?'라고 고민한다. 이런 상황에서 "보고서 내용이 부실하니 보완하라"라는 말을 던지고 자리를 뜨면 부하는 "보고 내용도 제대로 듣지 않았으면서… 어디가 부족한지 확실하게 알려줘야 보완할 것 아냐!"라고 불만을 품게 된다.

이럴 때 부하의 선택지는 두 가지다. 하나는 업무에만 집중해 스스로 부족하다고 여기는 부분을 보완하는 긍정적인 선택이다. 다른 하나는 동료나 지인과 함께 부서장을 비난하는 부정적인 선택이다. 이처럼 부서장의 커뮤니케이션 태도는 부하의 업무 태도에도 영향을 미친다.

직장인이 느끼는 스트레스의 주요 원인은 업무와 대인관계다. 특히, 커뮤니케이션 태도는 업무와 대인관계 모두에 영향을 미친다. 따라서 커뮤니케이션 능력을 향상한다면, 직장에서의 스트레스를 상당 부분 해소하고 예방할 수 있다.

커뮤니케이션 능력 향상을 위해서는 정보를 처리하는 과정을 이해할 필요가 있다. 상대를 만날 때 우리는 오감(시각, 청각, 촉각, 미각, 후각)을 통해 얻은 정보를 뇌에 전달한다. 정보를 전달받은 뇌는 정보를 파악하고, 어떤 의미가 담겨있는지 해석하고, 자신에게 미치는 영향을 평가한 다음 반응하게 된다. 부하는 상사에게 보고하면서 상사의 목소리나 표정 변화를 통해 정보를 파악한다.

정보를 평가하는 과정에서 개인의 역할, 경험이나 가치관에 영향을 받는다. 회사 창립기념일을 맞이해 직원에게 줄 선물을 고르려고 한다. 이때 부서장들은 고가의 선물을 고르려고 하지만, CFO는 회사의 자금 사정을 고려해 선물 단가를 낮추려고 할 수도 있다. 이처럼 회사에서의 역할이나 경험 등에 따라 정보를 판단하고 평가하는 기준이 달라진다.

부서장이 부서원의 보고서에 불만족을 드러낼 때도 역할이나 경험의 차이가 작용했을 수 있다. 부서장은 부하가 작성한 보고서를 회사의 경영진에게 다시 보고해야 한다. 이 때문에 보고서는 경영진의 판단에 도움을 주는 정보가 담겨있어야 한다. 즉, 보고서는 경영진의 시선으로 작성돼야 한다. 하지만, 담당자는 경험이나 지식 부족으로 자기 수준에서 보고서를 작성할 가능성이 크다. 이로 인해 부서장은 조직원의 보고서를 평가하면서 경영진에게 보고할 가치가 없다고 판단하는 것이다.

경영진과 담당자의 시선 차이는 보고서 내용에도 영향을 미친다. 담당자는 보고서를 작성하기 위해 먼저 관련 지식이나 정보를 모은다.

이렇게 모인 다양한 내용을 가공해야 하는데, 담당자는 모든 정보를 전부 보고서에 담을 수 없으니 자기 나름의 기준으로 취사선택한다. 이때 정보가 생략되거나 왜곡되어 보고서에 담기게 된다. 이처럼 의사소통에 영향을 주는 요인은 다양하다. 특히, 의사소통 과정에 부정적인 요인을 안다면, 커뮤니케이션 능력을 향상할 수 있을 것이다.

전달해야 할 정보가 생략된다

감명 깊었던 책이나 영화의 내용을 지인에게 설명하는 시간은 길어야 20분을 넘지 않을 것이다. 실제 영화 상영 시간을 100분이라고 한다면, 나머지 80분 이상의 내용이 상대에게 전달되지 않고 생략된 것이다. 영화의 내용을 전달하는 사람은 생략된 장면들이 중요하지 않거나 영화를 이해하는 데 지장이 없다고 판단해 생략했을 수 있지만, 영화의 내용을 듣는 사람은 생략된 장면으로 인해 영화 내용을 온전히 이해하지 못할 수도 있다. 또한, 말하는 사람은 듣는 사람에게 영화에서 받은 감동을 제대로 전달하지 못하기도 한다. 이처럼 의사소통은 다양한 요인에 의해 영향을 받게 된다.

직장에서 상사나 동료와 대화할 때 말하는 사람은 자기 나름대로 '중요한 정보'와 '그렇지 않은 정보'로 정보를 분류한다. 이렇게 되면 말을 듣는 사람은 말하는 사람이 중요하다고 판단한 정보만을 듣게 된다. 이로 인해 정보를 전달받은 사람은 정보 전체가 아닌 일부 정보만으로 판단해야 한다. 부하보다 업무 경험이나 지식이 많은 상사나 동료라면 부하가 생략한 내용을 어느 정도 파악할 수 있다. 이럴 때 듣는 사람인 상사는 말하는 사람인 부하에게 생략된 정보나 부족한 정보에 대해 질문이나 질책을 쏟아내게 된다. 정보 생략으로 답답함을 느끼기는 부하도 마찬가지다. 일부 상사 중에는 명확하지 않게 업무를 지시한다. 아마도 이 사람은 '자기가 개떡같이 말해도 찰떡처럼 들을 것이다'라고 부하를 신뢰하면 다행이지만, 그렇지 않은 사람이 대부분이다.

상사가 이렇게 말하는 이유를 몇 가지로 구분할 수 있다. 첫째, 업무가 너무 명확하기 때문이다. 계속 진행되는 업무라면 상사가 대충 말해도 부하가 자기 의도를 파악할 수 있다고 생각하기 때문에 상사는 자세한 설명을 생략하는 것이다. 둘째, 상사 자신도 제대로 이해하지 못했기 때문이다. 부서장 중에는 업무 능력이나 이해도가 떨어지는 사람도 있다. 부하보다도 부서 업무에 관한 지식이 부족한 상사도 있다. 이런 상사가 업무 능력 향상을 위해 노력이라도 하면 다행이지만, 노력보다는 정치질에 치중한다면, 부하는 이런 상사를 설득하기 위한 노력에 에너지를 쓰기 때문에 지친 상태로 업무를 해야만 하면서 업무를 시작하기도 전에 지치는 것이다. 셋째, 상사가 부하를 시험하는 경우이다. 상사는 부하의 업무 능력 향상을 위한 과제를 부하에게 던지는 것이다.

부하는 상사의 능력을 파악하고 있다. 상사가 능력 있는 부하를 믿는 것처럼 부하도 능력 있는 상사와 함께 일하기를 바란다. 결국, 업무 능력이 커뮤니케이션과 스트레스에 영향을 미치는 것이다.

사람마다 경험이 다르다
아래 내용에 따라 그림을 그려보자.

바닷가 백사장 가운데로 좁은 강이 흐르고 있다.
그 강 옆에는 큰 바위 두 개가 나란히 있고,
바위 위에는 두 사람이 앉아 있다.

그린 그림을 비교하면 사람마다 다를 것이다. 그림을 그리는 사람은 직접 가본 곳이나 드라마같이 간접 경험으로 안 장소를 떠올리면서 그림을 그린다. 이런 직간접 경험은 사람마다 달라 사람마다 그림을 다르게 그리는 것이다.

대화도 마찬가지다. 말하는 사람이 하는 말을 듣는 사람은 자기 경험에서 가장 유사한 장면을 떠올리면서 듣는다. 말하는 사람과 듣는 사람의 그림이 유사하다면 다행이지만, 다른 그림을 상상한다면, 서로가 답답해하는 상황이 일어나는 것이다.

대화 분위기는 이럴 때 힘을 발휘한다. 상사나 부하가 자유롭게 질문할 수 있다면 경험이나 지식의 차이를 질문할 수 있지만, 그렇지 않다면 부하는 상사가 말하기 전까지 아무런 의사결정을 하지 못하게 된다. 상사의 대화 태도는 커뮤니케이션 결과에도 영향을 미치는 것이다.

사람마다 기준과 관점이 다르다

한 사람은 6으로, 다른 사람은 9로 받아들이고 있다. 두 사람이 같은 숫자를 다르게 받아들이고 있는 이유는 '기준'이 없기 때문이다. 숫자가 똑바로 있으면 두 사람이 숫자를 혼동할 여지가 없지만, 숫자의 위치가 틀어져 있기에 숫자를 어떤 위치에서 보느냐에 따라 6이나 9로 보일 수 있다.

사람마다 판단의 잣대가 있다. 성장 환경, 경험, 교육 수준 등이 달라 각기 다른 신념이나 가치관을 가지게 되고, 이런 것들이 자신만의 기준을 만들게 된다. 이렇게 만들어진 기준이나 잣대는 같은 정보나 사건에 대해 사람마다 다르게 받아들이는 원인이다. 이런 차이가 소통을 어렵게 만드는 원인이다.

사람마다 업무 지식과 능력이 다르다

우리말을 모르는 미국인과 영어를 모르는 우리나라 사람이 대화하면 얼마 지나지 않아 답답한 마음을 온몸으로 드러낼 것이다. 대화가 계속되면 어느 한쪽이 더 이상 대화를 못 하겠다고 포기하거나 자기 말을 이해하지 못하는 상대를 설득하기 위해 목소리를 높일 것이다.

이런 상황은 업무에서도 드러난다. 모든 조직원의 업무 지식이나 능력이 같지는 않다. 실무 경력이 짧은 사람이나 업무 능력 향상에 소홀히 한 사람은 근무 기간에 비해 상대적으로 업무 지식이 부족하다. 이런 사람들과 회의를 진행하면 영어와 우리나라 말로 대화하는 것 같은 답답함을 느낄 수 있다. 대화 내용을 이해하지 못하는 상대를 보면서 답답하다고 목소리를 키우면 상대는 긴장하면서 대화는 완전히 단절되고 만다.

업무에서의 대화는 업무 지식이 큰 영향을 미친다. 업무를 제대로 이해한 사람들이 회의할 때면 서로 진행 방향만 공유하는 것으로 회의를 마무리할 수 있다. 반면, 업무에 대한 이해가 낮으면 먼저 상대가 업무 내용을 이해하도록 설명하고, 그 설명을 바탕으로 회의를 진행해야 한다. 업무 설명 시간을 갖더라도 업무를 제대로 이해할 가능성이 작으므로 의사결정이 마무리되기까지는 상당한 시간이 걸릴 수도 있고, 이해 부족으로 의견 충돌이 일어날 가능성도 커진다. 따라서 직장인의 커뮤니케이션 역량은 업무 이해도에 비례한다. 따라서 스트레스의 영향을 적게 받고 싶다면, 가장 먼저 업무에 관한 지식과 능력을 향상할 필요가 있다.

3) 대화 불통을 방지하는 방법을 이해하자

'말을 많이 하는 것'과 '말을 잘하는 것'에는 분명히 차이가 있다. 친구를 만나 수다를 떨 때는 말을 많이 해도, 주제와 관련이 없는 말을 하더라도 별다른 부작용이 없다. 하지만 직장인의 대화는 목적이 분명하므로 지인과 수다 떠는 대화와는 달라야 한다.

대화 불통은 자기 속마음을 상대에게 전달하는 과정에서 발생한다. 자신의 의도가 상대에게 잘못 전해지는 '왜곡'이 발생하고, 자신의 의도 중 일부만 전달되고 나머지가 '생략'되는 결과도 발생한다. 이렇게 정보가 왜곡되거나 생략된 채 전달되는 말로 인해 말하는 사람의 의도가 듣는 사람에게 제대로 전달되지 않으면서 문제가 생긴다.

상대가 말하는 사람의 의도를 제대로 파악하지 못하면 말하는 사람은 답답해지기 시작한다. 말하는 사람이 부하라면 상사는 부하에게 다시 설명해달라고 편하게 부탁할 수 있지만, 말하는 사람이 상사라면 부하는 다시 물어보기가 불편하다. 만약 상사가 평소 '나는 설명을 잘하는 사람'이라는 믿음이 강한 사람이라면 의사소통이 제대로 되지 못하는 원인은 온전히 부하의 책임이 된다. 평소 이런 경험이 있는 부하라면 상사와의 대화 그 자체가 부담스럽게 된다. 즉, 상사와의 만남 그 자체가 스트레스의 원인이 된다.

이런 상황을 방지하기 위해서는 말하는 사람과 듣는 사람 모두의 노력이 필요하다. 말하는 사람은 자신의 의도가 왜곡이나 생략된 채 전달될 수 있고, 듣는 사람도 상대의 의도를 온전히 파악하지 못할 가능성이 있다고 생각해야 한다. 이를 위해서는 말하는 의도를 확인하기 위해 수시로 상대의 말을 요약하고, 질문할 필요가 있다. 특히, 만약 상사의 의도를 파악하지 못했거나 내용이 이해가 되지 않으면 그 자리에서 질문해야 한다. 이때 많은 사람이 상사의 핀잔이나 질책이 두려워 이해되지 않아도 된 것처럼 행동한다.

이런 태도는 자신이나 상사를 위해서도 바람직하지 않다. 상사는 부하가 질문하지 않으면 이해가 됐다고 생각하고 다음 단계를 계획하고 경영진에게 보고할 수도 있다. 이런 상황에서 부하가 업무에 차질을 빚으면 심각한 문제로 발전할 수도 있다. 따라서 잠깐의 핀잔이 두려워 질문하지 않는다면, 더 큰 문제가 발생해 수습에 더 많은 시간과 노력을 들여야 해 더 큰 화를 부르는 원인이 될 수도 있다.

질문과 경청은 의사소통에서 빠지면 안 되는 양념과 같다. 상대의 말을 들으면서 수시로 질문한다면, 생략되거나 왜곡된 부분을 발견할 뿐만 아니라 업무에 필요한 정보와 새로운 아이디어를 얻을 수 있다.

모든 직장인은 자기 생각을 효과적으로 전달하도록 준비를 해야 한다. 조직원 중에는 '일단 던지고 보는 방식'으로 말하는 사람이 있다. '아니면 말고' 식의 대화는 함께 하는 동료에 대한 예의도 아니고, 다른 사람의 시간과 에너지를 낭비하는 결과로 이어지기 때문에 상대를 만나기 전 대화와 관련한 자기 생각을 먼저 정리해야 한다.

대화를 시작하면 '내가 정보를 왜곡하거나 생략할 수도 있다'와 '내 주장이 정답일까?'와 같은 질문을 스스로에게 하면서 대화를 진행할 필요가 있다. 이런 질문들은 부하의 전용물이 아니다. 상사 중에는 부하보다 업무 지식과 경험이 부족해 부하에게 도움을 주지는 못하면서 큰소리로 자신의 직위만 앞세우는 사람도 있다. 이런 사람과 함께 하는 조직원은 스트레스를 받는 것은 기본이고 조직 자체에 대한 신뢰도 잃을 수 있다. 이런 결과를 예방하기 위해서는 '내 경험과 지식이 완벽하지 않기 때문에 동료의 도움이 필요하다'라고 생각하면서 대화를 시작할 필요가 있다.

자기 생각을 상대에게 자기가 원할 때 수월하게 전달할 수 있다는 생각을 버려야 한다. 이런 생각은 '내 소통 능력은 우수하다'라는 착각에 빠지게 하고, 자신의 의사소통 방법을 성찰하고 개선할 기회를 놓치게 한다.

자신의 지식과 경험이 부족할 수도 있다고 생각하면 다른 사람의 말을 더 많이 듣게 된다. 상사가 듣는 사람이 되면 부하는 말하는 사람이 될 수밖에 없다. 부하는 상사와의 대화를 위해 많은 준비를 해야 하므로 업무에 더 많은 시간과 에너지를 쏟아야 한다. 이렇게 되면 상사는 큰 소리를 내지 않더라도 바라는 결과를 얻을 수 있다.

또한, 부하는 업무를 준비하는 과정에서 스트레스를 받을 수도 있지만, 결과적으로 자신이 성장하는 모습을 보면서 더 열심히 업무에 매진하게 된다.

4) 뒷담화 스트레스

'큰 둑도 작은 개미구멍으로 무너진다'라는 속담이 있다. 조그마한 일이라고 얕보다가는 그 때문에 큰 피해를 본다는 의미이다. 직장에서의 개미구멍에 해당하는 것이 '뒷담화'와 같은 상대에 대한 험담이다. 조직원은 뒷담화의 폐해를 심각하게 받아들여 적극적으로 제지해야 하지만, 개인의 일탈 혹은 스트레스 해소를 위한 행위라고 가볍게 생각해 방치하는 것이 현실이다.

뒷담화는 입으로 하는 간접 살인이다

천주교 프란치스코 교황님은 뒷담화에 대해 《뒷담화만 하지 않아도 성인이 됩니다》라는 책에서 다음과 같이 설명하셨다.

"예수님은 말로 사람을 죽일 수 있다는 것을 알려주십니다. '한 사람이 뱀의 혀를 가지고 있을 때'라는 말처럼 그의 말마디가 사람을 해친다는 것입니다. 따라서 우리는 단순히 내 이웃의 생명에 대해서만 폭력을 가하면 안 되는 것이 아니라, 분노의 독을 쏟아 내거나 뒷담화를 해서도 안 되는 것입니다. 물론 상처를 입혀서도 안 되는 것입니다.

'뒷담화'라는 것을 함께 생각해 봅시다. 뒷담화는 사람을 해칠 수 있습니다. 뒷담화는 사람들의 명성을 헐뜯는 것이니까요. 그래서 뒷담화는 매우 고약한 것입니다. 물론 처음에는 빨아먹는 캐러멜처럼 좋거나 재밌어 보일 수 있습니다. 하지만 결국에는 우리를 불쾌하게 하고, 우리 역시도 망치고 말지요!"

뒷담화의 폐해는 생각보다 심각하다. 뒷담화의 대상이 된 사람은 심한 스트레스를 받거나 심하면 극단적인 선택으로 생을 마감하기도 한다. 또한, 뒷담화의 대상이 되는 사람들, 뒷담화 하는 사람들, 그리고 누구의 편도 아닌 중립적인 사람들이 서로 편을 나누게 되면서 조직은 갈등 상황에 빠지게 될 수도 있다.

뒷담화를 하는 사람 중에는 뒷담화 중독자가 많다. 이들이 뒷담화의 중독에서 헤어나지 못하는 이유는 구독자가 있기 때문이다. 뒷담화 중독자와 구독자는 뒷담화의 진실 여부에는 관심이 없고 그저 뒷담화 자체를 즐긴다. 이런 사람들의 심리 상태가 정상일 수는 없다. 즉, 심리 상태가 비정상인 사람이 정상인을 공격하고, 그로 인해 정상인이 업무에 집중하지 못하게 되거나 회사를 떠나는 결과가 되기 때문에 실제로는 회사에 상당히 큰 부정적인 영향을 미치는 것이다. 이처럼 죄책감없이 하는 뒷담화로 인해 자신이 치러야 하는 대가는 예상보다 클 수 있다. 뒷담화로 인해 손해를 입은 사람이 형사 고소라도 하면 전과자로 전락하면서 더 이상 직장생활을 할 수 없게 되는 등 자신의 인생과 맞바꿔야 할 수도 있다. 그저 순간의 쾌락이나 재미를 추구하려고 한 뒷담화가 인생의 걸림돌이 된 것이다.

이런 상태에서 벗어나기 위해서는 뒷담화의 유혹에서 벗어나겠다는 용기 있는 결심이 필요하다. '뒷담화를 함께 하지 않으면 따돌림당하지 않을까?'라는 걱정으로 인해 어쩔 수 없이 뒷담화 모임에 참여하는 사람도 있다. 만약 이런 두려움으로 인해 그 모임에 참여하는 시간이 오래될수록 몸과 마음은 피폐해질 가능성이 커지고, 조직에서 퇴출당할 가능성도 커진다. 이처럼 뒷담화의 가장 큰 피해자는 자신이 된다. 뒷담화의 유혹에서 벗어나는 것은 자신을 지키는 안전판을 만드는 것과 같다. 용기를 내 뒷담화에서 벗어났을 때 얻을 수 있는 유익한 점들은 상당히 많다.

뒷담화를 멈추면 감정의 백치 상태에서 벗어날 수 있다

스트레스 상태가 되면 이성적인 판단을 할 수 없게 된다. 대부분의 뒷담화는 상대를 향한 비난이 중심이 되고, 이것이 여러 사람의 입을 거치면서 내용이 부풀려진다. 이렇게 진실과 동떨어진 루머의 내용은 상대를 비난하는 내용이 주를 이룬다. 뒷담화를 오래 할수록, 강도가 세질수록 심장 박동이 빨라지는 흥분 상태를 경험하기 쉽다. 즉, 감정적인 백치 상태를 오랫동안 경험하게 된다.

이런 상태에서 벗어나기 위해서는 뒷담화의 피해자에게 관심을 가질 필요가 있다. '상대의 말이나 행동에 관한 객관적인 관찰'이 뒷담화의 유혹에서 벗어나게 만드는 핵심이다. 이렇게 관찰한 결과 뒷담화의 내용이 어느 정도 사실이라면 '뒷담화를 계속하는 것'과 '당사자에게 직접 말하고 시정을 요구하는 것' 중 자신에게 도움이 되는 것을 선택하면 된다.

뒷담화의 주요 대상은 상사다. 상사에게 상사의 불편 부당함을 직접 말하는 것은 직장생활을 마무리하겠다고 선언하는 것과 마찬가지로 위험할 수 있다. 특히, 부하는 자신에게 견디기 힘든 스트레스를 안겨주는 상사에게 반항하는 수단으로 뒷담화만큼 가성비 뛰어난 수단은 없다. 이런 쉬운 스트레스 해소 방법을 포기하고 상사에게 직접 말한다는 것은 조직에서의 자살 행위와 같기 때문에 조직원은 상사의 부당함을 직접 말하기가 어렵다.

건강한 조직문화가 필요한 이유도 이것 때문이다. 조직원이 조직으로부터 받는 스트레스는 어떤 형태로든 배출이 필요하다. 스스럼없이 자신의 불편함을 호소할 수 있는 조직이라면 뒷담화는 가십 정도로 끝날 수 있지만, 그렇지 않은 조직에서는 조직 균열로 이어질 수 있다.

또한, 이런 조직의 치부가 담긴 정보가 경쟁사로 넘어간다면, 경쟁사는 그 정보를 공격의 수단으로 삼을 수도 있다. 이처럼 뒷담화는 어떤 형태로든 조직에 부정적인 영향을 미치게 된다. 따라서 경영진은 뒷담화의 부작용을 차단할 대책을 마련할 필요가 있다.

뒷담화를 멈추면 건강과 면역력이 향상된다

뒷담화나 비난과 같은 부정적인 말들이 스트레스의 원인이 된다는 사실을 누구나 알 수 있다. 이런 부정적인 말은 말하는 사람이나 듣는 사람 모두의 신체 건강과 심리 건강에 부정적인 영향을 미친다.

따라서 감정이 격앙되는 횟수를 줄일 수 있다면, 심장 관련 질환과 스트레스 호르몬인 코르티솔의 과잉 생산의 위험으로부터 자신을 보호할 수 있다. 코르티솔은 감정이 진정되는 것을 가로막고, 노화를 촉진하며, 심장과 관련된 세포를 손상하는 호르몬이다.

뒷담화를 멈추는 순간 스트레스의 부정적인 영향에서 벗어날 수 있다. 즉, 코르티솔의 영향에서 벗어날 수 있다. 그러므로 뒷담화를 그만두는 것은 자신을 보호하는 가장 싸게 먹히고 효과가 높은 방법이다.

뒷담화를 멈추면 긍정의 상호작용이 가능해진다

상대에 대한 감정은 어떤 방식으로든 드러난다. 자신이 껄끄러워하는 사람을 만날 때면 자신도 모르게 상대와의 거리를 멀리하려고 한다. 반면, 자신에게 도움이 되거나 친한 사람을 만나면 상대가 거부하더라도 가까이 다가서려고 시도한다. 이처럼 상대에 관한 평소의 생각이 말이나 행동에 스며들면서 겉으로 드러나는 것이다.

상대도 나의 반응에 따라 달리 행동한다. 웃으면서 다가오는 사람에게는 반갑게 맞이하지만, 그렇지 않은 표정을 짓는 사람에게는 본능적으로 피하려고 한다. 조금 전까지 신나게 떠들던 뒷담화의 대상이 나타나면 자신도 모르게 피하게 되는 이유가 여기에 있다.

이처럼 사람은 오랫동안 다른 사람과 어투, 눈 맞춤과 행동 등으로 관계를 맺어왔다. 내가 만든 상호성은 부정적, 중립적 그리고 긍정적일 것이다. 내 행동에 마지막으로 영향을 받는 사람은 나 자신이기 때문에 다른 사람과 긍정적인 관계를 맺을 때 가장 큰 이득을 얻는 사람은 나 자신이 된다.

뒷담화를 시작하면 사람들의 주목을 받을 수 있다. 하지만 뒷담화가 계속될수록 뒷담화의 수위는 높아지고, 없던 사실까지 더해지게 된다. 이런 상황을 마음 편안하게 받아들일 수 있는 사람은 없다. 자신도 뒷담화의 대상이 될 수 있다는 부담감과 불안함을 느끼게 된다.

반면 뒷담화를 멀리한 사람은 동료로부터 일시적으로 따돌림당할 수도 있다. 하지만 시간이 지날수록 동료들은 이 사람의 참모습을 알게 되면서 신뢰할 수 있는 동료로 인식하게 된다. 또한, 이 사람과 함께라면 안심하고 자신의 속마음을 털어놓을 수 있는 신뢰감도 얻을 수 있다.

이처럼 뒷담화를 멀리하면 자신의 모든 에너지를 업무에만 쏟을 수 있다. 이렇게 건설적인 곳에 에너지를 쏟게 되면 성과는 저절로 높아지면서 조직에 도움이 되는 사람으로 거듭날 수 있다. 또한, 일시적으로는 스트레스에 시달릴 수 있겠지만, 장기적으로는 스트레스에서 벗어날 수 있는 현명한 선택이다.

긍정의 에너지는 뒷담화의 충동에서 벗어나게 돕는다. 우리는 조직원의 상호작용을 돕기 위해 긍정의 에너지를 사용할 수 있다. 그것은 우리의 직업적 안정, 인관 관계, 그리고 내 심장에 유익하다. 긍정의 에너지는 모든 상호작용, 기회 그리고 도전의 질을 결정한다. 또한, 긍정의 에너지는 자신, 동료, 가족과 사랑하는 사람들에게 줄 수 있는 최고의 선물이다.

뒷담화 상사를 선택할 것인가?

신뢰받는 용기 있는 리더가 될 것인가?

리더는 용기 있는 사람이어야 한다. 자신에게 닥친 어려운 과제를 해결하기는커녕 다른 조직원과 함께 동료의 뒷담화를 일삼는다면, 모든 조직원은 그 사람을 리더로 인정하지 않을 것이다. 또한, 리더의 참모습을 알고 있는 조직원은 리더를 존중하기는커녕 냉소만 보낼 것이다.

이런 사람과 달리 조직원에게 관심과 애정을 보내고, 조직원의 어려움을 해결하기 위해 애쓴다면, 조직원은 그 사람을 믿고 따를 것이다. 즉, 조직의 진정한 리더가 된다.

스트레스를 해소하려다 도리어
스트레스를 부르는 이상한 선택

우리나라 사람에게 매운맛은 자부심이자 대표적인 스트레스 해소 방법이다. 매운 음식을 먹지 못하는 사람을 맵찔이라고 놀리기도 한다. 맵찔이와 달리 매운 음식을 잘 먹는다고 과시할 때 맵부심이라는 말을 쓰는 등 매운맛에 관한 관심은 날로 높아지고 있다. 실제로 떡볶이나 라면 같은 음식은 시간이 지날수록 매운 정도가 심해지고 있다.

매운맛을 선호하는 사람들은 하나같이 "매운맛 음식을 먹고 나면 스트레스가 확 풀린다."라는 말을 한다. 실제로 매운맛을 내는 주원료인 고추는 몸에 좋은 영양소를 많이 함유하고 있다. 풋고추에는 감귤의 9배에 해당하는 비타민 C가 들어있고, 다량의 비타민 A, B, C 등이 들어있어 피로 해소에도 효과가 있다.

고추의 항산화 성분은 활성산소가 가장 많이 생기기 쉬운 뇌에 세포막의 산화를 방지해 치매를 예방한다. 고추의 매운맛은 위산의 분비를 촉진하고 입안과 위를 자극해 잃어버린 입맛을 되찾아준다. 매운맛을 내는 캡사이신은 체지방을 분해하고 지방을 연소시켜 자주 먹으면 비만 예방과 치료에 효과가 있으며, 혈액 순환을 촉진해 혈액의 흐름이 좋지 않아 생기는 신경통 치료에 도움이 된다. 특히, 매운맛 음식을 먹으면서 땀을 흘리고 나면 스트레스 해소에도 도움이 된다고 알려졌다.

하지만 직장인이 매운맛 음식을 먹는다고 스트레스에서 벗어날 수 없다. 쌓여있는 업무가 매운맛 음식을 먹는다고 없어지지 않고, 동료와의 관계가 개선되는 것도 아니기 때문에 매운맛 음식으로 스트레스를 해소하기에는 분명히 한계가 있다.

우리가 흔히 스트레스 해소를 위해 많이 그리고 자주 사용하는 방법에는 순작용도 있지만, 부작용도 분명히 존재한다. 그러므로 자신의 스트레스 해소 방법의 한계를 이해하고 지나친 사용을 피할 필요가 있다.

1) TV 시청

많은 직장인이 퇴근 후 휴식 수단으로 TV 시청을 선택한다. TV를 시청하는 동기는 사람에 따라 다르겠지만, 드라마와 같은 프로그램 시청은 습관이나 시간 보내기를 위해, 코미디 프로그램은 오락이나 휴식을 목적으로 시청한다는 연구 결과가 있다.

드라마 시청은 직장인이 퇴근 후 휴식의 수단으로 선택할 수 있는 손쉬운 방법이다. 하지만 TV 시청과 같은 소극적인 방법은 신체의 휴식에는 도움이 되지만 업무와 관련한 스트레스와 대인관계 스트레스에는 별다른 도움이 되지 않는다.

오히려 TV 시청은 또 다른 스트레스의 원인이 된다. TV를 시청하는 순간 눈으로는 시각 정보를, 귀로는 청각 정보를 얻는다. 이런 정보들은 시청자의 감정에 영향을 미친다. TV의 자연경관을 본 시청자는 도시 경관을 본 시청자보다 행복감을 더 느낀다는 연구처럼 TV 속의 장면과 소리는 어떤 형태로든 시청자에게 자극을 주는데, 부정적인 자극은 스트레스 해소는커녕 스트레스를 악화시키거나 또 다른 스트레스의 원인이 된다.

대표적인 사례가 '막장 드라마'와 '뉴스'다. 온 가족이 함께 시청할 수 있고, 내용도 가족의 사랑을 느낄 수 있는 따뜻한 내용의 드라마라면 휴식이나 가족 사랑과 같은 지혜를 얻을 수 있다. 반면, '저렇게까지 악하게 할 수 있구나.'라는 생각이 들거나 사람에게 상처 주는 장면들을 보는 순간 자기도 모르게 감정이 격앙된다.

뉴스도 마찬가지다. 자기와 정치적 신념이 다른 정당의 뉴스를 볼 때는 자기도 모르게 화가 나거나 욕을 할 수도 있다. 또한, 살인이나 강도 사건 등도 스트레스의 원인이 될 수도 있다. 이처럼 어떤 프로그램을 시청하느냐에 따라 TV 시청이 스트레스를 악화시킬 수도 있다.

TV 시청은 직장인의 스트레스 원인 제거에 근본적인 도움이 되지 않는다. 일단 TV를 켜놓고 화면에 집중하는 순간 몸은 수동적으로 변한다. 즉, 저녁 드라마를 보고 난 다음 뭘 해야 하겠다고 계획을 세우고 TV를 시청하기 시작하면 드라마가 끝나더라도 계획을 실천하기 위해 일어나 다른 행동을 선택하기가 쉽지 않다.

따라서 이런 문제를 해소하는 간단한 방법은 TV 시청을 자제하고 긍정적인 결과를 얻을 수 있는 선택을 하는 것이다. 식당에서 영업이 끝나면 청소 등을 하고 마무리함과 동시에 다음 날 영업 준비를 하는 것처럼 직장인도 다음 날 일할 준비를 저녁 시간에 해야 한다. 이때 해야 할 것은 '충분한 휴식'과 '업무 관련 지식 함양'이다.

TV 시청을 통해서는 충분한 휴식도, 업무 관련 지식도 얻을 수 없다. 업무에 필요한 지식을 얻기 위해서는 TV 시청을 포기하고 그 시간에 독서를 하거나 업무와 관련이 있는 책을 읽어야 한다. 이런 노력의 시간이 쌓여야 업무 역량이 향상되고, 그 결과 직무스트레스를 해소하고 예방할 수 있게 된다.

그래도 TV 시청을 하려면 감정에 미치는 영향이 적은 중립적인 프로그램을 선정하면 된다. 대표적인 프로그램이 여행 프로그램이나 다큐멘터리 프로그램이다. 이런 프로그램은 직장인의 지식 폭을 넓히고, 스트레스 해소에도 도움이 된다.

진정한 휴식은 업무 시간에 사용하는 신체 부위를 쉬게 하는 것이다. 온종일 서류에 파묻혀 사는 직장인은 '뇌의 휴식'이 필요하다. 이를 위해서는 약간 힘든 운동을 할 때 머리가 비워지면서 뇌가 쉴 수 있게 된다. 온종일 몸을 썼다면, 가벼운 운동 후에 충분한 휴식을 한다면 몸의 피로가 풀릴 것이다.

2) 정치나 종교와 관련한 소모적 대화

'인간은 정치적인 동물이다'라는 고대 철학자의 말처럼 사람들은 정치에 관심이 많다. 특히, 우리나라는 지역색이 강하기 때문에 본인의 의지와는 상관없이 정치적인 논쟁에 휩싸이기 쉽다.

하지만 자기와 다른 정치 철학을 가진 사람끼리의 대화는 갈등을 낳기 쉽다. 정치와 관련한 대화를 하게 되면 자기가 속한 정치 집단의 정당성을 주장하기 위해서는 다른 정치 집단의 단점을 말할 수밖에 없다. 이럴 때 듣는 사람은 자신과 자신이 지지하는 정치 집단을 동일시하는 경향이 있기 때문에 상대가 자기를 공격하는 것으로 여기게 된다.

공격을 받는 사람은 더 강하게 상대를 공격한다. 특히, 지위가 높은 부서장끼리 정치 관련 갈등을 겪으면 부서원들은 갈등의 파편을 맞으면서 엄청난 스트레스를 경험하게 된다. 부서원끼리의 갈등도 부서 전체에 부정적인 영향을 미치기는 마찬가지다.

종교와 관련한 대화도 정치처럼 문제가 될 가능성이 크다. 상대의 신앙을 존중하지 않고 공격하면 상대 또한 종교나 종교인의 비리 등을 대화 소재로 삼아 공격할 수 있다. 이런 대화는 폭력으로 끝날 가능성이 크다.

직장은 정치나 종교의 우월을 따지는 곳이 아니다. 가능한 업무와 관련이 없는 개인적인 문제는 대화의 소재로 삼지 말아야 한다. 그렇지 않으면 본인으로 끝나는 것이 아니라 주변 사람들에까지 심각한 스트레스를 안겨줄 가능성이 크기 때문이다.

3) 매운맛 음식

스트레스는 외부의 자극으로 발생한다. 지나가는 소낙비처럼 일시적인 자극도 있지만, 불편한 동료와의 관계처럼 오랫동안 지속되면서 힘들게 하는 자극도 있다. 직장인이 자극의 원인을 명확하게 파악하지도 않은 채 몸과 마음이 힘들 때마다 습관적으로 매운맛 음식을 찾는다면, 먹을 때는 괴로운 상황을 피할 수 있다.

하지만 직장인의 스트레스 중에는 일시적으로 피한다고 사라지는 스트레스는 없다. 또한, 힘들 때마다 매운맛을 찾으면 이 또한 매운맛에 중독되면서 점점 더 강한 매운맛을 찾게 되는 등 매운맛의 한계도 분명히 있다.

매운맛의 속성

혀에서 맛을 느끼는 감각 세포가 몰려있는 맛봉오리(미뢰)는 단맛, 신맛, 짠맛, 쓴맛과 감칠맛 다섯 가지의 맛만 느낄 수 있다. 우리나라에서는 단맛, 신맛, 짠맛, 쓴맛과 매운맛을 오미(五味)라고 하는데 실제로는 혀에 있는 맛봉오리에서는 매운맛을 느끼지 못한다. 즉, 매운맛을 느끼는 미각세포와 맛 수용체는 없기에 엄격하게 말하면 매운맛은 맛이 아니다.

매운맛은 혀의 통점을 자극하는 통각(痛覺)이다. 매운맛은 혀와 피부에 있는 온도 수용체로 느끼는 자극이다. 사람을 포함한 포유류에는 체온을 유지하기 위해 추위와 더위 등 온도를 감지하는 온도 수용체가 있다. 이중 고온을 담당하는 캡사이신 수용체(TRPV1)가 매운맛을 내는 고추(캡사이신), 마늘(알리신)과 후추(피페린) 등에 의해 활성화된다. 이들 성분을 포함한 매운 음식을 먹으면 캡사이신 수용체가 활성화되면서 우리 몸속에서는 이를 매우 뜨겁고 위험한 신호로 인식한다. 뇌는 이런 신호를 열에 의한 통증으로 해석하는데 약 43도의 열에 닿았을 때 느낄 수 있는 통증과 비슷하다고 한다.

이런 이유로 매운 음식을 먹으면 속이 타는 것과 같은 열감을 느껴서 땀이 나고, 심장 박동이 빨라진다. 이런 현상은 몸을 보호하기 위한 온도 센서가 작동했기 때문이다. 이처럼 매운맛은 신체가 느낄 수 있는 가장 고온에서 고통을 동반한다.

캡사이신 수용체의 분포 정도는 사람마다 다르다. 매운 음식을 잘 먹는 사람은 그렇지 않은 사람보다 캡사이신 수용체가 적어서 뇌가 느끼는 고통이 그만큼 적다. 매운 음식을 잘 먹던 사람이 갑자기 못 먹는 일도 있다. 이는 매운 음식을 오랫동안 먹지 않아 몸의 시스템이 캡사이신 수용체 분포에 영향을 주었을 가능성 때문일 수 있다.

매운맛을 찾는 이유

매운 음식을 먹고 나면 고통은 금방 사라지고 쾌감이 남게 된다. 몸은 매운 성분이 들어오면 땀이 나고, 심장 박동이 빨라진다. 이렇게 만들어진 뜨겁고 위험한 신호가 인식되면 뇌는 고통을 상쇄하기 위해 진통 효과에 쾌감도 느끼게 하는 엔도르핀을 분비한다. 이렇게 엔도르핀이 분비되면 진통 효과와 쾌감을 느끼게 된다. 매운 음식을 먹어도 실제로 뜨거운 온도에 노출되지는 않았기 때문에 고통은 금방 사라지고 쾌감만 남는다. 매운 음식을 먹을 때 땀이 나거나 심장 박동이 빨라지는 것도 같은 원리이다.

이처럼 음식을 먹는 과정에서 엔도르핀이 나오고 쾌감을 느끼는 경험이 반복되면 스트레스를 받을 때마다 몸에서 매운 음식을 찾게 된다. 하지만 매운 음식은 스트레스 해소의 근본 대책이 아니다. 스트레스를 잠깐이나마 회피하려고 매운 음식을 찾기 시작하면 스트레스 해

결과 예방 능력은 떨어지게 된다.

매운맛의 부작용

매운맛에 의존할수록 부작용도 심해진다. 과도한 매운 음식 섭취는 위를 자극하고 위벽을 얇게 만들어 위염과 위궤양의 원인이 된다. 또한, 안면홍조와 같은 피부 질환이 있는 사람의 경우 교감신경이 활성화되면서 혈관이 확장되고 증상이 나빠질 수 있다. 이외에도 역류성 식도염, 설사와 치질 등으로 이어지거나 매운 성분이 몸에 남아 배변 과정에서 통증을 유발하기도 한다.

따라서 스트레스를 받는다고 매운 음식에 의존하기보다는 건강하게 스트레스를 해소할 수 있는 다양한 방법을 시도한 다음 자신에게 혹은 상황에 적합한 스트레스 해소 방법을 찾을 필요가 있다.

스트레스는 피할수록
눈덩이처럼 커진다

야외에서 일하거나 활동하는 사람은 날씨의 영향을 많이 받는다. 더운 여름에는 조금이라도 시원한 곳을, 겨울에는 따뜻한 곳을 본능적으로 찾게 된다. 하지만 본능에 충실할수록 다른 사람과의 충돌은 불가피하다. 서로 시원한 곳과 따뜻한 곳에서 일하겠다는 조직원들의 목표가 유지될수록 조직원끼리의 경쟁이 심해지면서 스트레스와 갈등의 원인이 된다.

심리학자들이 일본 도시샤대학교(同志社大学) 학생들을 대상으로 한 연구에서 스트레스를 피하겠다는 목표는 시간이 흐를수록 유대감과 소속감을 떨어뜨리는 것으로 드러났다. 이런 목표는 심신을 지치게 만든다. 또한, 스트레스를 피하려고 노력할수록 삶의 만족감과 행복감이 크게 줄어든다고 한다.

스트레스 회피의 부정적인 결과에 대한 또 다른 연구도 있다. 1,211명의 중년 미국 기자들을 대상으로 10년 동안 관찰한 결과 스트레스를 피하려고 노력한다고 대답한 사람들은 우울 증상이 더 심했다. 이와 함께 직장과 가정에서의 갈등도 높아졌고 화재나 이혼과 같은 생활 스트레스 사건도 더 많이 경험했다. 이런 악순환을 '스트레스 유발 (stress generation)'이라고 한다.

스트레스를 피하려는 노력은 긍정적인 결과보다는 부정적인 결과를 만들기 쉽다. 스트레스를 피하겠다고 목표를 세우면 스트레스의 원인까지 통제 가능해야 목표를 달성할 수 있지만, 이것은 현실적으로 불가능에 가깝다. 또한, 스트레스를 피하기 위해서는 많은 것을 포기해야 한다. 대인관계로 인한 스트레스를 피하기 위해서는 주변 사람들과의 관계를 단절시켜야 할 수도 있고, 일을 그만두어야 업무에서의 스트레스를 줄일 수 있기 때문이다.

스트레스를 피하려는 다양한 시도는 또 다른 스트레스들을 만들고 스트레스를 이겨낼 경험을 줄이고 에너지를 고갈시키는 결과를 만든다. 이런 시도가 계속되면 스트레스를 극복하려고 노력하기보다는 스트레스를 회피하는 데 급급하게 된다.

스트레스 회피는 힘든 업무를 피하려는 것과 같다. 힘든 업무를 회피하면 처음에는 동료들보다 편하게 지내면서 탁월한 선택이라고 뿌듯해할 수 있다. 이런 시간이 오랫동안 계속되면 쉬운 업무에 익숙해지면서 어려운 업무는 피하게 된다. 이렇게 되면 어려운 업무에 대한 도전을 포기하게 된다.

쉬운 업무만 하면 몸은 편할 수 있다. 과장 월급을 받으면서 사원도 충분히 할 수 있는 업무를 다른 사람의 간섭도 받지 않고 한다면, 모든 사람이 부러워하는 이상적인 직장생활이 될 수 있다. 하지만 설사 이런 일이 있다고 하더라도 평생 이 일을 할 수 없다. 누군가 이 자리를 노리기 때문에 자리를 놓고 그 사람과 치열하게 경쟁해야 하기 때문이다.

스트레스에서 벗어나기 위해 쉬운 길을 선택하는 것은 자기 앞날에 먹구름을 드리우게 만드는 것이다. 내 업무 능력은 제자리에 머물지만, 힘든 업무를 하면서 능력을 향상한 동료들과의 경쟁에서 뒤처지게 되기 때문이다. 결국, 쉬운 일을 하는 것이 일시적으로는 도움이 되겠지만 장기적으로는 업무 경쟁력을 쌓을 기회도 성장할 기회도 얻지 못하게 된다. 따라서 스트레스 회피는 더 많은 스트레스를 불러일으키고 스트레스에 맞설 기회가 사라지면서 직장에서의 경쟁력이 떨어지면서 자기 의지와는 상관없이 직장을 그만두어야 할 수도 있다.

어려운 업무는 단기적으로는 스트레스의 원인일 수도 있지만, 장기적으로는 성장할 기회를 제공하고 자신감을 기르는 원천일 수도 있다. 스트레스도 어려운 업무와 마찬가지로 회피가 아니라 극복하려고 노력할 때 자신감을 회복하면서 적절한 대처 방법을 찾을 수 있게 된다.

스트레스는 미리 안전점검이
필요한 자동차

자동차를 안전하게 운행하기 위해서는 점검이 필요하다. 차를 움직이기 전에 타이어를 비롯해 자동차의 외부를 둘러보고, 계기판의 정보들을 본 다음 이상이 없을 때 움직이면 자동차 고장으로 인한 어려움은 겪지 않을 수 있다. 이처럼 자동차는 점검할수록 고장을 예방할 수 있다.

자동차를 멈추게 만드는 원인이 고장이라면 스트레스는 직장인이 제대로 업무를 수행하지 못하게 만드는 원인이다. 직장인은 매일 업무를 시작하기 전 자신을 점검할 필요가 있다. 머리부터 발끝까지 살피면서 몸과 마음이 온전히 업무에 집중할 준비가 됐는지 살핀 다음 별다른 문제가 없을 때 업무를 시작할 수 있다. 몸이나 마음이 정상이 아닌 상태로 업무를 시작하면 다양한 문제가 발생할 수 있다. 업무에 집중하지 못하고 대인관계를 해칠 수 있는 것이 대표적인 부작용이다.

문제는 스스로 몸과 마음 상태를 점검하기가 쉽지 않다는 것이다.

휴대폰으로 몸이나 마음에 관한 정보를 수시로 받아볼 수 있다면, 대책 마련이 쉽겠지만 실제로는 어렵다. 특히, 자신의 상태를 제대로 파악하기란 전문가조차도 쉽지 않다.

자신의 상태를 스스로 파악하기는 어려워도 다른 사람의 힘을 빌린다면 가능할 수 있다. 스트레스로 인한 몸과 마음 상태가 급작스럽게 변할 수도 있지만, 대부분은 조금씩 변하기 때문에 이런 변화를 스스로 알아차리기가 쉽지 않다. 그렇지만 주변 사람은 동료의 변화를 눈치채기 쉽다. 동료의 일하는 모습을 보면서 이상하다고 생각되면 그것은 동료의 마음에서 보내는 SOS 신호일지도 모른다. 만약 함께 일하는 동료가 평소와 달리 아래 체크리스트와 같은 모습이나 행동을 보인다면, 그 동료는 스트레스로 인해 고통받고 있을 가능성이 크다.

〈스트레스 체크리스트〉

업무 처리 유형

– 지각, 조퇴, 병가, 무단결근이 많아진다.

– 부주의로 인한 실수가 늘어난다.

– 업무를 적극적으로 하지 않는다.

– 정리 정돈이나 업무 뒤처리가 깔끔하지 못하다.

– 업무 효율성이 떨어진다.

– 이유 없이 부서 이동이나 퇴직을 원한다.

– 건망증이 심해졌다.

– 계산 실수가 잦아졌다.

- 자신의 권한, 능력 그리고 부서의 업무 범위를 벗어나는 일을 하려고 한다.
- 주제넘게 참견하려고 한다.
- 너무 지나치게 업무에 공을 들여 일이 진척되지 않는다.
- 세부적인 내용에 집착한다.
- 업무 중에 침착하지 못하고 불안해한다.
- 직장을 자주 옮긴다.
- 월요일에 자주 휴가를 낸다.

언행과 태도

- 옷차림, 말, 태도가 단정하지 못하다.
- 이상한 복장을 한다.
- 행동이 느려진다.
- 표정 변화가 별로 없다.
- 주위 사람이나 일에 관심이 적어졌다.
- 혼자 말하고 혼자 웃고, 혼자 생각에 빠지는 일이 잦다.
- 웃음거리나 이상한 버릇 등이 눈에 띄게 늘었다.
- 이야기의 결말이 나쁘게 되거나 갑자기 말을 중간에서 끊기도 한다.
- 활기가 없고, 우울해 보인다.
- 자신감이 없으며 쓸데없는 걱정을 많이 한다.
- 과거의 사소한 것들을 후회하는 일이 잦다.
- 지나치게 허풍을 떨거나 갑자기 자신감이 넘치는 것처럼 행동한다.
- 돈을 흥청망청 써 다른 사람들에게 자주 돈을 빌린다.

- 술버릇이 나빠졌다.

- 전날의 과음으로 인한 후유증이 자주 나타난다.

- 아침부터 술 냄새를 풍긴다.

- 자신이 싫고, 힘들고, 죽고 싶다는 말을 자주 한다.

- 얼굴에서 밝은 모습이 없어지고 인상이 어두워졌다.

- 피해의식이 강하다.

- 사소한 일로도 밤중에 전화를 건다.

대인관계

- 말수가 적어지고 사람 사귀기가 어렵다.

- 사람을 피하고 다른 사람의 시선을 무서워한다.

- 다른 사람의 말과 행동에 대해 필요 이상으로 신경 쓰고 의심한다.

- 초조해하면서 자주 신경질을 낸다.

- 자주 말싸움을 하고 술을 마시면 주먹다짐까지 한다.

- 친하지 않은 사람에게 갑자기 매우 친근한 사이였던 것처럼 말을 건다.

- 자신과 관계없는 일에 참견한다.

- 토론하기를 좋아해 현실과는 직접 관계가 없는 추상적이고 철학적인
  말을 무심결에 지껄인다.

- 신경질적이고 기분이 갑자기 변한다.

- 자주 문제를 일으킨다.

- 불평불만이 많고, 주변 사람들과 대립하는 경우가 많다.

신체 증상

– 불면증, 두통, 식욕부진, 전신 피로, 피로감 등을 자주 호소한다.

– 심장과 위장 등 몸 상태에 항상 신경 쓴다.

– 자주 다니던 병원을 다른 병원으로 바꾼다.

– 혼자서 외출하거나 차에 타는 것을 무서워한다.

– 위장약, 영양제, 진통제 등을 상용하고 있다.

– 안색이 나빠졌다.

– 눈에 띄게 살이 빠졌다.

– 가끔 멍한 모습을 보이거나 졸도하기도 한다.

– 업무 시간에 졸기도 한다.

스트레스는 마음을 해치고 업무에서의 실수를 늘리는 등 주변 사람에게도 부정적인 영향을 미친다. 한 사람이 업무에서 실수하거나 맡은 업무를 제대로 처리하지 못하면 그 부담은 다른 사람들이 나누어져야 한다. 즉, 스트레스는 전염병처럼 주변 사람들에게까지도 부정적인 영향을 미치는 것이다. 이런 상황을 방지하기 위해서라도 동료의 변화에 민감하게 반응하면서 동료의 스트레스 원인 제거를 도와주는 것이 자신에게도 도움이 된다.

직장인들은 스트레스를 받으면 스트레스를 해소하거나 긴장을 줄이기 위해 음주를 한다. 종일 긴장하면서 일한 직장인이 퇴근 후 집에서 시원한 맥주를 마시면서 하루의 피로를 푸는 것은 직장인의 낙이다.

하지만 스트레스가 심한 사람은 건강을 해치는 행동을 선택할 수 있다. 가벼운 맥주를 마시면서 가족과 하루를 정리하는 것은 충분히 가치가 있는 시간이지만, 심한 스트레스를 받은 사람은 가벼운 맥주 정도로는 스트레스 대처가 되지 않는다. 이때 사람들은 담배나 술로 스트레스에 대응한다. 즉, 알코올이 긴장을 감소시키는 속성으로 인해 스트레스를 받을수록 술에 대한 의존도는 높아질 수 있다.

스트레스 대처방식으로 술을 선택하는 것은 일시적이다. 오랫동안 술에 의존하면 건강을 해치기 때문이다. 직장에서 일하는 동안 경험하는 다양한 스트레스의 원인을 파악할 수 있다면, 예방도 가능하다. 따라서 직장인이 경험하는 다양한 스트레스의 원인에 대해 살펴보고자 한다.

2장

여기는 개미지옥? 직장인이라면 피할 수 없는 업무 스트레스

직장인이라면 매일 맞닥뜨리는
다양한 스트레스

신나라 씨와 반대한 씨가 회사 창립기념일 기념품을 선정하기 위해 회의를 시작했다.

신나라 : 올해는 직원들의 건강을 고려해 건강에 도움이 되는 식품으로 하면 어떨까요?

반대한 : 그런 거는 직원들이 싫어하지 않을까요? 이미 먹고 있는 사람들도 많을 거고…. 먹는 사람들 말을 들어봐도 그다지 효과가 있는 거 같지도 않고…. 다른 걸 선택하는 게 좋을 것 같습니다.

신나라 : 여행용 가방은 어때요?

반대한 : 그건 여행을 자주 가는 사람에게나 필요한데…. 주고 욕먹을 가능성이 큽니다.

신나라 : 반대한 씨, 제 의견에 반대만 하지 말고 본인 생각도 말씀해 주세요. 계속 반대만 하니 시비 거는 것처럼 느껴져요.

신나라 씨와 반대한 씨가 회의하는 모습이다. 회의 목적은 창립기념일 선물 선정이지만, 반대한 씨는 자기 의견보다는 신나라 씨의 의견에 다른 목소리만 내고 있다. 이로 인해 신나라 씨는 마음의 균형이 깨지면서 반대한 씨에게 짜증을 내게 된다. 이처럼 직장인이 스트레스를 경험하는 주요 원인은 나와 다른 다양한 사람들이 모여 일하기 때문이다. 사람들이 모여 일할 때 여러 원인이 겹치면서 다양한 스트레스를 경험하게 된다.

직장인이 경험하는 스트레스의 주요 원인은 '일'과 '사람'이다. 자영업자는 혼자서 일하는 것처럼 보일 수 있어도, 고객이 존재하기 때문에 실제로는 혼자서 일하는 것은 아니다. 직장인이 조직에서 일하는 동안 일과 사람으로 인한 스트레스에서 벗어나기는 어렵다.

스트레스는 사람의 감정과 사고 과정, 신체 상태에 영향을 주는 긴장 상태다. 과도한 스트레스는 업무능력에 위협을 미칠 수 있고, 개인이나 조직 등에 부정적인 영향을 미칠 수 있기 때문에 업무와 관련이 있는 스트레스를 예방하기 위해서는 먼저 스트레스의 원인을 파악할 필요가 있다.

1) 업무 관련 스트레스

우리나라의 경제가 성장하면서 일의 성격도 많이 변했다. 과거에는 일이 생존을 위한 생계 수단이었다면, 지금은 자기실현을 위한 도구의 역할도 하고 있다. 하지만 직장인이 일하면서 경험하는 스트레스는 직장인의 삶의 질을 높이는 데 방해가 되는 원인이기도 하다.

우리 국민은 직장에서 받는 스트레스가 가장 높은 것으로 나타났다. 통계청의 2022년 사회조사 결과에 따르면 직장생활에서 스트레스를 받는다는 응답은 62.1%로 가정생활, 학교생활 등에 비해 직장에서 받는 스트레스가 월등하게 높았다.

한국은 1인당 국민소득이 3만 달러 이상이지만, 국민 행복 수준은 OECD 국가 중에서 가장 낮은 수준이다. 또한, 매년 발표되는 OECD 국가의 주당 근로시간에서 항상 상위권에 이름을 올리고 있다. 이처럼 한국의 직장인은 다른 선진국에 비해 업무 스트레스에 시달리고 있지만, 스트레스를 해소하고 예방하는 방법을 제대로 이해하지 못하고 스트레스로부터 회복할 시간 또한 부족한 것이 현실이다.

업무 관련 스트레스란?

조직은 조직원에게 급여, 연금, 직업 기회, 직위, 직무 등의 자원을 공급하며, 그 대가로 조직은 생산성 확보, 이윤추구 등 조직의 목표 및 과업을 성취하려 한다. 반면에 개인은 조직에 지식, 능력, 기술 등의 개인 자원을 공급하고 그 대가로 생존의 욕구와 자기실현의 욕구를 충족하려고 한다.

조직원은 일을 통해 성취감을 느끼기도 하지만, 업무 과정에서 경험하는 스트레스로 고통을 호소하기도 한다. 적절한 수준의 스트레스는 동기부여에 긍정적인 역할을 하지만, 지나치게 높거나 낮은 수준의 스트레스는 직장인의 이직이나 생산성 감소와 같은 부정적인 결과로 이어지기도 한다.

업무 스트레스는 업무와 관련이 있는 스트레스로 직장인이 가장 자주 경험하는 스트레스다. 스트레스 상황에서 요구되는 과제가 자기 능력 범위를 벗어나지만, 그 요구를 수행하는 것이 중요하다고 인지될 때 발생하는 불쾌감, 혹은 조직원의 특성과 능력이 직무와 부적합할 때 경험하는 심리적 갈등이나 긴장감이다.

업무 스트레스의 개념은 스트레스의 개념과 비슷하지만, 스트레스를 발생시키는 원인이 업무를 수행하는 과정에서 발생하는 점이 다르다. 미국 국립안전보건연구소에서는 업무 스트레스를 업무에서 요구하는 내용이 직장인의 능력, 자원, 바람과 일치하지 않을 때 발생하는 신체적·정서적 반응이라고 정의하고 있다. 한국산업안전보건공단에서는 업무 스트레스를 직장인에게 해로운 신체적·정서적 반응을 초래하는 모든 업무적 스트레스 요인이라 했고, 물리적 환경, 직무부담, 직무 자율, 관계 갈등, 직무 불안정, 조직 체계와 문화, 부적절한 보상 등을 포함하는 개념이라 정의했다.

업무 스트레스의 원인과 반응은?

업무 관련 스트레스는 일하는 과정에서 발생한다. 일과 관련한 스트레스는 위험한 작업조건이나 환경, 처리해야 할 일이 복잡하거나 일이 너무 많거나 너무 적을 때 발생한다. 다른 사람과의 관계로 인한 갈등이 일어나거나 자기 역할이 확실하지 않을 때도 스트레스를 느낄 수 있다. 또한, 계약직과 같이 신분이 불안할 때도 느낄 수 있으며, 합리적이지 못하고 권위적인 조직문화, 적절하지 못한 보상체계로 인해 조직원이 느끼는 불편함, 압박감, 긴장 등이 스트레스를 경험하는 원인이 된다.

업무와 관련한 스트레스의 원인은 크게 조직, 업무 속성 그리고 개인으로 구분할 수 있다. 조직이나 업무 속성과 관련한 스트레스의 원인으로는 조직 구조, 근무환경, 직무 다양성, 불공정성, 직무 자율성, 역할 다양성, 대인관계, 리더십 등이 있고, 개인과 관련해서는 개인의 욕구, 경험, 성격, 업무 역량이나 대인관계 능력 등이 있다.

업무 스트레스로 인한 반응은 크게 생리, 심리 그리고 행동으로 구분할 수 있다. 생리 반응으로는 몇 가지가 있는데 먼저 호흡이 가빠진다. 긴장이나 불안으로 인한 스트레스는 몸속 교감신경을 활성화해 호흡이 얕고 빨라지도록 한다. 이처럼 가쁜 호흡을 심하게 하는 상태를 과호흡증후군이라고 한다. 과호흡으로 인해 산소를 자꾸 들이마시면 상대적으로 몸에 이산화탄소가 부족해지면서 실신이나 어지럼증이 생길 수 있다. 심리 반응에는 우울, 불안 그리고 직무 불만족 등이 있다. 행동 반응에는 이직, 결근 등이 나타날 수 있다.

2) 역할 스트레스

HG 기업의 급여 담당과 자금 담당은 즐거우면서도 한편으로 당혹스럽기만 하다. 새로 부임한 대표이사가 그동안 고생한 조직원들에게 '경영에 지장이 없는 선'에서 보너스를 지급하라고 지시했기 때문이다. 갑작스러운 지시에 적정한 지급 기준을 찾으려고 다양한 시나리오를 검토하면서 기준을 정해 부서장에게 보고하느라 며칠 동안 늦게까지 일해야만 했다.

역할 스트레스의 원인

경영환경 변화에 따라 조직원의 역할이 달라지고 있다. 과거에는 조직원이 해야 할 일이 비교적 간단하고 명확했기 때문에 맡은 일을 제대로 해내는 것이 수월했다. 하지만 산업이 고도로 발달하면서 조직원은 조직 내 다양한 이해관계자로부터 복잡하고 다양한 역할 수행을 요구받고 있다.

역할은 지위와 관련된 것으로 조직 체계에 따른 특정 지위의 사람에게 기대되는 적합한 행위를 의미한다. 즉, 일정한 지위에 속한 조직원이 수행할 것으로 기대되는 행위다.

조직원이 해야 하는 업무는 크게 두 가지로 구분할 수 있다. 주기적으로 발생하는 업무와 그렇지 않은 업무이다. 급여 담당자는 매월 정해진 날에 조직원의 급여를 계산해 급여 총액을 자금 담당 부서에 요청하면 자금 담당자는 급여일에 맞춰 자금을 마련하고 급여 담당자가 급여를 지급하면 급여와 관련한 업무는 마무리된다.

하지만 급여 담당자와 자금 담당자의 업무는 보기보다 단순하지 않다. 회사의 경영 상태가 악화하면 자금 담당자는 급여일이 다가올수록 급여 지급을 위한 자금 마련에 심한 압박감을 느낄 수 있다. 이런 고통의 시간을 이겨내고 회사의 경영 상태가 좋아지면 경영진은 조직원의 수고를 위로하기 위해 회사 경영에 영향을 주지 않으면서 조직원을 만족시킬 보너스를 지급하라고 인사 부서에 지시할 수 있다. 이럴 때 급여 담당과 자금 담당은 '적절한 수준'이 어느 정도인지를 정하기 위해 머리를 맞대고 고민을 시작한다. 이처럼 급여 담당과 자금 담당의 업무는 회사의 경영이 좋아져도, 나빠져도 업무량이 늘어나면서 스트레스를 느낄 이유가 많아지는 것이다.

인사 담당과 자금 담당은 자신이 지시받은 일을 하기 위해 예상하지 못했던 시간과 에너지를 써야 한다. 조직원은 이런 상황을 맞이하면 조직이 자기 능력과 기준을 벗어난 일을 시킨다고 인식하면서 역할 스트레스를 경험하게 된다. 즉, 역할과 관련한 스트레스의 주요 원인은 역할 모호성, 역할갈등, 역할 과부하다.

역할 모호성

역할 모호성은 조직원이 일할 때 자기에게 기대하는 것이 무엇인지 정확하게 알지 못하거나 일을 마무리하고 난 다음 발생하는 결과에 대한 정보를 얻을 수 없을 때 일어날 수 있다. 조직원은 여러 가지 이유로 지시받은 업무 내용을 정확하게 인식하지 못하고, 업무에 관한 정보가 부족하고, 역할에 대해 명확하게 파악하지 못했을 때 일어난다. 급여 담당과 자금 담당은 '적절한 수준'에 대한 정보가 부족했기 때문에 기준을 정하는 과정에서 심한 스트레스를 받은 것이다.

역할 모호성은 업무 내용이 어렵거나 복잡해질수록 잘 드러난다. 특히, 경제 상황이 불안정하고 표준화되지 않은 업무가 증가하는 상황에서 역할 모호성은 증가한다. 또한, 새로운 기술을 학습하고 업무에 적용하는 과정에서 자신이 습득한 기술을 어떻게 적용할지 확신이 없는 경우에도 역할 모호성이 발생할 수 있다.

이처럼 역할 모호성이 발생하는 주요 이유는 다음과 같다. 개인의 이해 수준을 넘어선 조직의 규모 및 복잡성, 조직의 급속한 성장, 빈번한 기술의 변화, 빈번한 인사이동, 조직 변화로 인해 일어나는 조직원에 대한 새로운 요구 등이다.

역할 모호성으로 인한 다양한 부정적인 결과가 조직에 영향을 미친다. 조직원은 조직에 대한 정보가 부족한 상황에서 자기 직무에 부정적인 영향을 미칠 수 있는 해고나 직무변화와 같은 다양한 사건을 예측하게 되며, 이는 정서적 불안으로 이어질 수 있다.

역할 갈등

역할 갈등은 두 가지 이상의 상반된 역할 기대가 동시에 직면하는 상황에서 일어난다. 조직원에게 보너스를 지급해야 하는 자금 담당은 개인적으로는 보너스 지급률이 높기를 바라지만, 회사의 안정적인 자금 운용을 위해서는 보너스 지급 금액을 줄여야 한다. 이럴 때 자금 담당은 상반된 기대로 인해 결정이 어려운 상황에 놓이는데 이럴 때 발행하는 갈등을 역할 갈등이라고 한다.

만약 회사의 자금 사정을 고려하지 않은 채 보너스 지급률을 높이라고 하면 자금 담당은 이 지시를 따라야 할지 고민하게 된다. 이럴 때 자금 담당은 자기 역할에 대해 불안감과 불만족을 느끼며, 이는 효과적으로 일하는 것을 방해한다. 이처럼 조직원이 역할 갈등을 인식할수록 자기 일에 대해 혼란을 느끼며, 상사나 동료에게 의견을 구하면서 이들에 대한 의존도가 심해질 수 있다.

역할 갈등은 네 가지로 구분할 수 있다. 첫째, 자금 담당자가 경험하는 갈등처럼 역할 담당자 내면의 갈등으로 조직원의 내적 기준과 실제로 업무에서의 요구가 다를 때 발생한다. 둘째, 업무를 지시하는 사람들 간의 갈등으로 조직원에게 두 사람 이상이 동시에 업무를 지시할 때 발생한다. 아마도 이런 상황에 빠진 담당자는 갈등 상황에서 벗어나기가 쉽지 않을 수 있다. 셋째, 역할 간의 갈등으로 처음 조직원에게 요구한 내용과 그다음 요구가 일치하지 않을 때 발생한다. 상사의 '빠르고 꼼꼼한 업무 처리'와 같은 지시가 대표적인 예이다. 넷째, 개인과 역할 사이의 갈등으로 조직원의 가치 혹은 신념과 조직이 기대하는 역할 사이의 갈등이다. 평소 '조직원의 화합이 조직경쟁력이다'라고 여기는 인사 담당이 상사로부터 인력 구조 조정 계획을 수립하라는 지시를 받을 때 역할 갈등이 일어날 수 있다.

이와 함께 조직원이 새로운 기술과 지식을 학습했지만, 실제로 업무에 적용하는 과정에서 습득한 기술의 필요성을 느끼지 못할 때도 역할 갈등이 발생할 수 있다. 이처럼 역할 갈등은 조직원이 조직에서 자신의 기준 또는 능력과 일치하지 않는 역할을 요구받거나 여러 명이 동시에 각기 다른 지시를 받을 때 인식하는 심리 상태다.

역할 갈등은 조직원에게 긴장과 불안을 느끼게 한다. 또한, 조직원과의 신뢰와 호의 그리고 존경에 부정적인 영향을 미친다. 즉, 역할 갈등이 증가하면 조직에서 상사에 대한 신뢰가 감소하고 직무 스트레스가 증가하며, 직무 만족도는 낮아진다.

역할 과부하

모든 직원에게 적절한 수준의 보너스를 지급하라는 경영진의 지시에 따라 급여 담당과 자금 담당은 적절한 수준을 찾기 위해 고민에 고민을 거듭하게 된다. 급여의 100%와 같이 명확하게 지시하면 업무가 금방 마무리되겠지만, 그렇지 않다면 기존 업무를 하면서 경영진이 만족하는 적절한 수준을 찾을 때까지 계속 시뮬레이션을 해야 하므로 담당자들은 상당한 피로감을 느끼게 된다. 이처럼 급여 담당과 자금 담당이 짧은 시간에 많은 양의 일을 하거나 동시에 여러 가지 일을 해야 할 때 역할 과부하를 경험한다.

역할 과부하는 모든 작업 환경에서 잠재적 스트레스 요인으로 조직원에게 주어진 시간, 능력 혹은 다른 제약 조건에 비해 조직이 기대하는 책임과 업무가 과중한 상황에서 발생한다. 즉, 조직원이 가진 시간, 에너지나 지식과 같이 사용할 수 있는 자원에 비해 조직의 요구가 과중할 때 조직원은 스트레스와 함께 역할 과부하를 인식하게 된다.

역할 과부하는 양적 과부하와 질적 과부하로 구분할 수 있다. 양적 과부하는 조직이 조직원에게 주어진 시간 내에 마무리할 수 없는 업무량을 요구할 때 일어난다. 질적 과부하는 조직원의 능력과 지식 이상의 역할을 요구할 때 발생한다.

조직원이 역할 과부하를 경험할 때 부정적인 결과를 겪게 된다. 역할 과부하는 번아웃 증가, 스트레스와 콜레스테롤 수치 증가, 신체적 질병으로 인한 결근 증가, 가정에 소홀해지면서 일-가정 갈등의 발생으로 인한 감정 소진, 그리고 직무성과 감소 등의 부정적인 결과가 발생한다.

조직은 시간이 지날수록 복잡해지고 변화 속도는 점점 빨라지고 있다. 이렇게 심한 변화에 대응하면서 경쟁에 뒤처지지 않기 위해서는 조직원에게 일에 필요한 기술이나 지식을 끊임없이 학습하는 학습 활동까지 요구한다. 이는 과중한 업무량, 시간 압박과 함께 조직이 조직원에게 요구하는 부가적인 역할로 인식되고 있다. 이런 역할 과부하는 조직원이 자신의 작업 환경을 수동적으로 받아들이게 만들고, 업무에 대한 동기부여를 감소시키며 결근율을 증가시키는 등의 부작용을 낳게 된다.

3) 대인관계 스트레스

대인관계란 사람을 대하는 개개인의 보편적 지향성으로 두 사람 혹은 여러 사람 사이에 맺어지는 관계다. 대인관계는 인간관계로 불리기도 하는데 대인관계라는 용어는 인간관계 중에서도 조직에서 이뤄지는 관계에서 주로 사용된다.

대인관계 스트레스의 이해

직장인의 대인관계 활동은 대부분 조직 내에서 이뤄진다. 가장 보편적인 대인관계 스트레스 요인으로는 상사, 부하, 동료, 고객들과의 관계라고 할 수 있다. 이는 조직원 사이의 각기 다른 역할과 경쟁심으로 인해 잦은 의견대립 등이 발생할 수 있으며, 고객과 동료의 독특하고 다양한 특성과 취향에 맞추어야 하기 때문이다. 따라서 대인관계의 특성과 욕구는 모두 표출하는 방식이 다르며, 대인관계 상호작용에 있어여러 형태의 갈등과 오해 등을 초래하게 되는데 이것이 대인관계 스트레스다.

조직원 간의 대인관계의 질은 개인과 조직의 건강에 중요한 요인이다. 직장에서의 대인관계는 직무만족을 구성하는 요소이며 동기부여에도 중요한 역할을 한다. 즉, 다른 사람과 화합을 잘 할 수 있는 능력이며 조직원들이 목표를 공유하고 주어진 업무수행과 조직의 목적을 달성하기 위해 맺어져 상호작용하는 관계를 뜻한다.

많은 직장인은 사람과의 관계 맺는 방법에 대한 지식이 부족하다. 언론보도에 따르면 직장에 다니는 대부분 남성은 직장에 들어가기 위한 교육 외에 직장에서 상사나 동료와 관계를 맺고, 협력하고 성장해야 하는 등의 방법에 관한 교육을 받지 못했고, 가족과 친밀감을 형성하는 방법도 배우지 못했다고 한다. 이로 인해 대인관계로 인한 스트레스를 비롯해 다양한 어려움을 겪고 있으며, 대인관계로 인한 어려움은 직장을 떠나는 주요 원인이기도 하다.

사회관계망은 개인의 정신 건강 및 행복에 큰 영향을 미친다. 사회관계망에 속한 조직원은 그렇지 않은 사람에 비해 정보나 사회적 지지, 사회관계망 내에 있는 구성원들의 기술 및 지식 등에 대한 접근성이 좋으며, 이는 신뢰 혹은 호혜성 등과 같은 긍정적 결과물에 영향을 미치며, 궁극적으로 더 나은 건강 상태를 보인다.

대인관계 스트레스의 원인

직장인은 대부분 활동이 조직에서 이뤄지고 있다. 직장인은 하루 대부분을 직장에서 보내며 다양한 사람들과 상호작용하고 다양한 문제에 직면하며 스트레스를 겪는다. 만족스러운 대인관계를 형성하고 유지하는 데 어려움이 있거나 부정적인 대인관계에 적절하게 대응하지 못했을 때 발생하는 부정적 심리 반응을 대인관계 스트레스라고 한다.

다른 사람과의 친밀한 관계는 행복과 불행, 만족과 불만족을 결정하는 핵심적인 요소로서 직장인의 삶의 질을 좌우하게 된다. 하지만 사람마다 욕구를 드러내는 방식이 모두 다르다. 이로 인해 대인관계 상호작용에 있어 여러 형태의 오해와 갈등 등이 초래되는데 이것이 대인관계 스트레스의 원인이 된다.

직장인의 스트레스는 상사와 동료와의 상호작용 과정에서 일어난다. 조직에서 대인관계의 대상은 상사, 동료 그리고 부하가 있다. 부하는 상사의 관심이 부족하다고 생각할 때 스트레스를 느끼고, 상사는 부하가 자신의 지시를 따르지 않거나 성과 보고에 만족하지 못할 때 스트레스를 경험한다. 상사의 배려 깊은 행동, 상호신뢰, 존경과 친밀성 여부는 부하의 스트레스 수준을 결정한다. 이와는 달리 부하의 지시 불이행, 정보 전달 능력 부족, 자기 능력에 대한 신뢰 부족은 상사가 느끼는 스트레스의 원인이 된다. 동료 사이에 목표나 욕구가 일치하지 않는 상황에서 심리적으로 반응할 때 대인관계 스트레스를 인식할 수 있다. 동료 사이에 발생하는 스트레스의 주요 원인으로는 작업 시간, 업무 성과 및 업무 추진의 방해, 지원과 협조, 정보교류, 과당경쟁이다.

조직원은 대부분 조직 내에서 대인관계를 통해 직무를 수행한다. 대인관계는 개인의 정체성 형성에 영향을 미칠 뿐만 아니라 갈등의 원천이 된다. 상사와 동료와의 갈등은 스트레스와 정신적 고갈의 가장 중요한 원천이며, 대인관계에 대한 낮은 신뢰 및 지지, 업무에 관한 낮은 흥미, 권력의 불균형 등으로 나타나며 대인관계 스트레스를 높인다.

대인관계 스트레스의 결과

많은 사람이 대인관계를 통해 자신의 가치를 판단한다. 이로 인해 대인관계는 행복과 웰빙의 주요 원인이 된다. 만약 대인관계로 인한 스트레스 수준이 높다면, 개인의 웰빙이나 정신 건강에 위협이 될 수 도 있다.

이런 스트레스는 직장인의 신체나 심리 건강을 악화시키고 조직에 도 손실을 준다. 대인관계 스트레스가 높은 조직일수록 직무만족과 조직몰입이 감소한다. 조직원의 직무만족과 조직몰입은 상사와의 관 계가 동료와의 관계보다 더 큰 영향을 미친다. 반면, 부하와의 관계는 직무만족과 조직몰입에 별다른 영향을 미치지 않는다. 즉, 조직원이 인식하는 스트레스의 원인은 상사, 동료 그리고 부하의 순이다.

대인관계 문제는 개인 차원과 조직 차원으로 나타난다. 개인 차원 에서는 스트레스나 우울로 나타날 수 있다. 조직 차원에서는 직무 태 도, 직무만족, 서비스의 질, 직무소진, 자기효능감, 조직몰입, 업무 성과 나 이직으로 연결될 수 있기 때문에 조직의 원활한 운영을 위해 대인 관계 스트레스는 인적자원 관리의 필수 대상이 된다.

4) 서열 관계 스트레스

우리나라에서의 대인 교류는 두 가지로 구분할 수 있다. 친구와의 교류를 제외하면 연장자, 상사, 선생, 선배 등과 같은 손윗사람이거나 부하, 후배, 학생 등과 같은 손아랫사람과의 교류뿐이다.

우리나라 사람들은 나이에 따른 서열 관계를 자연스럽게 받아들인 다. 갈등, 스트레스, 분노, 다툼이나 관계의 소원함처럼 사람과의 만남 에서 일어나는 부정적인 상황은 상대와의 서열로 인한 경우가 상당히 많다. 특히, 우리나라에서는 일단 서열이 정해지면 상황 변화가 일어나더라도 정해진 서열이 끝까지 유지되는 특징이 있다.

이런 점에서 대인관계에서의 서열이 상황에 따라 변하는 서구와는 큰 차이가 있다. 우리나라에서만 볼 수 있는 이런 특수한 상황으로 인해 많은 직장인이 서열 관계 스트레스로 힘들어한다.

우리나라 서열문화의 특징

우리나라에서 처음 만나는 상대에게 하는 질문은 비슷하다. 출신 학교, 고향 그리고 나이다. 그중에서도 서열을 따질 수 있는 나이는 서로에게 중요하다. 단순히 상대의 특성을 파악하기 위해서가 아니라 자신과 비교해 상대의 나이가 많은지 아닌지를 파악하려고 하는 것이다. 이렇게 나이를 따져야만 상대와 나 사이의 서열을 정할 수 있고, 그에 따라 말을 높일지 말을 놓을지를 결정할 수 있기 때문이다. 나이가 많은 사람이 적은 사람에게 높임말을 쓰면 나이가 적은 사람이 불편함을 느끼면서 말을 놓으라고 요청하기도 한다. 이처럼 우리나라에서 상대와의 교류를 위해서는 나이나 지위와 같은 서열정보의 확인이 중요하다.

원만한 의사소통을 위해서는 서열 관계에 관심을 둘 필요가 있다. 우리나라에서 나이, 신분, 역할, 지위 등 사회적 서열을 판단하는 여러 기준이 있지만, 가장 중요한 기준은 나이이다. 2022년 가을밤 늦게 50 대 남성이 식당 종업원과 말다툼하면서 흉기를 들고 난동을 부리다 경찰에 체포됐다는 뉴스가 있었다. 이 사건이 일어난 이유는 종업원이 50대 남성에게 반말을 했는데, 이 남성은 자신에게 반말을 한 사람이 자기보다 나이가 어리다고 착각해 시비가 시작됐다. 이처럼 상대보다 나이가 어린 사람이 반말했을 때 관계는 불편해지면서 갈등이나 다툼이 일어날 수 있다.

우리나라에서 서열 관계가 지닌 특징은 먼저 성립된 서열 관계가 영구적으로 작용할 수 있다는 것이다. 서열 관계가 성립되기만 하면 상황의 변화에 따라 바뀌지 않을 가능성이 크다. 군대에서의 상하관계가 제대한 다음에도 그 서열이 유지되는 경우가 많다. 또한, 상사와 부하의 관계가 맺어진 다음에는 부하의 승진으로 지위가 역전이 되더라도 처음 맺어진 관계가 유지되는 상황 또한 흔하다. 이런 특징은 서열 관계가 제한적으로 작동하는 서구의 서열 관계와는 차이가 크다.

서구 사회에서의 서열 관계는 조직에 필요한 활동을 수행하기 위한 목적이 있다. 군대에서의 서열 관계가 군대를 제대한 이후에도 유지되는 우리나라와는 달리 서구에서는 역할이 바뀌거나, 조직을 떠나거나 역할 수행을 위해 필요한 상황이 아니라면 대등한 개인으로 교류한다.

서구에서의 서열 관계는 상황에 따라 변한다. 높은 지위를 얻을 수 있으면 잃을 수도 있어 서열의 역전이 가능하다. 우리나라의 경우 서열이 역전되는 상황을 받아들이지 못하거나 불편해한다. 후배가 검찰총장이 되면 선배들이 사표를 내는 문화가 대표적인 사례다. 반면, 우리나라와 달리 서구에서는 우리나라만큼 불편해하지 않으면서 서열이 역전되는 상황을 자연스럽게 받아들인다.

우리나라의 대인 교류는 서열성과 집단성, 우리로 한정되는 집단에 긍정적인 가치를 부여하는 특성이나 성질인 우리성의 특징 속에서 개인으로서의 정체감보다는 집단구성원으로서의 정체감이 크게 작용하는 관계 맺음을 특징으로 하고 있다. 반면, 서구 사회의 대인 교류는 대등하고 독자적인 인격체 간의 관계 맺음을 전제로 한다.

우리나라의 상하 간 서열 의식은 전통적인 유교 사상의 영향을 받았다. 이런 오래된 의식은 현재에도 남아 조직원의 잠재의식 속에 자리 잡고 있다. 상하 간 서열 의식은 조직 내의 신분, 위계 등을 기준으로 나타난다.

사람들은 사회가 인정하는 선에서 상대와 동등한 교류를 하고 싶어 하며, 이런 교류행위에 대한 기대 속에서 교류를 시작한다. 그런데 상대의 언행이 이런 기대에 어긋나면 사람들은 불편함을 느낀다. 대표적인 예가 모르는 상대가 자신에게 반말할 때이다. 이럴 때 거의 모든 사람은 불쾌함과 불편함을 느끼면서 상대에게 항의하거나 상대의 이런 행동이 우발적인지, 의도적인지 신경을 쓰는 긴장 상태에 놓이게 된다. 이런 긴장 상태를 서열 관계 스트레스라고 한다.

우리나라에서는 서열 관계 스트레스가 관계 만족도에 영향을 미친다. 친구나 동료 사이에서는 동등한 관계이기 때문에 서열 관련 문제가 그다지 심각하지는 않지만, 아예 없는 것은 아니다. 동료 사이에 상대가 자신을 아랫사람으로 여기는 언행을 보이거나 무시한다면, 서열 관계 스트레스가 일어나면서 상대와는 만족스러운 관계를 유지하기가 어렵다.

우리나라에서 서열 관계 스트레스에서 벗어날 수 있는 사람은 없다. 우리나라의 서열 관계는 외국처럼 상황에 따라 변하는 게 아니기 때문에 두 사람 사이에는 항상 이 문제가 숨어있다. 그래서 생일이 몇 달만 차이가 나도 형이다, 아니다로 실랑이가 벌어지는 것이 현실이다.

서열 관계가 맺어지면 평생 유지되는 경향이 있다. 공기업이나 사기업에서 선배와 후배의 위치가 바뀌면 매우 불편한 관계가 이뤄진다. 이처럼 서열 관계의 영속성은 스트레스의 원인이 된다. 서열 관계 스트레스는 자신이 상대에게 기대하는 상호관계의 자리매김이 상대의 언행으로 인해 흔들릴 때 경험하는 관계의 스트레스다. 나이 어린 상사가 나이 많은 부하에게 반말투로 얘기하는 태도는 나이라는 서열 관계에 부적합한 행동이다. 이럴 때 상대와의 서열 관계에 대한 기대가 어긋나면서 관계의 불편함을 느끼면서 스트레스를 경험하게 된다.

서열 관계 스트레스는 상사보다 부하가 더 많이 느낄 수 있다. 조직 내 서열이 높은 사람은 위임받은 권력으로 서열이 낮은 사람을 통제한다. 이런 이유로 서열이 낮은 사람이 높은 사람보다 서열 관계 스트레스를 더 크게 느낀다.

서열 관계 스트레스의 부작용은?

조직원이 서열 관계 스트레스를 경험하면 조직에 부정적인 태도를 보이게 된다. 직장에서 경험하는 다른 스트레스와 마찬가지로 업무 동기나 애사심이 낮아진다. 조직원이 서열 관계 스트레스를 경험할수록 긴장감으로 실수를 범하기도 하고, 실수에 대한 두려움으로 자기 역량을 제대로 발휘하지 못하면서 업무 성과에도 부정적인 영향을 미칠 수 있다.

서열 관계는 수직적인 관계다. 상사와 부하처럼 관계가 유지되는 동안 서열 관계는 유지된다. 이로 인해 항상 상대와의 서열을 의식해야 하므로 대인관계는 긴장과 갈등이 발생한다. 이런 상황에서 상대로부터 기대와 다른 언행 등으로 불편함을 느끼게 되면 서열 관계 스트레스를 경험한다. 이때 우울, 고독, 단절감과 같은 부정적인 감정을 경험하게 된다.

서열 관계 스트레스는 이직 의도를 강화할 수 있다. 서열 관계 스트레스는 대인관계 스트레스의 일종으로 서열 관계 스트레스를 높게 인식할수록 직장을 떠나겠다는 결심을 강하게 할 수 있다.

5) 일상에서의 스트레스

현대를 살아가는 직장인들은 직장과 가정 그리고 인간관계 등의 다양한 상황에서 스트레스를 경험한다. 직장과 가정은 전통적으로 상호 분리된 영역으로 인식됐지만, 노동시장이나 가족구조 등의 변화로 직장에서의 다양한 요인들은 가정에 직접적으로 영향으로 미치고, 그 반대의 경우인 가정에서의 여러 요인이 직장에도 영향을 미치고 있다.

직장과 가정은 별도의 존재가 아니라 따로 생각할 수 없는 불가분의 관계에 있으나 다양한 환경으로 인해 직장생활과 가정생활 모두를 만족하기는 어려운 것이 현실이다. 특히, 직장에서의 환경이 가정생활의 질에 영향을 주고, 가정에서의 환경이 직장생활에 영향을 주는 등 두 영역은 직장인을 중심으로 서로에게 영향을 미치고 있다.

직장에서 긍정적 혹은 부정적 경험은 가정에서도 긍정적 혹은 부정적인 영향을 미친다. 예를 들어 승진한 직장인은 즐겁고 보람찬 기분을 느끼면서 집으로 들어선다. 직장인의 이런 기분은 가족에게도 그대로 전달되어 가족 또한 즐거운 기분을 느끼게 된다. 반면, 승진에서 탈락한 직장인은 서운하고 화난 상태로 퇴근하면 가족도 직장인과 같은 불편한 기분을 느끼게 된다. 즉, 직장인의 기분이 그대로 가족에게 옮겨지는 것이다.

반대의 상황도 일어난다. 가정에서 불편한 기분을 느낀 직장인은 그 감정을 그대로 직장으로 가져간다. 특히, 불편한 감정을 가지고 출근한 상사는 어떤 형태로든 즐거운 기분을 느낄 때와는 다른 행동을 하면서 부하에게 부정적인 영향을 끼치게 된다. 반면, 가정에서 즐거운 기분을 느끼면서 출근한 상사는 부하에게도 자신의 기분을 옮기는 긍정적인 행동을 할 가능성이 크다. 따라서 직장인을 매개로 직장과 가정은 연결되어 있다.

스트레스 생활사건

사람들이 일상에서의 변화에 적응하려 할 때 스트레스도 높아진다. 학자들은 일상에서의 변화에 따른 스트레스 정도를 목록으로 만들었다. 대표적인 스트레스 사건은 다음과 같다.

순위	생활사건	점수
1	배우자의 사망	100
2	이혼	73
3	감옥 혹은 다른 시설에 갇힘	63
4	가까운 가족의 죽음	63
5	개인의 심한 상해나 질병	53
6	직장에서의 해고	47

위의 스트레스 사건은 대부분 사람이 매우 힘들었다고 생각하는 문항들이다. 다음에 소개하는 문항들은 위의 문항보다 스트레스가 더 적지만, 스트레스가 쌓이는 것을 악화시킨다.

순위	생활사건	점수
41	휴가	13
42	크리스마스	12
43	사소한 법률 위반(예: 교통위반 등)	11

위의 문항들은 서구에서 1967년 발표된 내용이다. 비록 서구에서 만들어진 생활사건 목록이지만, 그 내용에 대해서는 대부분 별다른 이견이 없을 것이다. 문제는 이런 종류의 스트레스가 직장으로 옮겨갈 수 있다는 것이다. 배우자와 이혼하는 과정에서 스트레스를 겪는 사람은 업무를 대하는 태도에 변화가 일어날 수 있다. 마찬가지로 직장에서 심한 스트레스를 받은 사람은 가정에서도 평온한 상태로 생활하기 어렵다. 따라서 직장인에게 가정은 스트레스의 원인이자 스트레스를 치유할 수 있는 장소이기도 하다.

직장-가정 갈등으로 인한 스트레스

직장과 가정은 조직원의 삶에 가장 중요한 두 영역이다. 두 영역 사이의 균형은 조직이나 개인의 삶에 중요하다. 직장과 가정이라는 삶의 두 영역에서 각각의 기대 수준에 미치지 못할 때 일-가정 갈등이 발생한다.

우리나라에서는 가정보다는 직장에서의 역할을 중요시하는 경향이 있다. 예를 들어, 가정에서의 역할과 직장에서의 역할이 동시에 요구되면 가정에서의 일정을 조정하거나 희생하는 경향이 있는 것으로 조사됐다. 직장 내에서 발생하는 스트레스는 가정 내의 갈등에도 영향을 미친다. 직장인은 자기 업무에 대해 직장에서뿐만 아니라 가정에서도 줄곧 업무로 인해 신경이 날카로워지고 마음이 불안한 상태가 유지된다.

일-가정 갈등은 개인의 신체, 정신 그리고 심리 자원의 한계로 인해 직장과 가정이라는 영역에서 자원의 균형적 활용이 이뤄지지 않을 때 발생한다. 직장인이 일하는 과정에서 신체, 정신 그리고 심리 에너지의 소모가 많아지면 상대적으로 가정에서 사용할 수 있는 에너지는 줄어들기 때문에 가정에서 자신의 역할에 소홀하게 되면서 갈등이 발생하게 된다. 반대로 가정에서의 에너지 소모가 많아지면 직장에서 사용할 수 있는 에너지가 줄어들면서 자신의 역할을 제대로 수행하지 못할 때도 갈등이 발생할 수 있다.

직장과 가정 사이에서의 갈등은 시간, 긴장, 행동 세 가지 차원에서 일어난다. 시간으로 인한 일-가정 갈등은 업무 시간으로 인해 가정에서의 역할에 필요한 시간이 충분하지 않아 발생한다. 긴장으로 인한 일-가정 갈등은 업무로 인한 스트레스 등의 부정 감정이 가정에서의 역할에 영향을 미쳐 발생한다. 행동으로 인한 일-가정 갈등은 직장인이 가족의 요구 내용을 충족하기 위해 일과 관련한 행동을 조정해야 하나 이런 조정이 어려울 때 일어난다.

직장과 가정 사이에서 일어나는 갈등의 원인에는 상사도 포함된다. 조직원이 직장에서 당하는 괴롭힘에는 상사의 인격적이지 못한 행위, 무례함, 집단따돌림, 약자 괴롭히기, 희생양 삼기, 체면 손상 등이 있다. 이런 괴롭힘의 중심에는 상사가 있다.

많은 조직에는 부하를 인격적으로 대우하지 않거나 모욕을 주며, 부당한 업무 지시를 하는 갑질하는 상사가 있다. 이런 상사는 자신에게 부여된 권한을 바탕으로 조직원을 무시하거나 위협하기도 한다. 이런 상사와 함께하는 부하는 긴장, 피로나 고통과 같은 스트레스를 유발하고, 이것이 일-가정 갈등의 원인이 된다.

직장과 가정 사이에서 일어나는 갈등에 관심을 두어야 하는 이유는 조직원의 역할 갈등이 오래될수록 조직원의 스트레스 수준이 높아지면서 업무에 집중하지 못할 가능성이 커지기 때문이다. 또한, 일과 가정의 갈등으로 스트레스 수준이 높은 조직원은 업무에 집중하지 못하게 되면서 상사나 동료로부터 업무에 대한 압박을 심하게 받으면서 직무스트레스에 대한 인식도 그렇지 않은 조직원보다 강할 가능성이 크다. 이처럼 일과 가정 사이에서의 갈등은 직무스트레스도 높인다.

상사의 비인격적 언행은 가정에도 부정적인 영향을 미친다. 만약 상사가 부당한 업무를 지시하면 조직원은 상사의 지시를 따르거나 아니면 회사를 그만둬야 하는 선택지 중 하나를 골라야 한다. 이직이 가능하거나 이직을 하더라도 별다른 손해가 없다면 그렇게 하겠지만, 그렇지 않으면 이직 대신 상사의 지시를 따를 수밖에 없다. 이렇게 되면 조직원은 가족을 돌보는 시간 대신 일에 시간을 소비해야 한다. 조직원이 가족 대신 해야 하는 업무가 가치가 있거나 성장을 위해 도움이 된다면 다행이지만, 그렇지 않다면 자괴감에 빠질 수 있다. 이럴 때 조직원의 마음에는 분노가 쌓이고 높은 수준의 스트레스는 상사 혹은 조직에 보복 혹은 공격 행동을 촉발한다.

하지만 부하는 상사를 직접 공격하기란 쉽지 않다. 위계질서가 강하고 폐쇄적인 우리나라 조직문화에서 상사에 대한 공격은 더 이상 조직 생활을 하지 않겠다는 각오가 없으면 어렵기 때문에 상사보다는 공격이 수월한 다른 영역에 있는 사람으로 보복이나 공격의 대상을 대신한다. 이때 자신보다 지위가 낮거나 힘이 약한 사람을 공격 대상으로 삼는데, 가족이 이런 조건을 충족하기 때문에 가족을 공격 대상으로 삼기도 한다.

상사가 부하를 대하는 방법에 따라 부하의 태도는 달라진다. 상사가 부하를 인격적으로 대하지 않으면 역할 갈등이나 스트레스는 물론 조직에 대한 만족도는 떨어지고 업무에 몰입하기 어려워 이직하려는 조직원도 늘어나면서 조직의 성과에도 부정적인 영향을 미치게 된다.

일상 스트레스가 인간관계에 미치는 영향

스트레스에 대한 정의는 다양하다. 스트레스의 뜻은 삶의 경험을 통해 감정적이고 신체적 반응을 끌어내는 자극, 외부의 요구에 대한 특정 심리적이고 생리적인 반응, 개인과 환경 사이에서 일어나는 과정 등으로 설명되고 있다. 이처럼 스트레스는 환경과 개인의 상호작용 과정에서 개인은 여러 가지 반응을 보인다는 점을 가정한다.

일상 스트레스는 인간관계의 안정성이나 만족도에 부정적인 영향을 미친다. 개인이 경험한 일상 스트레스는 스트레스의 이유와 직접적으로 관련이 없다고 할지라도 부부나 연인 등 친밀한 관계에 부정적으로 영향을 끼치며, 관계 갈등을 악화시킨다. 특히, 스트레스 수준이 높을 때 자신이 다룰 수 있거나 다뤄 본 적이 있는 자극이라고 할지라도 회피하거나 철회하는 방식으로 대응한다. 이런 모습은 친밀한 인간관계의 대상에게 편안하게 받아들여지지 못하고 부정적인 감정을 경험하도록 하며 결과적으로 인간관계에서의 어려움으로 연결된다.

일상 스트레스는 정신 건강의 위험요인 및 예측요인이 된다. 일상 스트레스가 누적되면 개인의 심리적 건강에 부정적인 영향을 준다. 또한, 일상 스트레스는 개인의 신체 건강에도 영향을 미쳐 개인의 건강한 적응에 부정적으로 작용한다.

친밀한 사이에서도 일상 스트레스가 높은 사람은 관계 만족도가 낮다. 스트레스의 원인이 두 사람 사이에서 일어난 것이 아니라도 두 사람 관계의 스트레스 수준을 높이며, 높아진 스트레스는 두 사람의 관계에 부정적인 영향을 미친다. 이로 인해 두 사람이 함께 보내는 시간이 줄어들면서 서로 간의 유대감을 약화해 비효율적인 의사소통의 문제와 동시에 수면 문제와 같은 건강 문제도 유발할 수 있다. 이런 상태가 계속되면 대인관계 만족도는 떨어질 수밖에 없다. 이처럼 스트레스는 단기적으로는 관계 만족을 떨어뜨리고, 장기적으로는 불화의 위험을 높이는 원인이다.

직장인이 직장인의 역할을 하는 동안에는 이런 종류의 스트레스와 함께해야 하는 것이 직장인의 숙명이다. 하지만 직장인을 힘들게 하는 것은 스트레스 자체보다는 스트레스에 대한 반응 때문일 수 있다.

같은 상황에서도 차분하게 대응하는 사람도 있고, 지구가 멸망할 것처럼 심각하게 반응하는 사람이 있다. 이런 차이가 스트레스에 대한 반응의 차이를 만들면서 스트레스로 인한 고통에서 벗어나기 어렵게 한다. 따라서 자신이 스트레스를 어떻게 받아들이고, 어떤 식으로 반응하는지 이해할 필요가 있다.

내 몸과 마음에 쏟아지는
스트레스 반응을 경계하라

더운 여름 사무실 에어컨이 갑자기 고장 났다. 이런 상황에 부닥치면 에어컨, 에어컨 회사나 담당자를 잠깐씩 탓하지만, 에어컨에 적대감을 드러내지는 않는다. 하지만 그 대상이 에어컨이 아니라 사람이라면 반응이 달라진다.

다른 부서 직원이 업무를 제대로 처리하지 못해 상사로부터 질책을 받았다고 하자. 이때 '그래 그 직원도 나름대로 이유가 있을 거야'라고 상대를 이해하는 사람보다는 '저 인간 때문에 나만 욕먹었잖아.'라고 상대를 원망하는 사람이 더 많을 것이다. 특히, 행위의 주체가 자신보다 서열이 아래라면 상대를 더 강하게 비난할 것이다.

비난은 스트레스를 받을 때 나타나는 대표적인 반응이다. 하지만 비난은 직장인의 몸과 마음을 망가뜨리는 대표적인 원인이다. 직장인이 비난을 가까이할수록 스트레스에서 벗어나기는커녕 스스로 스트레스의 구렁텅이에 빠지게 된다.

1) 비난은 대표적인 스트레스 반응이다

외국 여행을 위해 공항으로 가던 중 교통사고로 정체가 시작됐다. 몇 년 동안 계획한 여행이라 비행기 탑승 시간에 늦게 되면 여행이 취소되고, 이미 낸 돈도 돌려받지 못한다고 생각하니 마음만 급해지고 있다.

10분 정도 지나자 사고 현장이 어느 정도 정리가 되면서 차가 움직이기 시작했다. 하지만 앞 차 운전자는 뒷좌석을 살피느라 움직이지 않았고, 앞 차 앞으로 다른 차들이 계속 끼어들면서 공항 도착 시간만 늦어지고 있다.

이런 상황에서 사람들이 보이는 반응들은 다음과 같을 것이다.

"뒤 차 생각도 해줘야지. 이렇게 멈춰있으면 어떻게 해?"
"저 인간은 운전을 저따위로 하는 거야?"
"운전을 제대로 못 하면 차를 집에 두고 와야지. 뭐 하는 거야!"
"내가 하필 저 차 뒤에 있어서…."
"차를 가져온 내가 바보야. 지하철을 탔어야 했는데…."

이런 예들 말고도 다양한 목소리로 비난할 것이다. 비난은 '다른 사람을 향한 비난(타인 비난)'과 '자기를 향한 비난(자기 비난)'으로 구분할 수 있다. 다른 사람을 향한 비난은 분노와 적개심을 낳고, 자신을 향한 비난은 우울과 불안을 낳는다.

자기 비난

자기 비난은 자신에 대한 가혹하고 처벌적인 평가이다. 자기 비난은 발생한 사건을 자신의 실수라고 생각하거나 자기 잘못으로 여기는 사고방식으로 죄책감과 무가치감을 동반하는 자신에 대한 가혹한 평가다. 위의 사례에서 '내가 하필 저 차 뒤에 있어서…'와 '차를 가져온 내가 바보야. 지하철을 탔어야 했는데…'가 자기 비난의 사례다.

자기 비난을 하는 사람들은 다른 사람들로부터 비판을 받고, 자신의 의견이 거부당할 것을 걱정한다. 이런 이유로 이들은 자신에게 높은 기준을 부과하고 과도한 노력을 기울인다. 자기 비난이 심한 사람은 친밀한 관계에서조차 상대를 잘 믿지 못하고 갈등 상황에 직면했을 때 회피하는 성향을 보인다.

타인 비난

부서 회식을 위해 맛집으로 유명한 식당을 예약했다. 회식 당일 식당에 도착하니 예약이 되어 있지 않았다. 이런 상황이 되면 부서장을 비롯한 부서원은 회식에 지장을 초래한 누군가를 향해 비난의 화살을 날리기 시작한다. 부서의 예약 담당자는 예약이 되지 않았다는 소리를 듣자마자 식당과의 통화 목록을 확인하면서 식당 주인에게 항의한다. 항의는 하지만 예약하려던 자리는 이미 다른 손님이 차지하고 있어 다른 자리가 날 때까지 기다리거나 다른 곳을 찾아야 한다.

예약 담당자는 처음에는 식당 주인을 비난하지만, 시간이 지날수록 자신을 탓하기 시작한다. 예약 담당 직원과 식당 주인의 생각을 정리하면 아래와 같다.

구분	예약 담당 직원	식당 주인
타인 비난	예약도 제대로 못 받으면서 식당 운영은 어떻게 하냐?	예약하지 않고 했다고 우기는 사람이 한 둘인지 아냐?
자기 비난	출발하기 전에 다시 확인하지 않은 내가 바보야.	그때 바로 예약을 기록했어야 했는데 바보같이 실수했네.

비난을 경계해야 하는 이유는?

남을 비난하거나 자신을 비난하는 빈도가 높아질수록 마음의 평정심을 잃게 된다. 또한, 비난이 잦아질수록 다른 사람과의 관계에도 나쁜 영향을 미친다. 상대를 비난할수록 상대와의 관계는 멀어지고, 그 대가로 자신의 스트레스 수준만 높아진다.

자신과 상대를 향한 비난은 문제해결을 어렵게 하고, 관계를 악화시키는 원인이다. 자신이나 상대에 대한 비난을 반복하면 적대감, 외로움과 우울감을 느낄 가능성이 커지면서 문제해결에 필요한 집중력과 자신감을 떨어뜨린다.

직장에서 일하는 동안 끊임없이 상사나 동료와 상호작용을 한다. 이런 과정에서 서로서로 비난하는 상황이 자주 발생한다. 하지만 상사가 부하를, 부하가 상사를 아무리 강하게 비난하더라도 문제가 해결되기는커녕 오히려 관계를 악화시켜 문제해결을 어렵게 할 뿐이다. 비난의 수준이 높아질수록 조직원의 몸과 마음에 회복하기 어려운 상처를 입으면서 조직이나 업무에 부정적인 영향을 미치게 된다.

비난의 후유증은 생각보다 훨씬 심각하다

상대를 비난할 때 감정이 격앙된다. 감정이 격앙될수록 스트레스도 높아진다. 이런 상태에서는 이성보다는 감정이 앞서게 되면서 '스트레스 반응'을 하게 된다. 스트레스 반응은 상대의 말과 행동이 내게 부정적인 영향을 미칠 수 있다고 생각할 때 일어난다.

앞에서 설명한 운전자의 사례에서 '저 사람으로 인해 공항 도착 시간이 늦어져 비행기를 타지 못할 수 있다'라고 생각하는 순간 마음이 급해진다. 이렇게 되면 앞차가 움직이지 않는 상황에 대해 궁금해하거나 앞차가 움직이도록 돕는 게 아니라 '내가 공항 도착이 늦어지는 것'에 초점을 두기 때문에 '나의 여행을 방해하는 운전자'를 공격 대상으로 삼아 앞차 운전자를 강하게 공격하는데, 이때 사용하는 수단이 비난인 것이다.

자기 비난도 마찬가지다. 예약을 제대로 받지 못한 식당 주인을 향해서도 '예약 처리만 제대로 됐어도 내가 이런 곤란을 겪지 않았을 텐데…'라는 생각이 드는 순간 식당 주인에게 비난의 화살을 날리기 시작하는 스트레스 반응을 보이는 것이다.

이런 스트레스 반응으로는 생산적인 결과를 얻지 못한다. 만약 신호가 바뀌었는데도 앞차가 움직이지 않는다면, 차가 고장이 났거나 운전자에게 문제가 생겼을 가능성이 있다. 이럴 때 앞차를 향해 클랙슨을 아무리 눌러도, 앞차 운전자에게 폭행을 가하더라도 차 수리가 마무리되거나 운전자의 상태가 정상이 돼야 차는 움직이게 된다. 마찬가지로 예약에 착오가 생겨 문제가 생겼다면, 빨리 다른 대안을 찾아야지 예약에 대해 잘잘못을 따진다고 없는 자리가 생기는 것은 아니다.

이런 상황은 일하는 과정에서도 자주 일어난다. 부서장은 문제가 생기면 담당자를 비난하고, 담당자는 변명하기에 급급하다. 만약 부서장이 비난의 강도를 높여 문제가 해결된다면, 비난은 문제해결을 위한 하나의 수단이 되지만, 이런 결과는 절대 일어나지 않는다. 오히려 상사와 부하 모두의 스트레스 수준을 높이고 서로를 공격하게 만들어 두 사람의 관계를 악화시킨다. 이런 상태에서는 문제해결 가능성만 점점 줄어들 뿐이다.

상사나 동료로부터 비난받을 때 감정은 격앙된다. 연구에 따르면 분당 맥박수가 100회 이상이면 이성적 판단이 어려워지기 시작한다고 한다. 위의 사례에서 다른 차가 움직이는 동안 꼼짝도 하지 않는 앞차를 보면서 '왜 움직이지 않는 거야?'라고 생각하는 순간부터 상대에게 비난할 준비를 시작한다. 일상에서는 신호가 바뀌어도 앞차가 움직이지 않을 때 클랙슨에 손이 올라가는 상태다. 이럴 때는 약간의 자극만 더해지면 감정적으로 행동하면서 회복하기 어려운 결과를 낳기도 한다.

스트레스 반응은 몇 가지 후유증을 남긴다. 첫째, 스트레스 반응은 문제해결을 어렵게 만든다. 예약이 되지 않은 식당 주인에게 어떤 소리를 하더라도 빈자리가 생기지 않는다. 식당 주인과 실랑이하는 동안 자리가 나더라도 화가 난 식당 주인이 "장사하지 않아도 괜찮으니 다른 식당으로 가라"라고 거부할 수도 있다. 이런 최악의 상황까지 올 수도 있다. 둘째, 마음속에 감정의 찌꺼기가 남게 된다. 혼자서 앞차 운전자를 비난하고 난 다음에도, 식당 주인과 다투고 난 다음에도 마음속에서 분노, 불편함, 서운함과 같은 부정 감정이 남아 있게 된다. 특히, 식당 예약이 되지 않았다는 사실을 알게 되면서 자신에게 비난하는 사람들의 얼굴을 볼 때마다 그때의 감정이 되살아난다. 이런 부정 감정은 그 사람과의 관계 회복을 막는 걸림돌이 된다. 셋째, 자신을 해칠 수도 있다. 앞차 운전자의 방해로 공항에 늦을 것 같으면 마음이 급해져 신호 위반이나 과속을 할 수 있다. 이렇게 할수록 사고 위험이 커진다. 만약 사고가 심각할수록 자신에게 치명적인 상처를 입힐 수도 있다. 따라서 스트레스 상황, 즉 마음의 균형이 무너졌을 때 가장 먼저, 그리고 가장 중요하게 고려해야 하는 것은 '자기 보호'와 '문제해결'이다.

마음속 감정의 쓰레기는 관계 회복을 어렵게 만든다

가족 치료 전문가인 존 가트맨 박사는 부부의 대화를 3분만 들어도 6년 안에 이혼할지를 판단할 수 있다고 했다. 33년 동안 3천 쌍의 부부를 연구한 결과 이혼할 부부에게는 '비난과 멸시'라는 특징적인 대화 패턴이 있다는 사실을 알아냈기 때문이다.

가트맨 박사의 연구처럼 비난과 같은 부정 감정의 강도가 강할수록 감정의 지속 기간도 길어진다. 신호 대기 중 신호가 바뀌어도 움직이지 않으면 뒤차에서 클랙슨을 울려 앞차에 주의를 환기하기도 한다. 이때 뒤차 운전자가 클랙슨을 가볍게 누르면 앞차에서 고맙다는 신호를 보내지만, 소리 세기가 높다면 주의 환기가 아니라 시비라고 받아들이는 경향이 있다. 이처럼 상대와 상호작용하는 초기에 어떤 강도로 대화를 시작하느냐에 따라 반응은 달라진다.

앞의 식당 사례에서 상사나 동료로부터 강한 비난을 받았다면, 부하의 마음속에는 억울함과 분노가 상당히 크게 자리하고 있을 것이다. 부하의 억울함 속에는 '식당 주인의 말은 믿고, 내 말은 믿어주지 않는다'라는 배신감도 함께 들어있다. 이때 부하는 상사를 더 이상 자기편이라고 여기지 않고, 자신의 체면을 깎은 상사나 동료를 적대시하면서 복수할 기회를 노리게 된다. 부하의 마음에 있는 부정 감정의 강도가 강할수록 상사와 부하의 관계는 감정의 강도에 비례해 멀어지게 된다.

회식 다음 날 상사가 부하를 불러 사과를 하더라도 부하의 마음속 상처는 바로 치유되지 않는다. 부하는 상사가 한 사과의 진정성에 대해 의심할 수도 있다. 부하는 상사를 지켜보면서 사과의 진정성을 판단한다. 상사의 사과에 진심이 담겼다고 판단하면 다친 상처를 아물게 하겠지만, 그렇지 않다면 상처는 그대로 남게 되면서 관계 회복을 어렵게 만든다.

상사의 비난은 산불과 같다. 산에 심은 나무가 자라기까지 오랜 시간이 걸리지만, 산불이 나면 일순간에 온 산이 불에 타 버리고 재만 남게 된다. 사람과의 관계도 산불과 마찬가지로 상대가 자신을 신뢰하도록 만들기 위해서는 오랜 시간이 필요하다. 하지만 오랫동안 쌓아온 신뢰 관계는 비난 한마디에 무너질 수 있다. 비난은 동료와의 관계를 무너뜨리는 원인이 될 수 있기 때문에 항상 말을 할 때 감정 섞인 반응을 조심해야 한다.

2) 스트레스는 리더십을 평가하는 기회가 된다

누구나 불편한 상황을 피하고 싶어 한다. 부하의 실수로 업무에 차질이 생기면 그 상황을 반기는 사람은 아무도 없다. 상사는 부하가 저지른 실수의 영향이 클수록 부하를 비난하는 강도를 높인다.

다시 강조하지만, 비난의 강도를 높인다고 실수가 사라지는 것은 아니다. 상사는 부하가 어려운 상황에 부닥쳤을 때 부하를 탓하는 대신 부하로부터 무한 신뢰를 얻는 선택이 훨씬 생산적이다. 앞의 사례에서 식당 예약에 문제가 발생했을 때 현실적으로 가능한 선택은 크게 '계속 예약을 담당한 부하를 비난하면서 괴로운 시간을 보내는 선택'과 '빨리 다른 식당을 선택해 즐거운 시간을 보내는 선택'의 두 가지로 구분할 수 있다.

부하는 식당 주인으로부터 예약이 되지 않았다는 말을 듣는 순간 가장 먼저 무슨 생각이 떠올랐을까? 떠오른 생각은 평소 상사가 보여준 태도에 따라 달라질 수 있다. 위의 상황에서 상사의 선택지 또한 부하를 비난하는 것과 다른 식당을 찾는 것이다. 이럴 때 상사가 부하에게 "뭔가 착오가 생긴 것 같으니 빨리 다른 식당을 찾아보자"라고 말한다면, 부하는 상사를 어떤 시선으로 바라보겠는가? 부하는 상사의 도움을 잊지 못할 것이다.

어려운 상황에서 처한 사람에게는 작은 도움이라도 큰 힘이 된다. 식당 주인의 실수이든 직원의 실수이든 예상과 다른 결과가 발생하면 누군가는 불만을 표출한다. 이런 소리를 듣는 담당자는 설사 자신의 실수가 아니었더라도 마음속에서는 식당 주인과 자신을 번갈아 비난하는 목소리를 낸다. 이런 목소리가 커질수록 스스로 스트레스 상황에 빠져드는 것이다. 이때 "다른 식당을 빨리 찾자"라는 상사의 목소리는 부하가 진 부담이라는 짐을 내려놓게 만드는 역할을 한다. 부하는 이런 상사를 믿고 따르는 것이다.

상사가 스트레스 반응에서 벗어나야 하는 또 다른 이유는 다른 팀원들이 지켜보고 있기 때문이다. 상사가 부하를 심하게 비난할수록 부하는 '지금은 운 좋게 피했지만 언제 나도 저런 처지가 될 수 있다'라고 생각하면서 불안에 떨게 된다. 상사의 스트레스가 그대로 모든 부하에게 전해지는 것이다. 하지만 상사가 차분하게 문제를 해결하는 모습을 보인다면, 부하는 '상사는 어려운 상황에 부닥친 부하를 구해주는 사람'이라고 상사의 존재를 받아들이면서 상사를 믿게 된다.

리더십 효과를 위해서는 말이 아니라 행동이 뒷받침돼야 한다. 부하는 리더가 어려운 상황에서 내리는 의사결정을 보면서 성장하기 때문에 리더의 차분한 의사결정은 부하의 성장을 돕고 부하의 신뢰를 얻는 효과가 있다.

직장인은 다양한 스트레스를 경험한다. 어떤 스트레스는 일하는 동안 어쩔 수 없이 경험해야 하는 것도 있다. 문제는 경험하지 않아도 될 스트레스로 고통을 받는다는 것이다. 이럴 때 직장인은 분노하면서 조직과 상사에게 적개심을 품을 수 있다.

조직이 성과를 향상할 방법 중에는 별다른 투자 없이도 가능한 방법이 있다. 바로 조직원에게 부정적인 영향을 미치는 디스트레스를 감소시키는 것이다. 조직원이 디스트레스를 경험하는 중요한 원인을 파악해 몇 가지만이라도 없앨 수 있다면, 조직원은 편안한 마음으로 업무에 몰입할 수 있고, 이것이 생산성을 향상하고 조직에 대한 애정을 품게 하는 출발점이 된다.

3장

직장인을 괴롭히는 다양한 스트레스 원인

오늘도 격하게 사표 쓰고 싶다?

경쟁과 성과 위주의
조직문화

국내 기업은 외환위기를 경험하면서 조직문화는 성과주의로 변했다. 성과주의 문화는 동기유발에 어느 정도 도움이 된다. 하지만 과도한 경쟁은 조직원들의 불안감을 높이고 심리적 저항을 유발하게 되면서 조직원은 생존을 위한 여러 가지 부정적 행태들을 보이게 된다.

특히, 경쟁이 심한 조직일수록 조직원은 제로섬 게임(한쪽의 이득과 다른 쪽의 손실을 더하면 제로가 되는 게임)을 하는 것으로 인식한다. 이런 분위기에 둘러싸인 조직원은 반사이익을 얻기 위해 동료의 업적이나 평판에 흠을 내는 부정한 방법을 쓰기도 한다.

직장인의 직장 내 스트레스의 원인에는 조직의 구조적인 문제도 한몫한다. 비합리적인 인사제도, 부서 간 업무협조 및 업무지원의 불충분, 그리고 권위적이고 수직적인 직장 분위기 등이 직장인에게 스트레스라는 고통을 주는 주요 원인으로 꼽히고 있다. 특히, 직장의 갈등, 역할 모호성, 업무과다, 스트레스, 자율성 결여, 조직의 공정성 부재 등과 같은 부정적인 조직문화가 직장 내 따돌림과 같은 부정한 행위의 주요 원인이 되고 있다.

상사나 동료의 부정하고 부당한 행위로 인해 업무에 전념할 수 없게 된 조직원은 자신의 욕구를 충족할 수 없게 된다고 인식한다. 이렇게 인식하는 조직원은 자기 업무를 통제하지 못하고 조직의 의사결정에도 참여하기 어려워진다. 또한, 자기에게 맡겨진 역할을 충분히 이해하지 못하게 되면서 자신이 조직에 어떤 도움을 주고 있는지조차 알지 못하게 된다. 이런 인식이 계속되면 조직에 도움이 되려는 생각보다는 금전적인 보상만을 추구하게 될 수도 있다.

1) 조직문화와 조직의 부정한 행위

모든 조직은 그 조직원에 의해 만들어진 문화를 가지고 있다. 조직 내 널리 퍼져 있는 암묵적으로 공유된 규범과 가치인 조직문화는 조직원의 부정한 행위와 그로 인한 부작용을 만드는 주요 원인이다.

조직문화와 상사나 조직원의 부정한 행위는 밀접한 관계가 있다. 상사나 동료의 부당하고 부정한 행위를 당연하게 받아들이는 조직문화, 개인주의보다는 집단주의 조직문화, 상사의 부당 행위를 지위에 따른 특권으로 받아들이는 조직문화, 과거로부터 이런 행동에 대한 인식이 부족한 조직문화에서는 상사나 동료의 불량한 행동이 더 심해질 가능성이 크다. 이런 조직문화에서는 상사가 자기 행동에 대한 문제를 인식할 수 없기 때문이다.

부정한 행위의 종류

조직원이 경험하는 불편·부당한 사건은 조직원에게 부정적 영향을 미치는 것이 확실하다. 상사나 동료로부터 부정한 방법으로 인한 불편한 상황을 경험하면 부정적인 감정을 느끼게 되고, 이것은 상사나 동료 그리고 조직에 대한 부정적인 편견을 강화할 수 있다. 이것이 일할 때의 태도와 행동에 영향을 미친다.

조직 내에서 일어나는 다양한 사건들은 개인의 감정에 영향을 미친다. 이런 영향은 개인의 행동을 변화시킨다. 조직원이 조직 내에서 경험하는 긍정적인 경험은 긍정적인 감정을 느끼게 하면서 자신감을 느끼게 하고, 조직을 신뢰하게 된다. 반면, 조직원이 조직에서 부정적인 일들을 경험하면 개인의 부정적인 감정으로 이어지고, 행동에도 영향을 미치게 된다.

조직에서 상사나 동료의 부정한 행위를 경험하거나 목격하는 것은 스트레스와 관련이 있다. 부정적인 행위를 직접 당하는 당사자는 물론 그런 행위를 목격하는 자체만으로도 분노나 불편함과 같은 부정적인 감정을 느끼게 되고, 이로 인해 마음의 균형이 무너지면서 스트레스를 받게 된다. 부정한 행위의 강도가 강할수록 스트레스의 강도도 높아지는 것은 당연한 결과이다.

조직에서 일어나는 부정적인 행태는 다양하다. 조직 차원의 부정적인 행태에는 '사내 정치'나 '왕따'가 있고, 대인관계 차원에서의 대표적인 행태에는 '상사의 비인격적인 행위'나 '무례한 언동'이 있다.

부정한 행위가 근절되지 않는 이유

많은 조직에서 상사나 동료의 부정적인 행위를 없애기 위해 노력하고 있다. 하지만 이런 노력에도 불구하고 여전히 조직에 뿌리를 내리고 일부 조직원을 괴롭히고 있다. 이처럼 조직원의 부정적인 행위가 생명을 유지하는 이유는 조직 차원의 대응과 개인 차원의 대응이 적절하지 못했기 때문일 가능성이 크다.

조직원의 부정행위를 고발하는 사람을 배신자로 받아들이는 조직이 있다. 피해자는 이런 시선을 의식해 신고를 주저한다. 피해자는 자신의 신고로 인해 문제가 불거지는 것을 두려워하기 때문이다. 이와 함께 신고하더라도 조직에서 적절한 조치를 하지 않을 것이라는 조직에 대한 불신, 비밀보장에 대한 걱정, 자신이 희생양이 될 수 있다는 두려움 그리고 조직에서 문제아로 낙인찍힐 수 있다는 생각으로 인해 신고를 망설이게 된다.

피해자가 느끼는 걱정과 두려움은 조직의 온정주의로 인해 상사나 동료의 부정행위를 눈감아 줄 수 있다는 생각이 원인일 수 있다. 특히, 가해자가 조직에서 유능하다고 인정받는 조직원이라면 조직에서 가해자의 행위를 눈감아주거나 가벼운 처벌로 끝낼 가능성이 크다. 피해자는 조직에서 영향력이 큰 가해자의 보복을 두려워하기 때문에 신고를 하더라도 피해를 축소해 신고할 가능성도 있다.

부정한 행위의 영향

조직원의 부정적인 행태가 문제가 되는 이유는 이런 행위를 경험하거나 목격한 조직원은 조직을 믿지 못하게 되기 때문이다. 조직원은 조직 내에서 부정적인 행태가 계속 유지되면 조직이 이러한 행태를 알면서도 방관하고 있다고 믿게 된다. 만약 상사들이 몰랐다면, 몰랐다는 것 자체가 문제가 된다. 조직원은 조직 혹은 상사들이 일부 조직원의 부정적인 행동들에 대해 무관심하거나 이를 관리하려 하지 않는다고 믿게 된다. 이로 인해 조직에 대한 불신과 회의감이 형성되면서 직장 분위기에 부정적인 영향을 미치게 된다.

조직원의 부정적인 행동은 조직원 사이에 불신을 형성한다. 조직원이 동료를 믿지 못하게 되면 동료의 행동을 의심스러워하거나 정직하지 못하다고 추측하면서 자신도 동료를 향해 부정적인 태도를 보인다. 이로 인해 조직원 사이에 신뢰와 존중이 줄어들 수 있으며, 상대에 대한 배려 및 업무에 필요한 지식이나 정보, 인력 등 다양한 자원에 대한 공유가 줄어들 것으로 예상된다.

동료가 자기 실수를 감추려고 책임을 내게 떠넘기려고 한다. 이런 상황에서는 거짓말을 하는 동료에게 실망하고, 화가 난다. 그 동료를 위해서라면 어떤 도움도 주고 싶지 않다고 결심한다. 이렇게 하는 이유는 자신에게 책임을 전가한 동료를 위해 쓰는 시간과 노력이라는 자원이 아깝기 때문이다. 이처럼 부정적인 상황을 경험한 사람은 조직 혹은 조직원을 위해 자신의 시간, 노력이나 정보를 사용하지 않으려고 한다.

이처럼 조직원을 부정적으로 만드는 사례들이 조직원에게 미치는 영향은 상당히 크다. 부정적인 행태를 경험한 조직원은 이런 상황을 방치한 조직에 불만을 품고, 조직에 실망하면서 더 이상 조직에 자신의 시간과 노력을 쏟지 않으려고 한다.

또한, 조직원은 부정적인 행태를 경험하는 순간 불쾌함이나 분노와 같은 부정적인 감정을 느끼게 된다. 사람은 부정적인 감정을 경험하는 상황에서 벗어나고 싶어 하는 본능으로 인해 이런 조직에 계속 몸담는 것이 자신에게 전혀 이롭지 않다고 생각하면서 이직을 시도하기도 한다.

부정적인 행동을 하는 조직원은 스스로 직장인으로서의 수명을 단축한다. 부정한 행위를 통해 업무를 하던 태도는 다른 회사로 이직한다고 바로 버려지는 것이 아니다. 다른 회사에서도 몸에 밴 부정적인 태도가 알게 모르게 몸 밖으로 나오면서 새로운 조직도 오염시킬 가능성이 있다. 새로운 직장이 이런 분위기를 용인하는 회사라면 모르겠지만, 그렇지 않은 조직이라면 이 사람에게 남은 것은 조직에서의 퇴출뿐이다. 결국, 부정적인 행동은 일시적으로는 도움이 될 것 같지만, 궁극적으로는 자신의 수명을 단축하는 원인이다.

부정한 행위와 직무스트레스

상사나 동료의 부정적인 행태는 이로 인한 직무스트레스와 함께 한다. 과도한 직무스트레스에 오랫동안 노출되면 사람은 대체로 분노 표현의 형태인 일탈 행동을 하게 된다. 특히, 감정노동을 해야 하는 조직원은 고객의 무례한 행동에도 자기감정을 억누른 상태에서 조직이 요구하는 수준의 서비스를 제공해야 하므로 높은 수준의 스트레스를 경험하게 된다.

스트레스에 노출된 조직원은 일탈 행동으로 이어질 수 있다. 스트레스는 조직원에게는 해가 되는 행동을, 조직에는 조직 기능을 위협하는 행동을 강요하는 원인으로 이어질 가능성이 커진다. 반면, 업무를 하면서 새로운 아이디어를 창출하고, 도입하고 활용하는 창의성 발휘와 같은 긍정적인 행동으로 이어질 가능성은 작다.

부적절하거나 무례한 행동을 보이는 대상이 상사이거나 고객일 때 이에 대항하거나 직접적으로 보복할 수가 없기 때문에 대항하거나 보복할 새로운 대상을 찾는다. 이때 가족, 가까운 친척이나 연인이 보복의 대상이 된다.

부정한 행위와 조직원의 4가지 반응

상사의 부당한 지시 등을 접하는 조직원은 불만을 느낀다. Farrell 교수는 1983년 논문에서 직무에 불만을 느끼는 조직원의 반응을 이직, 자기 목소리 내기, 충성 그리고 태만이라는 네 가지 유형으로 구분할 수 있다고 했다. 태만은 이직과는 달리 문제를 해결할 수 없다고 판단해 부주의하게 행동하는 것이다.

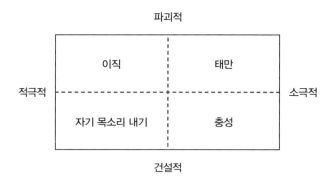

① 이직(Exit)

이직은 고용관계를 종료하면서 조직을 떠나는 적극적인 반응이다.

조직과의 관계가 나빠진 상태에서 조직원이 선택할 수 있는 최후의 결단으로 조직에 가장 좋지 않은 영향을 주는 개인의 적극적 행동이다.

하지만 이직은 쉬운 결정이 아니다. 조직원이 조직에 불만을 품는다고 모두 조직을 떠나는 것은 아니다. 다른 일자리를 찾기 위해서는 노력과 비용이 들고, 설사 새로운 직장을 찾았다고 해도 조직원의 기대를 온전히 충족시켜준다는 보장이 없다. 또한, 현재 누리는 혜택과 동료들과의 관계도 포기해야 하므로 불만족한 상황에서도 조직에 남을 수도 있다.

그러나 조직에 남더라도 불만이 해소되는 것은 아니다. 조직에 불만을 품고, 만족하지 못한 상태에서는 태도와 행동에 부정적인 영향을 준다. 조직에 불만을 품은 조직원은 조직과 자기 업무에 관한 관심과 열정을 줄이게 된다.

② 자기 목소리(Voice) 내기

조직원이 자신의 의견을 솔직하게 말하는 것은 불만족스러운 상황을 회피하기보다는 변화시키려는 시도다. 자기 목소리 내기는 현재의 불만족스러운 상황을 악화하기 이전 상태로 회복하기 위해 적극적으로 개선하려고 노력하는 건설적인 행동이다. 문제에 대한 해결 방법을 토론하거나, 조직원들과 현재 상황의 개선을 위한 방법을 제시하는 등 능동적이고 건설적인 시도다. 이처럼 조직원의 솔직한 목소리는 불만을 없애고 문제를 개선할 수 있는 회복제의 역할을 하는 적극적이고 건설적인 행동이다.

조직의 문제 개선 의지를 갖는 조직원은 다양한 방법으로 의견을 제시한다. 경영진이나 상사들에게 문제점을 적극적으로 지적해 악화하기 이전의 상태로 복원시키려고 노력한다. 이를 위해 조직 안팎의 권위가 있는 사람이나 기관에 항의하거나 청원하는 행동을 하기도 한다. 이와 함께 경영진의 변화를 추구하기 위해 상위 기관에 해결을 요청하기도 한다.

③ 충성(Loyalty)

충성은 조직원이 불만족한 상황에서도 상황이 개선될 수 있다는 기대를 품고 인내하면서 기다리는 것이다. 조직에 애착이 있어서 구체적이고 적극적으로 행동하기보다는 낙관적인 자세로 상황을 관망하는 수동적인 반응이다. 충성의 행동을 보이는 조직원은 조직과 자신의 견해가 달라도 이직하지 않는 특징이 있다.

충성은 조직에 대한 애정이 있어야 가능한 방식이다. 충성하는 조직원은 문제가 해결될 때까지 참고 기다리기, 조직과 상사를 믿고 상사의 결정과 지시에 따르며 더 열심히 일하기, 사람들의 비난에도 조직을 옹호하기 등과 같은 반응을 보인다.

④ 태만(Neglect)

태만 반응은 불만족스러운 상황이 회복할 수 없다고 판단을 내릴 때 일어난다. 이럴 때 조직원은 업무에 집중하지 않고 느슨하고 부주의하게 행동한다. 자신이 맡아서 해야 할 일을 열심히 하지 않고 소홀히 하며 게으름을 피우는 반응이다. 조직에 실망한 상황에서 조직과의 관계를 지속할 마음이 없고, 업무에 부주의하고 무관심하게 행동하는 것으로서 이직과 함께 조직에 부정적인 결과를 초래한다.

태만의 반응으로는 고의적 업무 누락뿐만 아니라 업무에 관한 관심을 줄이고, 근무 시간에 개인적인 일을 하기도 한다. 이로 인해 업무착오도 많아지고 불량품도 증가한다. 또한, 수시로 지각과 결근을 하기도 한다.

태만은 파괴적이고 수동적인 반사회적 행동이다. 조직을 떠나지도, 문제를 해결하기 위해 발언하거나 참고 인내하는 것도 아닌 반응이다.

2) 조직원의 침묵

사람은 생존에 도움이 되는 방향으로 움직인다. 직장을 떠나는 순간 매월 받던 급여를 받지 못하기 때문에 가능한 한 절약하려고 한다. 이런 선택은 돈이라는 자원을 아껴야 생활에 도움이 되기 때문이다.

심리 자원도 마찬가지다. 상사가 부당한 업무 지시를 할 때마다 부하가 반기를 든다면, 부하는 승진을 포기하거나 높은 평가를 받지 못할 수도 있다. 하지만 이런 상황이 오랫동안 유지되기는 어렵다. 부하로서는 사사건건 상사와 부딪힐 때마다 너무나 많은 에너지가 소모되기도 하고, 변화에 대한 희망도 사라지기 때문이다.

이럴 때 부하의 선택은 침묵과 같은 무관심이다. 상사를 향해 자기 의견을 말하는 것이 의미가 없다고 판단하기 때문이다.

조직원이 침묵하는 이유

조직원을 평가하는 기준은 상사마다 다르겠지만 일하는 태도나 업무 처리 방식으로 조직원을 평가하는 상사가 있다고 하자. 상사는 일하는 태도가 불성실한 조직원에게 주의하라고 경고한다. 이럴 때 상사가 아무리 주의를 시키더라도 변화가 없는 조직원에 대해서는 상사도 시정하라는 말을 더 이상 하지 않게 된다. 상사가 조직원을 포기하는 것이다.

조직원도 상사나 조직의 수용 정도에 따라 반응을 달리한다. 만약 조직원의 건의 사항에 상사가 관심을 기울인다면, 조직원은 계속해 자신의 의견을 말한다. 하지만 상사나 조직이 자기 의견에 관심을 두지 않거나 무시한다고 판단하면 조직원은 개선 사항이 있더라도 의도적으로 자기 의견을 드러내지 않고 침묵하게 된다.

조직원이 침묵하는 가장 중요한 이유는 자기 보호이다. 특히, 조직이나 상사가 자신의 의견을 무시했거나 자신의 의견으로 인해 다른 사람으로부터 공격을 당한 경험이 있는 조직원은 문제해결을 위해 적극적으로 개입하거나 자기 의견을 말하기보다는 침묵을 유지하기도 한다. 이런 침묵은 자기를 보호하기 위한 침묵이다. 이런 침묵과 달리 조직이나 동료의 이익을 위해 자신이 가진 정보나 의견, 아이디어를 표현하지 않기 위해 의도적으로 침묵하기도 한다.

조직원 침묵의 영향

조직원은 자신이 보유한 자원을 보존하려는 본능이 있다. 특히, 지식이나 정보(독자와 필자의 편의를 위해 지식과 정보를 지식으로 통일함)라는 자원은 개인에게 속해 있다. 지식을 보유한 조직원은 지식이 경쟁력의 원천으로 지식을 통해 조직에서의 권력을 가질 수 있다고 인식하기 때문에 본인이 부당한 대우를 받는다고 인식하면 지식의 통제를 통해 지식의 소유권을 강화하려고 노력한다.

지식을 공유하기 위해서는 어느 정도 희생이 따른다. 경쟁의 원천인 지식이 공유되는 순간 그 지식의 소유자는 그 지식으로 인한 경쟁력을 상실한다. 경쟁력 상실로 인해 조직에서 존재감을 위협받을 수도 있다. 이처럼 지식공유는 이런 위험을 감수해야 하므로 조직원은 경쟁력을 유지하고 직업 안정성을 유지하기 위해 지식을 감추려고 시도하는 것이다.

상사나 동료의 부정한 행위는 단순히 피해자의 대인관계에만 영향을 주는 것이 아니다. 부정한 행위는 피해자에게 업무에 대한 단절감을 느끼게 함으로써 자기 생각이나 아이디어를 말하기보다는 침묵으로 일관할 수 있다.

3) 집단 따돌림

직장 내 따돌림, 즉 왕따는 특정 개인을 따돌리는 일 또는 그 대상을 일컫는 말이다. 인격적인 무시를 당하거나 일에서조차 책임 및 권한을 제대로 인정받지 못하고 불합리한 업무조정까지 경험하는 것이 이에 해당한다.

집단 따돌림의 원인은 다양하다. 직장에서의 갈등, 역할 모호성, 업무과다, 스트레스, 자율성 결여, 조직의 공정성 부재와 같은 원인으로 인해 집단 따돌림이 일어난다. 이와 함께 열악한 물리적·심리적 환경도 집단 따돌림의 원인이 되고 있다. 작업의 종류 및 목표에 대해 조직원들의 대화가 부족할 때도 집단 따돌림 문화가 조장될 수 있다.

직장 내 왕따는 신체적 위협인 괴롭힘과는 차이가 있다. 왕따는 무례한 언행이나 피해자의 대인관계 및 업무 성과에 손상을 주는 행동까지 포괄하는 개념이다. 왕따 경험은 지속적인 스트레스 요인이자 당사자 스스로 적절한 대처가 어렵다는 점에서 개인의 성장을 방해하는 요인이라 할 수 있다.

집단 따돌림이란 무엇인가?

사람들이 모여있는 조직에서는 누군가를 따돌리거나 괴롭히는 상황이 발생한다. 이런 왕따 현상은 유치원부터 군대, 직장에 이르기까지 집단을 형성하는 인간의 본능이 만들어낸 것일 수 있다. 특히, 직장이라는 환경은 각자의 이해관계가 복잡하게 얽혀 있고, 개인의 생존과 관련된 욕구나 잠재된 갈등이 있을 수 있다. 예를 들어, 동료의 승진이나 성공을 지켜보면서 자신의 생존에 위협을 느끼기도 하며, 팀에서는 업무에 미숙한 동료로 인해 피해를 볼 수 있다는 불안감을 느끼기도 한다.

이런 경쟁적인 분위기에서의 조직 생활은 제로섬 게임을 하는 것과 마찬가지다. 경쟁에서 이기기 위해서는 다른 사람보다 뛰어난 성과를 내야 한다. 하지만 이렇게 하기 위해서는 큰 노력이 필요하고, 설사 노력을 하더라도 원하는 결과를 얻는다는 보장이 없다. 이런 문제를 해결하기 위해 동료의 업적이나 평판에 흠을 내 반사이익을 얻는 부정적인 행위를 하려는 유혹에 빠질 수 있다.

집단 따돌림은 직장 내 일탈 행동, 생산적이지 못한 행동 그리고 공격성의 한 가지 형태다. 집단 따돌림은 '한 명 또는 그 이상의 조직원들이 악의적 의도를 갖거나 부지불식간에 힘이 없고 자신을 방어할 수 없는 지위의 조직원에게 원하지 않는 상태에서 굴욕감과 모욕, 스트레스 등 신체적, 심리적 고통을 줄 때' 발생한다.

집단 따돌림은 심각한 괴롭힘의 일종으로 한 개인에 대해 다른 조직원들이 집단으로 가하는 심리적 공격이다. 집단 따돌림은 의도적이고 체계적인 공격 행위가 반복적이고 지속해서 발생할 때 집단 따돌림이 된다. 피해자는 동료의 부정적 행동을 경험하면서 심리적·물리적 피해를 당한다. 동료의 부정적인 행동이 반복되면서 피해자는 자신이 가해자보다 약한 권력을 가지고 있다고 받아들이기 때문에 자신을 방어하기 어렵다.

집단 따돌림이 성립하기 위해서는 가해자와 피해자 사이에 힘의 불균형이 일어나야 한다. 여기에서 힘의 원천은 공식적 지위나 권한과 관련된 것은 아니며, 불균형은 객관적 상태가 아니라 피해자가 주관적으로 인식하는 관점이다. 가해자와의 과거 경험에서 비롯된 것일 수도 있고, 현재 상태에 대한 피해자의 지각일 수도 있다. 결국, 피해자는 가해자와의 관계에서 이런 불균형을 지각함으로써 공격 행위에 대한 방어나 보복이 어렵게 된다는 특성이 있다.

상사나 동료의 관심이 집단 따돌림에 영향을 미친다. 직장에서 집단 따돌림을 당하는 사람들은 그렇지 않은 사람들에 비해 상대적으로 적은 관심을 받고 있다. 이는 상사가 조직원에게 관심을 적게 보일수록 집단 따돌림 발생 가능성이 크다는 것이다.

집단 따돌림을 만드는 조직문화의 특성

다양한 사람들이 모여 있는 조직에서 집단 따돌림이나 갈등이 발생하는 것은 자연스러운 현상일 수도 있다. 하지만 건강하지 못한 조직문화에서는 이런 현상들이 계속 반복되면서 조직원을 괴롭힐 수 있다.

직장 내에서 집단 따돌림을 유발하는 조직의 몇 가지 특성은 다음과 같다.

- 조직원 간 소통 부재
- 스트레스를 유발하는 업무 환경과 조직 분위기
- 일관성이 없는 직무수행 지침과 관리 체계
- 건강하지 못한 조직문화
- 열악한 근무환경
- 갈등관리 부재
- 비인격적이고 독재적인 리더십

집단 따돌림의 후유증

직장에서 반복되는 왕따 경험은 일에 대한 동기를 감소시킨다. 이로 인해 일을 성취감과 욕구 충족이 아닌 생계 수단 정도로 인식하도록 만든다. 왕따 피해자가 일하는 의미를 잃어버리면 자신은 조직과 아무런 관련이 없으며 조직이나 일을 자신의 일부라고 여기지 않게 된다.

왕따가 조직원 개인 차원에서만 문제가 되는 것은 아니다. 무단결근, 이직 및 생산성 저하 등 조직 성과에도 영향을 미친다. 또한, 집단 따돌림은 다른 조직원에게도 부정적인 영향을 미친다. 특정인이 집단 따돌림을 당하는 모습을 보면서 '나도 언젠가 저렇게 될 수 있다'라는 생각이 들면 불편해지면서 조직에 맹목적으로 순응하거나 조직으로부터 탈출을 꾀하게 된다. 이럴 때 능력 있는 조직원부터 탈출하기 시작하기 때문에 조직경쟁력은 떨어질 수밖에 없고, 조직의 장래에도 먹구름이 끼게 된다.

4) 직장 내 괴롭힘

조직원이 건강한 환경에서 안전하게 일하는 것은 조직원의 가장 기본적인 권리이다. 하지만 국가인권위원회에서 조사한 직장 내 괴롭힘 실태는 70% 이상의 조직원이 직장생활에서 존엄성이 침해되거나 적대적이고 모욕적인 업무환경을 경험한 것으로 드러났다. 이런 문제를 방지하기 위해 국가에서는 직장 내 괴롭힘을 금지하도록 근로기준법을 개정해 2019년부터 시행하고 있다.

근로기준법에서는 직장 내 괴롭힘을 '사용자 또는 근로자가 직장에서의 지위 또는 관계 등의 우위를 이용해 업무상 적정범위를 넘어 다른 근로자에게 신체적·정신적 고통을 주거나 근무환경을 악화시키는 행위'라고 정의하고 있다.

직장 내 괴롭힘의 범위는 조직원에 대한 다소 부정적이며 인격을 침해할 수 있는 모든 행위다. 직무상 지위, 인간관계 등 직장에서 우월한 지위를 바탕으로 업무의 적정 한계 범위를 넘어 신체적·정신적 고통을 유발하며 근무환경을 나쁘게 만든다.

관계가 가까운 사람이 상대에게 정신적·육체적으로 학대하는 행위를 말한다. 직장에서의 괴롭힘 행위는 폭넓게 이뤄진다. 다른 사람이 알아차리지 못할 정도의 무례한 언행부터 노골적이고 의도적인 감정적 학대까지 그 범위가 다양하다.

직장 내 괴롭힘은 피해자가 원하지 않지만, 의도적이거나 무의식적으로 일어날 수 있다. 상사나 동료의 괴롭힘의 대상이 되는 피해자는 상대를 공격하거나 굴욕을 당할 수 있으며, 이 과정에서 고통을 받기도 한다. 또한, 업무 수행에 방해가 될 정도의 반복적인 행동으로 인해 불편하고 불쾌한 작업 환경이 만들어지기도 한다.

직장 내 괴롭힘은 집단 따돌림과 마찬가지로 당사자 간의 권력 불균형에서 시작한다. 상사나 동료들과의 관계가 나빠지면서 괴롭힘으로 나타날 수 있다. 괴롭히는 사람과 괴롭힘을 당하는 사람 사이에는 권력 다툼이 있다. 대표적인 사례가 공식적 리더와 비공식적 리더 사이의 알력이다. 이때 한 명 이상의 리더가 상대 진영의 특정인을 괴롭힘의 대상으로 지명하면 그 당사자는 권력 다툼의 희생양이 된다.

직장 내 괴롭힘의 특징 중 하나는 반복적인 괴롭힘이다. 직장 내 괴롭힘은 적어도 일주일에 한 번 이상 발생한다. 이로 인해 괴롭힘은 심각한 스트레스의 원천이 된다. 많은 괴롭힘 행동들은 일시적이 아니며 영구적이고 꾸준하게 지속된다. 다시 말해 직장 내 괴롭힘의 행동은 가끔 반복되는 것이 아니라 정기적으로 반복되는 것이 가장 큰 문제점이다.

직장 내 괴롭힘의 영향

직장 내 괴롭힘은 상사가 부하에게 행하는 비인격적인 감독 행위 외에도 조직의 위계질서와 상관없이 동료나 부하에 의해서도 나타난다. 이럴 때 괴롭힘을 당하는 피해자는 지속적인 모욕 또는 공격적인 발언, 지속적인 비판, 개인적 또는 일부 경우에는 신체적 학대에 노출될 수도 있다.

괴롭힘 피해자는 여러 가지 문제를 겪게 된다. 괴롭힘을 당하면 개인 수준에서는 자신감이 낮아지고 불안, 우울, 신경증, 불면증, 외상 후 스트레스 증상, 대인기피증이나 자살사고와 같은 심리적 건강 문제를 경험한다. 또한, 두통, 만성피로증후군, 심장질환이나 위장병과 같은 신체적 건강 문제를 겪는다.

조직원의 태도와 행동에도 부정적인 영향을 미쳐 조직에 대한 불만이 커지고, 일에 대한 열정이 줄어들고 회사를 떠나고 싶은 마음이 커지면서 생산성에도 부정적인 영향을 미친다. 직장 내에서 괴롭힘을 당하는 피해자는 고객들에게 무관심, 불친절, 의욕 상실 등과 같은 행동을 하기도 한다. 결과적으로 직장 내 괴롭힘은 직장생활의 질을 떨어뜨린다.

5) 사내 정치

직장인 대부분은 편안하게 일하고 싶어 한다. 편안함을 선택하는 대신 힘들게 일한 동료에게 승진이나 높은 평가를 양보한다면, 그 조직에서 일하는 사람은 갈등이나 스트레스로부터 비교적 자유로울 수 있다. 문제는 편안함과 이익을 동시에 추구하는 사람이 있다는 것이다. 이런 사람들이 자주 사용하는 방법은 자신의 이익이나 권력을 공유할 수 있는 사람들을 모아 집단을 만드는 것이다.

사내 정치의 발생 원인은?

사내 정치는 조직 차원의 대표적인 부정한 행태이다. 사내 정치는 조직원이 자신 혹은 자신이 속한 집단의 이익을 위해 비공식적인 수단을 통해 직·간접적으로 다른 사람들에게 영향력을 미치려고 하는 시도다.

사내 정치는 조직 내 경쟁이 심할수록 늘어난다. 사내 정치의 핵심은 제한된 우수한 인력이나 자금을 경쟁자보다 더 많이 확보하려는 것이다. 성과주의 문화가 지배하는 조직에서 높은 성과를 내기 위해서는 경쟁자보다 유능한 인력과 많은 자금을 확보할수록 경쟁에서 이길 가능성이 커지기 때문이다.

사내 정치는 겉으로는 조직을 위한 것처럼 보인다. 하지만 사내 정치는 자신의 이익을 추구하기 때문에 실제로는 조직의 목표보다 자기 이익이 먼저이다. 또한, 자신이나 자신의 그룹에 속한 사람 외에 다른 사람들의 이익은 인정하지 않는다.

상사가 부하를 대하는 태도에는 차이가 있다. 상사와 친밀한 관계를 유지하는 부하도 있지만, 상사가 배척하는 부하도 있다. 또한, 일부 조직원 중에는 다른 조직원보다 평가나 업무에서 더 많이 배려받기도 한다. 이렇게 상사의 배려와 관심이 큰 집단을 내집단, 그렇지 않은 집단을 외집단이라고 한다.

내집단에 속한 조직원은 같은 집단에 속한 조직원을 믿고, 집단에 대한 충성심이 매우 높다. 조직원은 자신과 같은 집단에 속하는 조직원과 일체감을 형성한다. 이런 유대감을 통해 같은 집단 조직원들과 가치 있는 지식을 공유한다. 업무에 도움이 되는 지식을 알고 있는 것만으로도 그렇지 않은 조직원에 비해 유리한 출발점에 서게 된다. 이런 방식으로 같은 집단에 속한 조직원에게 도움을 주면서 결속력을 높인다.

사내 정치의 부작용은?

조직원은 소속된 집단에 따라 조직에 대한 신뢰도 달라진다. 내집단에 속한 조직원은 상사가 자신이 원하는 결과를 줄 것이라고 믿지만, 외집단에 속한 조직원은 상사를 믿지 않는다. 또한, 외집단에 속한 조직원은 상사의 부당한 행태를 방치하는 조직에도 실망하고 상사만이 아니라 조직에 대한 믿음도 버리게 된다. 이럴 때 조직원은 조직이나 조직원에게 해를 끼치는 행동을 할 수도 있다.

내집단에 속한 조직원은 리더의 네트워크를 활용할 수 있고 인사평가를 좋게 받을 수 있는 등 이익도 크고 혜택도 많기에 자신이 속한 집단에 더 열심히 충성한다. 반면 외집단에 속한 조직원은 상사가 자신에게 관심도 적고, 보상에서도 불이익을 받을 가능성이 크기 때문에 상사에 대해 불만을 느낀다. 열심히 일하더라도 정당한 평가나 보상을 받을 수 없다고 여겨 스트레스를 느끼고, 이직을 고민하게 된다.

이처럼 사내 정치는 조직원에게 부정적인 영향을 미친다. 사내 정치를 바라보는 조직원들은 조직에 실망하게 된다. 또한, 조직원은 사내 정치의 존재를 알게 되는 순간 긴장감을 느끼게 된다. 만약 사내 정치로 인해 불이익을 받았거나 불이익이 예상되면 엄청난 스트레스를 받게 된다. 이로 인해 '열심히 해도 인정받지 못할 것이 뻔하다'라는 생각을 하면서 조직에 불만을 느끼면서 업무에 몰입하기 어렵다.

사내 정치는 조직을 불공정하고 부당하게 만든다. 조직원이 열심히 일했지만, 자기 업적을 사내 정치 그룹에 속한 조직원에게 빼앗기거나 그들보다 역할이나 평가에서 불이익을 받을 수 있다. 이 경우 개인이 조직에서 목표를 수행하는 보상을 받는 과정에서 자신에게 이롭지 않다는 불안감이 증가한다. 이런 환경에 적응하기 어려운 조직원은 엄청난 스트레스를 느끼면서 새로운 직장을 찾게 된다.

6) 심리적 계약위반

공조직이든 사조직이든 조직에 근무하는 모든 조직원은 채용된 시점부터 조직과 공식적 계약뿐만 아니라 비공식적 계약을 맺게 된다. 즉, 조직이 자신에게 요구하는 일을 하는 것에 대응해 조직도 자신에게 유무형의 약속을 지킬 것이라는 암묵적인 믿음을 갖게 된다. 조직은 조직원이 일할 수 있는 물리적·심리적 환경을 지원하고, 조직원에게 합당한 보상을 해야 한다. 조직원은 조직에 도움이 되는 행동을 하면서 성과를 내는 것으로 자신의 의무를 다한다.

조직의 심리적 계약 이행은 조직원의 조직에 대한 신뢰를 높인다. 조직이 심리적 계약을 이행하면 조직원은 조직이 자신을 소중하게 여긴다는 신호로 받아들인다. 이에 따라 조직원은 고용상태가 안정적으로 지속되기를 희망하며, 자기 업무에 더욱 열중한다. 이럴 때 조직원은 조직의 일원으로서 자긍심을 느끼게 된다.

심리적 계약이란?

심리적 계약은 비록 문서로 기록된 명시적인 계약은 아니지만, 조직원이 조직에 대한 태도를 결정짓게 하는 중요한 요소이다. 조직에서 조직원들이 갖게 되는 심리적 계약은 공식적인 고용 계약이나 단체협약과는 다르다.

심리적 계약은 개인과 조직과의 상호작용에 따라 비공식적이고 개별적으로 이뤄지는 등 주관적인 특성이 강하다. 공식적인 계약은 중요한 쟁점을 명확하게 기술하고 있지만, 심리적 계약은 오랜 시간 조직과의 직간접적인 상호작용의 경험을 통해 바뀔 수 있다. 공식적으로 같은 조직에서 같은 계약을 맺고 근무하는 조직원들 사이에서도 심리적 계약을 다르게 인식할 수 있다.

심리적 계약이란 조직과 개인 간에 문서로 작성하지 못한 계약 내용을 암묵적인 형태로 대신할 때 이에 대한 개인의 주관적 믿음이다. 제반 환경과 조직의 목표, 성과에 영향을 받는 계약 당사자는 상사와 동료 등 조직 내 여러 경로에서 정보를 수집, 분석, 파악하고 암묵적 혹은 공식 계약서를 검토하는 과정에서 자신의 의무와 권리에 대해 주관적인 해석을 하게 된다. 이러한 의무와 권리는 보상과 기여의 상호작용 과정에서 조직과 조직원 사이에 존재하는 교환으로 나타난다. 이것이 심리적 계약의 기초가 된다.

심리적 계약 이행은 조직원과 조직 각각의 관점에서 심리적 계약을 이행했다고 믿는 정도이다. 심리적 계약 이행은 고용에 대한 단순한 기대 그 이상으로, 조직원은 자신이 받을 것에 대한 믿음이며, 조직이 조직원에게 한 약속에 대한 믿음이다. 심리적 의무에 대해 서로가 이행과 보상에 대한 믿음을 갖게 되면 서로에 대한 신뢰가 높아져 업무 성과에 긍정적인 영향을 미치게 된다.

심리적 계약은 주로 거래적 계약과 관계적 계약으로 분류한다. 거래적 계약은 단기 또는 제한된 기간으로, 구체적이며 명확하고 경제적 관점에 중점을 둔다. 조직원은 한시적 또는 제한된 직무를 수행하며, 조직은 조직원에게 제한된 조직 활동에 참여시킨다. 훈련 또는 기타 경력 개발 등 당사자 간에 책임을 지지 않는 한시적 또는 단기 고용이며 미래에 대한 약속을 이행할 의무가 없다. 관계적 계약은 상호신뢰와 충성도에 기초한 장기 또는 개방적 고용 계약으로, 포괄적이며 재량적인 보상으로 평가한다.

상사가 심리적 계약에 미치는 영향은 절대적이다. 상사가 조직원의 성장을 위해 충분한 지원을 하고, 평가를 공정하게 한다면, 조직원은 조직이 심리적 계약을 충실히 이행한다고 여긴다. 반면, 상사가 자기가 편애하는 조직원을 실제 업적보다 더 높게 평가하거나 모든 조직원이 선호하는 업무로 배치하는 등의 특혜를 베풀었다면, 조직원은 조직이 심리적 계약을 위반했다고 받아들일 수 있다. 또한, 평가는 보상과도 연결되기 때문에 공정하지 못한 평가나 기회의 제공은 심리적 계약위반의 주요 원인이다.

심리적 계약이 유지되기 위해서는 조직원이 인식하는 조직에 대한 의무와 보상이 어느 정도 일치해야 한다. 만약 조직원이 의무와 보상이 일치하지 않는다고 느끼면 이에 대한 불만을 다양한 방법으로 드러낸다. 거래적 계약위반과 관계적 계약위반 모두 조직원이 자기 일에 대한 만족도를 떨어뜨리는 원인이다. 또한, 조직원은 거래적 계약위반과 관계적 계약위반 모두 회복이 어렵다고 판단하면 다른 곳으로 옮기겠다는 계획을 세우게 된다.

심리적 계약위반이란?

심리적 계약은 조직 성과에 영향을 미치는 주요 요인이기도 하지만, 심리적 계약위반으로 조직에서 많은 문제가 발생한다. 조직과 조직원 사이의 암묵적인 기대나 약속이 이행되지 않거나 이해관계가 일치하지 않을 때 심리적 계약위반이 발생할 수 있다. 심리적 계약위반의 정도는 조직원이 조직에 갖는 기대와 이에 대한 조직의 불이행 및 불일치 정도에 따라 다르게 나타날 수 있다. 조직이 심리적 계약을 위반했다는 인식이 높을수록 조직과 조직원에게 미치는 부정적인 영향력은 커진다.

조직의 예상하지 못한 변화는 심리적 계약위반 가능성을 키운다. 조직의 변화가 조직과 조직원 사이에 암묵적으로 존재하는 서로에 대한 기대를 일으킬 수 있기 때문이다. 특히, 경영 효율성을 높이기 위해 시행되는 변화는 일반적으로 개인이 조직으로부터 얻을 수 있는 자원의 감소를 수반한다. 예기치 않은 자원의 감소는 조직원들에게 심리적 계약의 위반으로 인지될 수 있는데, 이는 개별 조직원에게 직·간접적인 스트레스 요인으로 작용해 다양한 스트레스를 유발할 수 있다.

조직원은 조직이 심리적 계약과 관련한 의무를 이행하지 않거나 다른 방식으로 이행할 때 머리와 가슴으로 알아차린다. 예를 들어 상사가 승진에서 뒤처진 동료를 배려하느라 자신이 불이익을 당했다고 하자. 이럴 때 '그럴 수도 있지'라고 머리로는 상사의 결정을 어느 정도 이해할 수 있지만, 마음 한쪽에는 억울한 기분이 드는 것은 당연하다. 이와는 달리 상사가 대학 후배인 부서원을 배려하느라 자신이 불이익을 받았다면, 상사의 결정을 받아들이지 못하고 분노를 느낄 가능성이 크다. 이럴 때 불이익을 받은 조직원은 상사와 조직에 대해 부정적인 태도를 보이게 되면서 상사와 조직에 해로운 행동을 할 가능성도 있다. 이럴 때 조직원은 조직과 상사가 심리적 계약을 위반했다고 여긴다.

심리적 계약위반의 영향은?

개인은 일상에서 경험하게 되는 스트레스 요인이나 도전 요인을 다룰만한 충분한 자원이 있을 때 더 적은 스트레스를 경험한다. 하지만 자원이 부족할 경우 더 큰 스트레스를 경험한다. 이러한 자원은 개인의 고유 자원과 외부로부터 공급받는 자원으로 구분할 수 있다.

조직은 개인에게 임금과 같은 실질적인 자원뿐 아니라 존중, 관심과 같은 정서적 자원을 공급하는 중요한 자원 공급원 중 하나다. 따라서 조직과의 교환규칙의 변화는 조직으로부터의 자원공급에 변화를 초래하게 되고, 이것은 개인의 자원 수준 변화를 초래해 스트레스에 영향을 미칠 수 있다.

조직원은 자신이 상사나 조직으로부터 불공정하게 대우받는다고 인식하면 자존감이 위협받는 부정적인 경험을 하게 된다. 조직원의 이런 부정적인 경험은 상사나 조직에 대한 부정적인 생각과 태도를 보이게 만들어 부정적인 행동을 유발하게 된다.

조직원은 심리적 계약위반을 느끼는 순간 실망한다. 조직원은 조직이 제공해줄 것이라고 기대한 고용, 보수, 지위와 일치하지 않은 결과가 일어나면 자신의 기대에 어긋나고, 공정하지 못한 상태를 제거하거나 감소시키기 위한 시도를 한다. 이때 조직원은 조직에 대한 충성, 기술, 지식. 시간, 노력 등에 관한 관심을 줄인다.

조직원은 심리적 계약위반이 발생하면 기대했던 것이 충족되지 못한 것에서 불만족이나 실망감을 느끼기도 한다. 이런 정서적 반응을 넘어서 태만이나 이직 등 조직에 부정적인 행동을 보이기도 한다.

상사의 심리적 계약위반은 많은 부작용을 낳는다. 상사가 심리적 계약을 위반하고 있다는 사실을 인식하는 순간 조직원은 긴장하면서 스트레스를 느끼게 된다. 조직원은 상사나 조직이 계약을 위반했다고 받아들이는 순간 조직에 대한 의무감을 내려놓고 자기 나름대로 자신에게 도움이 되는 방향으로 선택한다. 그런데 대부분 조직에 부정적인 영향을 미치는 선택이 될 가능성이 크다.

심리적 계약위반은 조직에 대한 불공정을 인식하고 신뢰를 떨어뜨린다. 이런 부정적인 경험은 스트레스 요인으로 작용할 수 있다. 즉, 심리적 계약의 범주인 업무, 임금, 고과평가, 복리후생, 직무안정, 교육훈련, 조직 내 대인관계, 조직으로부터 받는 대우, 의사결정 과정 참여 등은 스트레스 요인과 매우 밀접한 관계가 있다. 예를 들어, 업무의 양, 난이도, 모호성은 직무 관련 스트레스 요인이다. 상사, 동료, 부하와의 관계는 대인관계 스트레스 요인이다. 경영방침, 조직 구조, 근로조건,

직무수행 과정은 조직 스트레스 요인과 밀접한 관련이 있다. 따라서 조직이 심리적 계약을 위반했다고 조직원이 알게 되면, 조직원에게 스트레스 요인으로 작용하게 된다.

상사는 때때로
부하를 공격하는 맹수가 된다

회사와 같은 조직은 생존과 발전을 위해 끊임없이 변화와 혁신을 추구하고 있다. 이 과정에서 조직의 리더인 상사는 회사의 비전을 제시하고 조직원들을 격려하고 지지하는 등의 긍정적인 역할을 한다. 하지만 조직의 목표 달성과 성과 창출을 위해 강압적으로 지시할 때도 있다. 때로는 부하의 행동 변화를 위해 화를 내고, 비난하는 등의 부정적인 행동을 하기도 한다.

경쟁 사회에서 조직을 성공으로 이끌 수 있는 리더는 대개 진취적이고 주도적이며 변화와 도전을 두려워하지 않는다. 이렇게 지도력이 강하고 비전을 추구하는 리더들은 조직 내에서 독단적이라고 평가를 받을 수 있다. 리더가 업무로 인한 압박이 심하면 부하들의 의견이나 제안 등을 무시하거나 부하들을 재촉하거나 지나치게 압박하기도 한다. 부하는 상사로부터 압박을 받으면 긴장하게 되면서 스트레스를 인식하게 된다.

1) 상사는 가해자?

상사는 부하를 압박하는 과정에서 부하의 인격에 상처를 주기도 한다. 2018년 언론보도로는 직장인의 97%가 상사의 폭언과 갑질을 경험했다고 밝혔다. 이처럼 상사의 폭언이나 갑질과 같은 어둡고 부정적인 측면이 조직원이 경험하는 스트레스의 주요 원인이 되고 있다.

부하는 상사의 행동을 통해 조직 내에서 자신의 위치와 역할로 받아들인다. 부하는 상사의 부정적인 피드백을 받으면 그것이 조직 내에서 자신의 가치를 인식할 정보라고 받아들이기 때문이다. 상사의 부정적인 피드백은 부하가 느끼는 스트레스의 원인이 된다.

미국 스탠퍼드 대학의 로버트 서튼 교수는 '또라이 제로 조직'이라는 저서에서 직장 내에서의 부정적 리더십이 갖는 심각한 파괴력에 관해 설명했다. 서튼 교수는 인신공격, 협박, 모욕, 경멸, 무례함 등의 행동을 보이는 회사 내의 또라이들이 개인 간 감정 문제를 넘어서 조직 전체의 건전성과 생산성을 떨어뜨린다고 경고했다.

직장 내 괴롭힘의 가해자는 대부분 상사나 선배이다. 실제로 직장에서 일어나는 상사의 공격적 행동은 은밀한 형태로 행해진다. 신체 폭력과 같은 가해 행동보다는 모욕이나 욕설 등 간접적이고 은밀한 형태로 나타난다. 상사는 괴롭힘, 과대한 요구, 인간관계에서의 고립 등을 통해 신체적인 부분보다는 정신적으로 괴롭히는 사례가 많다. 이런 상사의 행동은 조직원에게 분노나 불만을 느끼게 하고, 일하려는 의욕을 줄어들게 만들고, 의사소통이 감소하는 등 여러 형태의 부정적인 결과를 가져오면서 조직에도 악영향을 미칠 수 있다.

하지만 상사의 부정적인 행동에 대한 평가는 사람마다 다르다. 애플의 최고경영자였던 스티브 잡스에 대한 조직원의 평가는 완전히 갈린다. 비인격적 경영자로 평가하는 사람도 있지만, 조직원의 의욕을 자극하고 동기를 부여하는 뛰어난 리더로 평가하는 조직원도 있다. 이처럼 같은 사람에 대해 이렇게 상반된 평가가 내려지는 이유는 분명 리더십을 받아들이는 조직원의 개인 특성 차이가 작용했을 것이다.

직장 내에서 상사가 부하에게 신체적, 물리적 위해를 가하면 법적 처벌이나 해고를 당할 수 있다. 그러나 정신적 학대나 막말과 같은 행동에 대해서는 구분이 명확하지 않아 제도를 통한 제재가 쉽지 않은 것이 현실이다. 이런 특성으로 인해 상사가 부하를 인격적으로 대우하지 않아 발생하는 바람직하지 못한 사건들은 직장 내 폭력, 성희롱 등의 신체적 가해보다 발생빈도가 잦고 지속해서 나타난다. 이런 점에서 당사자에게는 성적, 육체적 가해만큼 피해가 크게 인식될 수 있다.

대인관계에서 황금율이란 단어에 주목할 필요가 있다. 황금율은 그리스도교 윤리의 기본 원리로 성경에 '무엇이든지 남에게 대접받고자 하는 대로 너희도 남을 대접하라'라는 문장이다. 상사가 부하에게 부당한 이유로 부하를 질책하면 부하는 상사에게 자신이 받은 만큼 돌려주고 싶어 한다. 이를 위해 상사나 동료에 대한 공격성을 드러낼 수도 있고, 고의로 조직의 생산성을 떨어뜨리는 행동으로 나타날 수도 있다.

2) 상사의 부적절한 언행의 원인은?

상사가 부하를 무례하고 부당하게 대하는 원인이 있다. 상사로부터 부하를 보호하기 위해서는 상사가 이런 행동을 하는 원인을 파악해 원인을 제거할 필요가 있다.

업무 과부하

업무 과부하는 조직원들이 스트레스를 받는 가장 큰 원인 중 하나로 상사 또한 업무 과부하에서 벗어날 수 없다. 업무 처리 시간, 개인의 능력이나 역량에 비해 과도한 업무량과 책임감이 부여될 때 경험하는 것이 업무 과부하다. 즉, 업무를 처리하는 데 필요한 에너지가 평소보다 더 많이 필요하다는 것을 의미한다. 업무 과부하를 경험하는 사람은 번아웃을 경험하게 된다.

번아웃의 원인은 다양하다. 개인에게 과도한 업무가 부여되거나 개인이 역할 갈등을 경험할 때, 개인이 노력한 만큼 적절한 보상이 주어지지 않았을 때, 개인이 조직 내 커뮤니티에서 조직원들과 잘 융화되지 못하거나 개인이 생각하는 가치관과 조직의 가치관이나 이념에서 차이가 발생할 때 번아웃이 발생하기 쉽다. 이로 인한 다양한 부작용으로 인해 수많은 역기능이 발생하고 있다.

상사가 업무 과부하에 시달릴 때 번아웃을 경험할 가능성이 크다. 개인은 자원을 얻는 것보다 자기 자원의 소모에 더 민감하게 반응한다. 개인 자원의 손실은 배우자의 죽음, 과도한 업무, 은퇴와 같은 특정한 사건으로부터 발생한다. 개인이 자원 손실의 위협을 받게 되거나 자원을 손실하는 상황에 놓이게 되면 심리적인 고통이나 부정적인 감정을 경험할 가능성이 크다.

조직원은 능력에 비해 처리해야 할 업무가 많아지면 자원 감소에 대한 위기감을 느낀다. 이때 느끼는 위기감이 스트레스의 원인이 되며, 위기감을 강하게 느낄수록 스트레스도 강하게 인식한다. 또한, 업무를 하면서 사용하는 자원이 회복을 통해 보충되는 자원보다 많을 때도 스트레스가 발생한다. 이런 상황에서는 거의 모든 사람이 우울이나 낙담과 같은 상태가 된다. 이처럼 업무 과부하는 자원 손실을 주면서 스트레스를 경험하게 만든다.

상사의 개인 성향

같은 상황에서의 스트레스 수준은 개인의 성향에 따라서도 달라진다. 성취 욕구가 강한 사람과 그렇지 않은 사람, 시간 압박에 예민하게 반응하는 사람과 그렇지 않은 사람 사이에는 스트레스 반응에 대한 차이가 분명히 있다.

성취 욕구나 경쟁심이 강한 사람은 목표 달성에 대한 압박이 심하다. 성취 욕구나 경쟁심이 강하기 때문에 목표 달성에 대한 의지가 강하며, 목표를 달성하기 위해 엄청난 노력을 기울이므로 느긋하고 태평한 성격의 사람보다 더 좋은 성과를 낸다.

업무에 대한 요구가 많아지고 책임감이 커질수록 느끼는 피로감도 강해진다. 개인은 제한된 시간 내에 과도한 업무를 요구하는 환경을 부정적으로 인식하게 된다. 이런 부정적인 인식이 부정적인 감정으로 이어지면서 결과적으로 부정적 감정으로 인한 번아웃을 경험하게 된다. 따라서 성취감이 강하고 목표 달성에 대한 압박감이 강한 사람일수록 번아웃을 경험할 가능성이 커진다.

조직의 상황적 요인

조직 내외의 상황으로 경영 실적이 나빠지면 어떤 형태로든 조직에는 변화가 일어난다. 조직의 통폐합이나 조직원의 수를 줄이는 것과 같은 구조조정에 관한 소문이 돌면 조직원은 자기 업무의 변화나 조직에서 자리가 없어질 수도 있다는 불안감을 느끼게 된다.

일자리에 대한 불안은 심리적인 동요를 일으킨다. 경제 침체, 상사와의 갈등, 업무나 조직의 축소, 다른 회사와의 합병, 구조조정으로 인한 해고 등은 조직원의 불안감을 키우는 원인이다. 이런 상황에서 조직원은 다른 조직원을 비난하거나 공격하면서 자신의 생존력을 높이려 한다. 이처럼 구조조정과 불안정한 조직은 조직원에게 생존을 위협하는 방법으로 성과를 높이려고 시도하는데, 이 과정에서 조직원은 분노와 좌절감을 느끼며 공격적 성향이 높아지기도 한다.

부하보다 잃을 게 많은 상사는 생존하려는 본능이 강해진다. 상사는 자기 생존을 위해 경영 실적에 부정적인 영향을 미친 원인을 부하에게 떠넘기기도 한다. 또한, 부하에게 강한 불만을 제기하는 등 부당한 방법으로 부하에게 책임을 돌리기도 하는데 이 과정에서 상사는 부하에 대한 공격의 강도를 높이기도 한다.

이처럼 상사가 부하를 공격하고 부당하게 대하는 원인에는 상사의 포악한 성격이 원인일 수도 있지만, 외부 환경으로 인한 불안정성 때문일 수도 있다. 하지만 어떤 경우로든 상사가 부하의 인격에 흠을 내는 것은 조직에 도움이 되지 않기 때문에 상사가 부하의 인격에 상처를 내는 행위는 금지돼야 한다.

2) 상사가 저지른 불량 행위의 부작용은?

직장에서 일어나는 어둡고 파괴적인 행동은 다양하다. 부하는 상사가 업무와 관련해 부하에게 육체적 또는 심리적 위해를 가하려는 상사의 공격적 행동, 상사와 부하 사이에서 발생하는 특정한 사건이나 부하에 대한 효과적인 지침 제공을 꺼리는 부정적 멘토링, 상사가 육체적 접촉을 배제한 적대적인 언어적, 비언어적 행동의 지속적인 표현 등을 할 때 부하는 상사의 행동이 정당하지 못하다고 인식한다. 상사의 이런 부정적인 행위는 부하에게 스트레스와 함께 조직과 자기 일에 대해 부정적인 태도를 형성하게 만든다.

부하는 그 조직에 몸담는 동안 상사에게 의존할 수밖에 없다. 상사의 파괴적인 공격을 당하는 부하는 이를 바로잡기에는 능력이나 권한이 부족하고, 경제적으로도 가해자인 조직이나 상사의 영향에서 벗어나기 어렵기 때문에 관계를 유지해야 한다. 이런 상황에서 가해자의 적대적 행동이 언제 일어날지 모른다는 점에서 피해자들에게 엄청난 스트레스를 유발한다.

비인격적 행위와 같은 상사의 부정적 리더십은 부하의 부정적 반응을 만들 가능성이 크다. 상사로부터 피해를 본 조직원은 상사가 자신에게 한 행위를 부정적으로 받아들이게 되면 자신도 상사에게 어떤 형태로든 보복을 하려고 시도하게 된다. 드라마 등에서 흔히 볼 수 있는 '음료수에 침 뱉기'와 같은 사소한 보복에서부터 신체에 위협을 가하는 범죄에 이르기까지 분노 수준에 따라 다른 보복을 선택하는 것이다.

상사의 부정적인 영향에서 벗어나고 싶은 부하의 선택은 제한적이다. 조직원이 기대했던 상황을 회복하기 위해 불만의 원인을 표출하는 직접적 또는 간접적 대응의 선택은 권력의 차이에서 비롯된 상사와 부하의 관계 특성 상황에서 큰 제약을 받을 수 있다. 부하는 상사의 파괴적인 행동을 중단시킬 수 없고 감정 충돌의 과정에서 적대감을 더 조장할 수 있기 때문에 간접적인 저항 방법을 선택할 수밖에 없다.

상사의 바람직하지 못한 공격을 받은 부하는 어떤 방식으로든 상사에게 보복을 가하려고 한다. 이때 공개적으로 상사를 폭행하거나 폭언을 하는 사람도 있지만, 이는 회사를 그만두겠다는 의사 표현임과 동시에 형사 처벌도 감수해야 하는 상황이 되기 때문에 많은 부하는 자기 안전을 확보하면서 조직이나 상사에게 피해를 주는 방법을 선택한다. 이때 사용하는 대표적인 방법이 비공식적으로 조직이나 동료에게 도움을 주는 행동을 줄이는 것이다. 이 방법은 눈에 보이지 않는 것이라 상사의 질책 대상에서 벗어날 수 있지만, 그 효과는 예상보다 클 수도 있다. 이처럼 상사가 부하에게 부정적인 행위를 할수록 조직, 상사 그리고 부하 모두가 피해자이자 패배자가 될 수 있다.

상사의 불량 행위의 종류는 다양하다. 이 책에서는 상사의 불량 행위를 상사가 다른 사람 앞에서 부하를 조롱하거나 비판하기, 부하를 경멸하는 언어사용, 부하에 대한 무례함, 큰 소리로 화내기, 약속 어기기, 부하를 배려하지 않는 행동, 부하에게 강요하거나 위협하는 행위 등 부하에게 부정 감정을 느끼게 만드는 모든 행위를 의미한다.

직장 스트레스의 주범이 된다

상사의 부정적인 행위는 부정적인 영향뿐이다. 상사의 부정한 행위는 조직원의 불신을 높인다. 상사의 부당한 질책은 조직원의 짜증이나 분노, 우울, 불안 등 스트레스 및 역할 스트레스를 일으킨다. 또한, 조직원의 자존감을 떨어뜨리고 업무에 전념하지 못하게 한다. 자신의 인격을 무시하는 상사에게 자신의 미래를 맡기고 싶은 조직원은 없기 때문이다.

상사의 불량행동은 조직을 오염시킨다. '윗물이 맑아야 아랫물이 맑다'라는 속담처럼 경영진이 불량행동을 하면, 그 불량행동은 점차 아래로 흐르면서 조직 전체에 영향을 미친다. 언론에 보도되는 쓰러지는 기업의 전형적인 모습이다.

직장인은 직장에서 경험하는 스트레스의 주요 원인을 상사라고 여긴다. 조직원의 이런 생각을 접하는 상사는 억울하다고 할 수 있지만, 상사의 주요 역할은 조직원 보호이기 때문에 조직원이 스트레스의 원인이 상사라고 한다면, 그렇게 받아들일 필요가 있고, 실제로 상사로 인한 스트레스가 조직원을 힘들게 하는 것도 사실이다.

상사의 불량행동은 조직원의 음주를 부추긴다. 경영진이나 상사의 행태를 볼 때마다 부정적인 감정을 느낄 수밖에 없다. 이런 감정을 누르기 위해 손쉽게 선택하는 방법이 알코올 섭취이다. 이런 상태에서 마시는 술은 신체 건강과 심리 건강을 해치는 주요 원인이 된다. 건강하지 못한 조직원이 좋은 성과를 내기는 어렵다. 결국, 상사의 불량행동이 조직원의 건강을 해치고 조직의 경쟁력을 떨어뜨려 조직의 생존에도 나쁜 영향을 미치는 것이다.

조직의 목표를 달성하기 위해서는 상사와 조직원은 활발하게 소통해야 한다. 하지만 상사가 불량한 태도를 보이면 부하는 상사의 질책에서 벗어나기 위해 고의로 침묵한다. 이런 상황에서 성과를 기대하기는 어렵다.

상사의 불량행동은 조직원의 문제해결 능력도 떨어뜨린다. 상사의 불량행동에 노출된 조직원은 스트레스에 노출된 것과 같다. 이런 상태에서는 차분하게 이성적으로 문제를 분석하고 해결책을 찾기보다는 회피나 포기, 무시와 같은 대처 방법을 사용할 가능성이 크다. 이로 인해 다시 상사와의 관계가 더 나빠지는 악순환이 반복된다.

부하는 상사와 대화할 때 상사를 자극하지 않기 위해 긴장한다. 이런 부하와는 달리 상사는 자신이 하고 싶은 말을 하고 싶을 때 부하에게 할 수 있다. 이때 부하가 상사의 바람과는 달리 부정적인 대답을 하는 순간 상사는 맥박이 상승하기 시작하면서 상사 또한 스트레스를 받기 시작한다. 만약 부하가 상사가 원하는 말을 하거나 행동을 하면 별일 없이 상황은 끝나겠지만, 그렇지 않다면 부하를 향한 상사의 공격이 시작된다.

부하와 대화하는 중 상사는 이미 스트레스 상황이 됐다. 이럴 때 상사는 차분하게 부하의 부족한 부분을 보완하기 위해 도움을 주기보다는 "그동안 뭐 하느라 보고서도 제대로 작정하지 못했느냐?"와 같은 말로 부하의 인격을 깎아내린다. 상사가 부하를 모욕주는 대표적인 행동은 다른 사람 앞에서 부하를 조롱하거나 비판하기, 부하를 경멸하는 언어사용, 부하에 대한 무례함, 큰 소리로 화내기, 약속 어기기, 부하를 배려하지 않는 행동, 부하에게 강요하거나 위협하는 행위 등이다.

상사의 비인격적 행동은 조직원과의 소통에도 부정적인 영향을 미친다. 상사가 조직원의 인격을 존중하지 않으면 조직원은 자기 속마음을 숨긴다. 조직원은 불량한 상사에게 자신의 실제 감정을 숨기고 상사가 원하는 감정을 드러내면서 일한다. 한마디로 상사가 시키는 대로 행동하는 수동적인 조직원이 된다. 이런 상사와 함께하는 조직원은 조직에 도움이 되는 아이디어나 정보가 있더라도 일부러 숨기기도 한다.

상사의 부당한 행위를 계속 경험하는 조직원의 사기는 떨어진다. 상사로부터 부당한 비난이나 질책을 듣는 조직원은 화가 나고, 억울하기도 하다. 상사의 불량한 행동을 묵인하는 조직에 대해서도 믿지 못하게 되면서 자신의 미래에 불안감을 느끼기도 한다. 이런 심리 상태로 일하는 조직원의 자신감은 떨어지고, 일에 집중하지 못하면서 업무 성과도 기대하기 어렵고, 업무에서의 성취감을 맛보기는 불가능에 가깝다.

부하는 더 이상 조직에 기여하지 않으려 한다

상사가 부하를 공격하면 부하는 조직에 실망한다. 조직에 실망한 부하는 일에 대한 의욕이 떨어지면서 성실하던 사람이 실수하거나 게을러지는 등 업무 태도에서도 평소와 다른 모습을 보인다. 또한, 부하는 자신에게 부정적인 상사를 보면서 조직에 실망하게 되고, 업무에 써야 할 에너지를 인터넷 서핑 등 개인적인 곳에 쓰기도 한다.

상사의 공격성이 높으면 부하와의 소통은 당연히 줄어든다. 부하가 상사와 건설적인 대화를 하기 위해서는 신뢰가 필요하다. 부하가 어떤 의견을 말하더라도 상사로부터 불이익을 받지 않는다는 믿음이 있을 때 비로소 부하는 자신의 의견을 솔직하게 말한다. 그러나 상사로부터 상처를 받은 부하는 상사에 대한 신뢰가 낮기에 상사와의 의사소통이 위험하다고 생각해 자기 의견을 제시하기보다는 상사의 일방적인 지시에 따르는 선택을 할 가능성이 크다. 결과적으로 상사의 공격성이 부하를 수동적으로 만든 것이다.

부하는 회사에 도움이 될만한 아이디어나 정보가 있더라도 상사에게 말하지 않고 침묵하는 등 적극적으로 업무 수행을 하지 않는다. 부하는 이런 행동들이 자신이나 조직에 도움이 되지 않는다는 것을 알면서도 자해와 같은 선택을 하는 것이다.

또한, 부하는 상사로부터 피해를 줄이고 자신을 보호하기 위해 상사와 직접적인 방법으로 대응하기보다는 겉으로 드러나지 않는 방법을 선택한다. 이때 자주 선택하는 방법이 조직에 도움이 되는 행동을 줄이는 간접적인 방법으로 상사에게 반항하는 것이다.

부하는 조직에 해가 되는 행위를 늘린다

부하는 조직에 발을 들이는 순간부터 조직이 자신을 보호해주기를 기대한다. 부하는 상사가 자신을 존중하고 정당하게 대하고, 자신의 권리와 지위를 인정한다고 믿는다. 부하는 자신의 이런 기대를 무시하고 상사가 자신을 존중하지 않고 부당하게 대하면 조직이 자신의 믿음을 배신했다고 받아들인다. 부하가 조직에 배신감을 느끼면 부하는 상실감을 느끼게 되고, 조직과의 관계 단절도 고민하기 시작한다.

상사가 계속 부하를 인격적으로 대하지 않으면 부하는 조직에 대한 실망감으로 자신이 받은 부당함을 조직에 돌려주려고 시도한다. 부하가 물리적으로 상사에 대항할 수 없다고 판단하면 부하는 근무 시간에 개인적인 일을 처리하거나 일부러 실수하는 등의 행동을 한다.

부하는 보복 행동을 상사가 눈치채지 못하도록 숨긴다. 만약 상사의 문제 행동이 계속되면 부하는 상사의 보복을 피할 여러 방법을 찾아 시행하지만, 상사에게 반감이 큰 부하는 공개적으로 상사를 비난하거나 대적하는 등의 공격적 행동을 하기도 한다.

3) 조직에 무쓸모인 상사의 꼰대질

2019년 9월 23일 영국 BBC 방송의 하나인 BBC Two는 오늘의 단어로 한국어인 'KKONDAE'를 선정했다. 방송에서 '꼰대'는 '늘 자신이 옳다고 생각하는 나이 많은 사람'이라는 설명으로 소개됐다.

꼰대의 정확한 어원이나 시작 시점을 알 수는 없지만, '꼰대'라는 말이 우리 주변에서 자주 사용이 되고 있다. 국립국어원에 따르면 꼰대는 비속어의 개념으로 늙은이를 이르는 말로 사용되다가 특정 직업군인 교사를 깎아내리는 단어가 되었다고 짐작하고 있다.

꼰대란?

많은 사람의 입에 오르내리는 '꼰대'라는 말은 사회적 갈등을 대변하는 용어로 사용되고 있다. 처음에는 다른 사람의 의견을 받아들이지 않는 나이 많은 사람이란 의미로 세대 간의 갈등을 부추기는 은어로 많이 사용됐다면, 지금은 세대 간의 갈등을 넘어, 나이의 많고 적음에 상관없이 다른 사람의 의견을 받아들이지 않고 자기 생각이 항상 옳다고 주장하는 사람들을 지칭하는 의미로 자주 사용되고 있다. 즉, 기성세대 중 기존의 가치관을 추구하는 집단을 지칭하는 말로 사용되고 있다.

꼰대의 정의는 '늘 자기가 옳다고 생각하거나, 상대의 의견은 항상 틀린다거나 혹은 원하지 않는 조언을 받기를 강요하는 나이 많은 사람'을 일컫는 말로 통용되고 있다. 하지만 실제로는 '젊은 꼰대'라는 말처럼 꼰대는 나이에 국한되지 않고 계층 간의 혹은 사회 조직원 간의 갈등을 대표하는 은어로 사용되고 있다.

꼰대가 자주 쓰는 말은 "나 때는…"이나 "요즘 것들은…" 등이다. 꼰대는 과거 기준에 맞춰 자신의 특별한 경험을 일반화시켜 다른 사람의 말과 행동을 판단한다. 문제는 나이 차이가 크게 나지 않은 사람에게까지 이렇게 한다는 것이다. 고작 한 살 차이로도 꼰대질하는 이가 적지 않다. '젊은 꼰대'가 바로 이런 사람들이다.

꼰대가 되는 이유는?

"나 때는 말이야…"라는 문장으로 대표되는 꼰대는 대인관계와 관련이 있는 몇 가지 능력이 부족하다. 이런 부족한 역량이 조직원과 마찰을 빚고 갈등과 스트레스의 주요 원인이 되고 있는데 부족한 역량은 다음과 같다.

첫째, 꼰대는 자기를 판단의 기준으로 삼는다. 이렇게 되는 이유는 다른 사람을 판단할 때 그 사람의 상황적 요소를 충분히 고려하지 않고 단순히 자신보다 젊은 사람들은 자기보다 노력하지 않거나 애정이 부족하다고 확신을 하기 때문이다.

꼰대는 다른 사람에 대해 공감하기보다는 자기 상황이나 생각을 일반화하고 절대화하는 경향이 있다. 즉, 세상의 중심이 자신이라고 착각하는 것이다. 이에 따라 자기가 믿고 있는 믿음을 다른 사람에게 강요하거나 다양성을 인정하지 않으려는 특징들이 있다.

둘째, 불확실성을 견디지 못하는 특성인 인지적 경직성이다. 인지적 경직성은 상황을 통제하려는 욕구나 권위주의적 성격 특성과도 연관이 있다. 인지적 경직성은 이용 가능한 대안을 인식하고 주어진 상황에 적응하려는 자발성과 행동이나 사건에 대해 해결책을 고안할 수 있는 능력이 부족한 상태다.

인지적 경직성이 높을수록 오래된 신념을 고수하면서 새로운 관점에 대한 적응을 어렵게 만든다. 특히, 새로운 세대의 관점을 이해하지 못하도록 방해한다. 이런 개인은 환경의 변화에 적응하기 어렵다. 또한, 자기중심적인 아이디어를 생각하고, 대안적 관점을 고려하지 않으면서 습관적인 반응을 하는 등 새로운 환경에 적응하는 데 문제를 일으킬 수 있다. 이런 인지적 경직성과 반대되는 개념이 인지적 유연성이다.

인지적 유연성은 다양한 관점에서 자신의 의견이나 생각 그리고 행동을 바라볼 수 있는 능력이다. 인지적 유연성이 있는 사람은 습관화된 반응이나 사고를 극복하고 새로운 상황에 적응하는 능력뿐만 아니라 옛날 상황에서 새로운 상황으로 자기 생각을 조정할 수 있다. 인지적 유연성은 새로운 환경에 적응하고, 다양한 정보를 받아들이는 데 필요하다. 반면, 새로운 정보를 받아들이고 해석하는 능력이 부족하면 직장인으로서뿐만 아니라 사회생활 적응에도 상당한 애로사항이 있을 수 있다.

셋째, 꼰대는 다른 사람의 의견을 경청하지 않는다. 사람들과의 관계는 서로 소통하고 이견을 조율해 가는 과정에서 형성된다. '꼰대'도

결국 사회 조직원들 간의 갈등으로 상대를 배려하지 않는 행동에서 비롯되는 것으로 커뮤니케이션의 어려움으로 인한 결과라고 할 수 있다.

꼰대질의 부작용은?

권위적 성격이나 자기중심적인 주장이 꼰대들의 특징이다. '답은 정해져 있어, 넌 대답만 하면 돼'의 줄임말인 '답정너' 스타일의 꼰대가 탄생하는 것은 자신이 모든 걸 알고 있고, 자신만이 옳고, 자기 의견만 옳다고 여기기 때문이다. 물론 자신보다 서열이 높은 사람의 말에는 토를 달지 않지만, 서열이 낮은 이가 반대의견을 낼 때는 어김없이 묵살한다.

상사나 동료의 꼰대질은 개인 대 개인, 개인 대 집단 혹은 집단 대 집단 간의 차이나 부적응, 문제 등을 일으킨다. 꼰대를 피하는 이유에는 다른 사람에 대한 배려보다 자기중심적 사고로 원인을 단정 짓기 때문이다.

비즈니스 환경 변화에 빠르게 적응하기 위해서는 자기 의견이나 사고 그리고 행동을 재조정할 필요성이 커지고 있다. 하지만 꼰대처럼 자신의 오래된 생각을 고수하면 새로운 관점에 대한 적응을 어렵게 한다. 특히, 꼰대의 유연하지 못한 사고 체계는 새로운 세대의 관점을 이해하지 못하게 방해한다. 이런 사람은 환경의 변화에 적응하기 어렵고, 자기중심적인 아이디어를 생산하고, 대안을 고려하지 않으며 습관적 반응을 하기 때문에 함께 일하는 사람에게 불편과 불만을 느끼게 만들고, 조직경쟁력을 떨어뜨리기도 한다.

4) 말과 행동이 전혀 다른 상사는 골칫거리

리더는 자신과 일상적인 상호작용을 하는 조직원의 태도 및 행동에 매우 큰 영향을 미치는 존재다. 리더의 말과 행동의 일치 여부는 조직원의 업무 동기에 직접 영향을 미친다.

급속한 경영환경의 변화는 조직환경을 더 복잡하고 역동적으로 만들고 있다. 이런 불확실한 환경에서 안정적으로 조직을 관리하고, 조직목표를 달성하기 위해 바람직한 리더의 역할과 리더십에 대한 현장의 요구는 점차 커지고 있다.

부하의 역할 모델인 리더의 바람직한 행동은 조직에서 장려하는 모범적 행동이 될 수 있으므로, 조직 차원에서 리더의 말과 행동은 그 자체로 조직원들의 가치, 태도, 행동 등을 결정하는 주요한 요인으로 작용한다.

특히, 리더와 조직원은 지속적인 상호작용 관계가 수반되므로 리더의 말과 행동의 일치 여부는 조직원들에게 직접적으로 관찰될 수 있고, 이는 상사에 대한 부하의 평가, 인정, 지시의 수용 등 조직원의 조직 생활에 적지 않은 영향을 미친다.

이에 바람직한 리더십 행동으로서 리더의 말과 행동의 일치는 조직과 조직원에게 다양한 긍정적인 영향을 주고 있다. 예를 들어, 리더의 언행일치 여부는 조직원들이 가지는 리더와 조직, 나아가 자신이 처해 있는 직무환경을 인식하는 주요한 근거와 기준으로 작용한다. 리더의 말과 행동의 일치가 낮은 수준의 스트레스, 건강, 결근율과 관련되며, 조직원의 신뢰와 몰입을 이끌어 성과에 긍정적 영향을 미친다.

하지만 문제는 리더의 말과 행동이 항상 일치하지 않는 것이다. 지속적인 상호작용에서 관찰된 리더의 말과 행동의 불일치, 즉 행동적 진실성의 부재는 조직을 위험하게 만드는 요인이 된다. 이는 리더를 진심으로 원하고 따를지를 결정할 때 수반되는 불확실성을 줄여주며, 과업에 더 큰 노력을 기울일지를 판단할 때 유용한 기준이 되기 때문이다. 따라서 리더의 말과 행동의 불일치에서 비롯되는 위선적 리더에 대한 조직원의 인식은 조직 성과의 기초가 되는 과업 성과에 부정적 영향을 미친다.

리더가 위선적일 때 조직원은 부정적 인식이 유발되고 불편을 느끼게 된다. 리더의 언행일치에 대한 조직원의 인식은 상사에 대한 평가, 수용, 인정뿐 아니라 조직원의 일상적인 행동에도 긍정적인 영향을 미치게 된다. 예를 들어, 리더의 언행일치는 조직원의 리더에 대한 신뢰, 정서적 몰입, 과업 성과와 조직을 위한 자발적인 행동에 긍정적인 영향을 미친다.

조직원은 언행이 일치하는 리더의 지시는 정당하다고 받아들인다. 리더의 언행일치는 조직원이 리더를 신뢰하게 만들어 조직원은 업무를 수행하는 과정에서 일어나는 다양한 개선점이나 문제 등에 관한 내용을 리더와 의견을 교환하고 조직을 위해 자발적으로 하는 행동이 늘어난다.

그러나 현실에서는 리더의 말과 행동이 항상 일치하는 것은 아니다. 조직원은 리더의 말과 행동이 일치하지 않을 때 말과 행동 중 어떤 것이 리더의 본심인가를 탐지하기 위해 불필요한 시간과 에너지를 쓸 수 있다. 이런 이유로 인해 조직원은 리더의 말과 행동이 다를 때 '리더는 위선적이다.'라는 부정적 인식이 일어나면서 불편함을 느끼게 된다.

리더의 위선은 조직원의 인지적, 정서적 자원을 위협하는 잠재적 요인이 된다. 리더의 위선이 주는 불편함은 조직원에게 불쾌감을 주고, 스트레스를 유발한다. 특히, 직장에서 상사와의 관계를 회피하기 어렵다는 점을 고려할 때, 이러한 위선적 리더와의 지속적인 상호작용은 친밀한 대인관계를 유지하려는 조직원의 목표 달성을 방해하는 원인이 된다.

사람들은 상호작용을 통해 서로에 대해 더 잘 알게 된다. 상호작용을 통해 관심사를 공유하면, 공유된 정서를 경험하게 된다. 또한, 상호작용 과정에서 개인의 내적 에너지가 형성되며, 이렇게 만들어진 에너지는 다시 상호작용 대상들 간에 공유된다. 즉, 개인은 자신의 에너지를 증가할 수 있는 상호작용과 경험을 추구하지만, 에너지를 감소시키는 상호작용은 회피한다. 이런 이유로 인해 조직원은 말과 행동이 일치하지 않는 위선적 리더와의 상호작용을 싫어하고, 자기 에너지를 감소시키는 부정적인 상호작용을 회피하려고 한다.

직장 내 상사와의 관계와 그 안에서 이뤄지는 상호작용은 본질적으로 회피하기 어렵다. 이처럼 불가피한 관계에서 비롯된 상호작용은 조직원의 내적 자원을 계속 감소시킨다. 따라서 위선적인 상사는 조직원과의 관계에서 발생하는 긍정적인 에너지 생성을 줄이고, 만들어진 에너지는 생산적이지 못한 결과에 소모하도록 만든다. 또한, 리더의 언행 불일치는 상사에 대한 신뢰 및 직무만족은 낮추고, 불공정성 인식 및 이직의도를 높인다.

5) 상사의 이상적인 역할은 이렇다!

줄다리기에서 승리하기 위해서는 참가한 모든 사람이 모든 에너지를 한꺼번에 쏟아야 한다. 이럴 때 한 사람이라도 힘을 제대로 쓰지 않거나 딴생각을 하는 순간 지게 된다. 선수들이 한마음으로 줄다리기해야 하는 것처럼 조직도 한마음으로 일해야 원하는 결과를 얻을수 있다.

조직원이 업무에 전념하지 못하게 만드는 주요 원인은 스트레스다. 상사의 주요 역할은 부서원이 온전히 업무에만 전념할 수 있도록 보호하는 것이다. 만약 상사가 부서원이 느끼는 스트레스의 원인이라면상사는 자기 역할에 대해 다시 한번 고민할 필요가 있다.

상사의 역할은 부하가 방해물 없이 온전하게 업무에 집중할 수 있게 돕는 것이다. 부하는 상사가 자신을 돕는다고 인식하면 업무를 하는 과정에서 느낄 수 있는 고통이나 불만족이 사라지게 된다.

반대로 부하가 상사의 부당한 대우를 오랫동안 경험하면 굉장히높은 수준의 스트레스를 경험한다. 이로 인한 스트레스는 가정에서탈진상태에 이르게 함으로써 가정생활이 귀찮고, 무기력하고 짜증스러운 상태가 되게 해 가정에서의 적절한 역할을 하지 못하게 만들기도 한다.

불량한 조직원의
의도적 불량 행위

일부 조직원은 조직이나 다른 조직원에게 해를 끼치는 행동을 한다. 동료에게 무례한 말을 한다거나 다른 조직원을 따돌리는 것과 같은 행동이다. 이런 행동은 폭행과 같은 문제 행동보다 강도는 낮다. 하지만 낮은 강도의 공격이라도 반복될 때는 피해가 심각해질 수 있다.

처음에는 무례한 말로 공격할 수 있지만, 시간이 지날수록 모욕의 강도가 높아지면서 심하면 폭력으로 발전할 수 있다. 조직원의 이런 불량한 행동은 반복되는 특성이 있어서 피해를 당하는 개인과 조직에는 큰 영향을 미칠 수 있다.

1) 업무 훼방

훼방은 '남을 헐뜯어 비방함' 혹은 '남의 일을 방해함'이라고 국어사전에서 정의하고 있다. 업무 훼방은 '지속적이면서도 점진적인 방해를 통해 상대의 능력을 약화하고, 상처를 입히고, 손상하는 행동'이다. 조직에서 업무 훼방의 예는 의도적으로 상대의 기분을 상하게 하는 말을 하거나, 일을 방해하거나 중요 정보를 알려주지 않는 등의 행동들이다.

업무 훼방은 직장에서 개인이 긍정적인 대인관계를 개발하고 유지하며, 업무 성과를 달성해 호의적인 평가를 얻으려는 능력을 계속 방해하는 의도된 행위를 의미한다. 이런 상황이 되면 업무 훼방의 대상이 되는 조직원은 엄청난 스트레스를 받게 된다.

업무 훼방의 특성은?

업무 훼방은 다음과 같은 특성이 있다.

① 업무 훼방은 의도를 가지고 하는 행동이다.

훼방은 절도나 지각과 같이 조직의 규범을 어기는 등 조직을 대상으로 하는 일탈 행동이 아니라 사람을 대상으로 하는 대인 간 행동이다. 이때 훼방의 표적이 되는 개인은 가해자가 하는 부정적 행위에 대한 의도를 알아차려야 한다. 만약 피해자가 가해자의 의도를 알아차리지 못했다면, 그것은 훼방이 아니다. 같은 행동이라도 업무 훼방을 하는 사람이 의도적으로 한 것이 아니라 상대와의 상호작용 방법이 미숙해 상대의 기분을 상하게 했다면, 이는 업무 훼방에 해당하지 않는다.

행동한 사람의 의도가 고의냐 아니냐를 판단하는 사람은 업무 훼방의 대상자이다. 비록 행동한 사람이 의도가 없었다고 하더라도 피해자는 상대가 고의로 자신을 방해했다고 받아들일 수도 있기 때문에 어떤 형태로든 조직에 부정적인 영향을 미친다.

② 업무 훼방의 표적이 되는 조직원의 능력을 서서히 약화시킨다.

업무 훼방은 피해자의 대인관계나 평판, 업무 성과에 곧바로 치명적인 손상을 입히는 것은 아니다. 서서히 업무 훼방 빈도를 늘리면서 상대에 대한 부정적인 평판을 높여간다. 이에 따라 부정적인 효과가 축적되면서 피해자에게 부정적인 영향을 미치게 되는 것이다.

상대에게 해를 입히려는 의도를 가지고 오랫동안 상대를 무시하는 말투로 대화하거나 행동을 한다면, 업무 훼방에 해당한다. 하지만 같은 의도로 행동을 했더라도 폭력이나 기물 파손과 같은 강도 높은 물리적 행동은 피해를 주려는 의도가 분명하더라도 훼방에 해당하지 않는다.

③ 업무 훼방은 대인관계나 업무 성과에 다양한 형태로 손상을 입힌다.

업무 훼방 방법은 다양하다. 업무 훼방 대상 조직원을 비판하거나 제시한 아이디어를 무시하는 등의 직접적인 방법을 사용하기도 하지만 우연이나 실수인 척하면서 정보를 제공하지 않거나 없는 사람처럼 취급하는 간접적인 방법을 사용하기도 한다. 또한, 업무에 필요한 자원을 할당하지 않거나 업무 진행을 고의로 방해하는 등의 행태로 업무 훼방이 일어날 수 있다.

업무 훼방은 언어와 행동의 두 가지 방법으로 이뤄진다. 다른 조직원의 인격에 대해 나쁘게 말하거나 상대를 무시하는 말투의 말로 하는 업무 훼방과 상대를 불편하게 하는 행동으로 하는 업무 훼방이 있다.

업무 훼방에는 수동적인 방법과 능동적인 방법이 있다. 수동적인 업무 훼방은 업무에 필요한 중요한 정보를 일부러 알려주지 않아 업무에 차질이 생기는 것을 방치하는 행동이다. 능동적 업무 훼방은 다른 조직원의 업무에 관한 도움 요청을 거절하는 것이다.

업무 훼방의 영향은?

조직원은 상사나 동료로부터 업무를 훼방 받는다고 생각하면 우울, 불안 그리고 몸이 아프거나 하는 신체 증상을 경험한다. 이런 사건을 경험한 조직원은 불안이나 불편 그리고 분노와 같은 감정을 느낀다.

직장에서 상사나 동료와의 부정적인 경험은 개인의 부정 감정을 유발하는 중요한 사건이다. 직장에서 대인관계 경험이 부정적일수록 불안, 우울 등의 부정 감정을 더 많이 느낀다. 화나 불안과 같은 감정은 사람을 불편하게 만들고, 사람은 본능적으로 이런 감정에서 벗어나려고 한다. 이로 인해 다른 회사로 탈출하려고 이직을 시도하게 된다.

조직이나 조직의 리더가 업무 훼방에 관심을 두어야 하는 이유는 이런 행동의 피해자들이 우울, 불안이나 신체화 증상과 같은 다양한 부정적인 반응을 보이기 때문이다. 여기에 더해 피해자의 직무 태도와 직무 행동에도 영향을 미쳐 조직에도 부정적인 결과를 가져올 수 있기 때문이다.

2) 무례한 말과 행동

조직에서 일어나는 무례한 말과 행동(말과 행동을 행위로 통일함)은 사회적 관계에서 일어난다. 많은 조직원이 경험하는 무례한 행위는 조직 내에서 자주 발생한다. 이로 인해 많은 조직원이 불편함과 분노를 경험하고 있다.

무례한 행위는 당사자뿐만 아니라 제삼자에게도 영향을 미친다. 상사나 동료의 무례한 행위를 본 조직원이 또 다른 부정적인 행위를 함으로써 조직 내에서 부정적인 분위기와 조직원 사이에 불신이 확산할 수 있다. 이로 인해 조직 성과에 나쁜 영향을 미치게 될 가능성이 크다.

무례한 행위를 하는 사람은 조직원만이 아니다. 고객도 조직원에게 부정적인 영향을 미치는 무례한 행위를 한다. 고객의 갑질과 같은 고객의 무례한 행위가 자주 언론에 보도되고 있으며, 고객의 이런 부정한 행위로 인해 고통받는 사람들이 많다.

무례한 행위란?

무례한 행위는 사람이 사람에게 행하는 행위다. 무례한 행위는 상사나 동료로부터 당하기 때문에 이것은 조직 규범을 위반한 것이다. 상사나 동료로부터 무례한 행위를 경험하면 피해자는 체면이 손상되고, 자존감이 낮아지는 등 조직 내에서의 입지가 흔들리면서 불안을 느끼게 된다. 이럴 때 조직원은 자신의 존재감을 드러내기 위해 수단과 방법을 가리지 않게 된다. 이와 함께 이런 조직 분위기가 지속되면 긴장감을 느끼면서 부정적 태도나 행동을 유발하게 되면서 조직원의 스트레스 원인이 된다.

하지만 피해자의 고통은 여기에서 끝나지 않는다. 특히, 무례한 언행을 하는 사람이 상사라면 부하로서는 상사가 자신을 존중하지 않는다고 생각하거나 상사가 자신을 무시한다고 생각하게 된다. 이런 부정적인 생각은 심리적 고통을 경험하면서 극심한 수준의 스트레스를 경험할 수도 있다.

상사나 동료로부터 무례한 말을 듣거나 행동을 경험하면 부정적 감정이 강화된다. 이런 기분은 상사나 동료와의 소통이나 교류를 차단하고, 조직에 대한 열정도 식게 만들어 자기 역할에 소홀하게 되면서 성과에 부정적인 영향을 미친다.

무례한 행위의 영향은?

직장 내 무례한 행위는 조직원에게 부정적인 영향을 준다. '한심한 놈'이란 말을 사장이 말할 때와 동료가 말할 때의 차이처럼 무례한 행동을 하는 사람의 조직 내 영향력이 클수록 당하는 사람에게 미치는 영향도 커진다.

조직 내에서 무례한 행동을 당하면 무례한 말과 행동을 한 사람과는 갈등이 발생한다. 이때 갈등은 겉으로 드러날 수도 있고, 피해자의 마음속에 감춰져 있을 수 있다. 이런 갈등 상황은 부정 감정을 느끼게 만들고, '두고 보자'라는 복수의 의도를 갖게 하는 등 바람직하지 못한 결과를 가져온다.

조직원의 무례한 행동은 조직을 오염시킨다. 조직원은 상사나 동료의 행위를 관찰하고 모방한다. 특히, 조직에 새로 들어온 신입사원들에게 기존 조직원은 역할 모델이다. 조직원에게 무례한 행위가 용인되는 조직문화는 오염된 조직문화로 그 조직에 몸담은 모든 사람을 무례한 행위자로 전염시킬 수 있다.

이런 조직원은 가해자이면서 피해자이다. 이 조직에 몸담은 조직원은 상사의 무례한 행위를 경험하면서 상사의 행동을 따라 한 것뿐일수 있지만, 결과적으로 스스로 선택한 행동이다. 조직원의 이런 선택은 조직과 자신을 파괴하는 원인이 된다.

무례한 행동의 가해자와 피해자는 모두 스트레스에 시달리게 된다. 지금은 가해자이지만 궁극적으로는 자신도 피해자가 될 수 있다는 두려움을 느낄 수 있다. 이런 조직문화를 방치하는 조직을 믿지 못하게 되면서 이직을 결심하기도 한다.

직장 내에서의 바람직하지 못한 경험은 여러 부작용을 낳는다. 무례한 언행을 당한 사람은 강한 부정 감정을 느끼고, 정신적 피로를 경험한다. 이런 상태에서는 업무에 집중하기 어렵기 때문에 업무 성과에도 부정적인 영향을 미친다. 또한, 주변 분위기를 나쁘게 만들어 조직에도 영향을 미쳐 조직의 생산성도 떨어지게 만든다. 조직원은 상사나 동료의 무례한 행위가 계속되면 조직이 이런 행위를 방관한다고 믿게 된다. 이런 조직 분위기를 피하려고 이직을 결심하는 조직원의 숫자도 늘게 된다.

3) 독점을 위한 지식 은폐

조직원의 지식공유는 조직의 경쟁력에 영향을 미친다. 조직원들 사이에 정보나 지식의 공유가 없다면, 조직이 경쟁력을 갖기는 어려울 수 있다. 하지만 조직은 조직원의 지적 재산을 조직원의 동의 없이 다른 조직원과 공유하라고 강요할 수 없기 때문에 지식 은폐와 같은 행동이 일어날 수 있다.

지식 은폐란?

지식 은폐는 동료가 요청한 업무에 필요한 지식을 의도적으로 제공하지 않거나 감추는 행동이다. 조직원이 지식을 은폐하려는 대표적인 원인은 상사나 동료의 무례한 언행이나 강요 등이다. 상사나 동료로부터 비난을 들으면 조직원은 화나고 불편한 감정을 느끼면서 상대와의 관계를 멀리하려고 한다. 이런 상태에서 자신의 지적 재산이자 경쟁력인 지식을 다른 사람과 나누려 하지 않는다.

지식 은폐는 세 가지 형태로 나타난다. 첫째, 얼버무리기이다. 다른 사람이 요청한 지식이나 정보를 일부만 제공하거나 최대한 미루는 것이다. 둘째, 모르는 척하기이다. 다른 사람이 요청한 지식이나 정보의 내용을 알고 있지만, 모르는 사람처럼 행동하면서 자신의 지식을 은폐하는 행동이다. 셋째, 합리적인 은폐이다. 자신이 정보 제공에 대한 권한이 없거나 요청한 자료가 기밀에 해당한다는 이유로 지식이나 정보를 제공하지 못하는 이유를 제시하는 것이다.

지식 은폐의 원인은?

조직원이 지식이나 정보를 숨기는 원인은 개인 특성에 영향을 받는다. 동료에 불만을 느끼거나 불평을 자주 하는 사람은 그렇지 않은 사람보다 동료와 신뢰 관계가 원만하지 않을 수 있다. 이런 사람이 동료에 대한 신뢰가 강한 사람보다 지식이나 정보를 숨길 가능성이 더 크다. 특히, 상사나 동료가 자신에게 상처를 주거나 믿음을 주지 못하면 자신의 지식이나 정보를 나누기보다는 숨길 가능성이 있다.

지식에 대한 주인의식이 강한 사람이 지식을 숨기는 빈도가 더 높다. 지식이나 정보가 자기 경쟁력이라는 믿음이 강할수록 정보를 은폐할 가능성이 커진다. 또한, 개인이 보유한 지식과 정보를 적용해 수행하는 직무 특성이 지식을 감추는 원인이 된다. 즉, 지식이 복잡하거나 업무 연관성이 높을수록 지식을 숨길 이유가 늘어난다.

이와 함께 조직문화도 지식 은폐에 영향을 미친다. 상사, 동료나 후배들과 경쟁해야 하는 상황이라면 업무에 필요한 지식이나 정보를 공유하기를 꺼린다. 자신의 지식이나 정보를 활용해 다른 조직원의 성과가 향상되면 오히려 자신의 평가가 상대적으로 떨어질 수 있기 때문에 정보 공유를 꺼리게 된다. 만약 조직에서 지식이나 정보 제공자의 기여도를 충분히 인정한다면, 지식을 은폐할 가능성은 줄어든다.

지식 은폐의 영향

조직원이 지식을 은폐할 때 나타날 수 있는 가장 큰 부정적 영향은 자원 낭비이다. 조직원 중 누군가가 지식을 숨기게 되면 조직의 정보 흐름에 차질을 빚게 된다. 조직원은 누군가에 의해 숨겨진 지식이나 정보를 찾기 위해 노력과 시간을 낭비하게 된다.

이런 노력에도 불구하고 필요한 지식이나 정보를 내부에서 구하지 못하면 조직 외부에서 필요한 정보를 급하게 구해야 하는데, 이럴 때 불필요한 비용도 발생하게 된다.

조직원이 의도를 가지고 지식이나 정보를 숨기면 다른 조직원의 동기나 조직이나 조직원에 대한 헌신이 줄어든다. 일부 조직원이 지식이나 정보를 감춤으로 인해 어려움을 경험한 조직원은 동료나 조직에 실망하면서 업무에 대한 열정이 식게 된다. 또한, 동료의 은폐로 어려움을 경험한 조직원은 자신을 힘들게 한 동료와 갈등 관계가 될 수 있다. 이럴 때 동료가 도움을 요청하면 그 조직원도 자신의 지식을 은폐할 가능성이 커진다. 이런 일이 반복되면 조직 전체에 부정적인 영향을 미칠 수 있다.

지식 은폐는 조직문화에도 부정적인 영향을 미친다. 조직원이 여러 가지 이유로 지식이나 정보를 숨기기 시작하면 지식이나 정보의 교류나 축적이 단절된다. 이런 조직에서는 조직원끼리 서로의 지식이나 정보를 공유하고 축적하면서 창조적인 결과를 얻는 선순환을 경험하기 어렵다.

다양한 스트레스 요인이 조직원에게 영향을 미치고 있다. 하지만 조직원이 경험하는 스트레스 중에는 예방이 가능한 스트레스가 대부분일 수 있다.

조직원이 불필요한 스트레스에서 벗어나는 데 가장 큰 도움을 줄 수 있는 사람은 리더이다. 조직에서 리더의 영향력이 조직원보다 훨씬 크기 때문에 조직원이 디스트레스를 경험하느냐, 유스트레스를 경험하느냐는 리더의 선택에 달려있다. 따라서 리더는 조직원의 디스트레스를 줄이고, 유스트레스를 늘리는 방법을 이해하고 실천할 필요가 있다. 이럴 때 리더로서의 존재 이유가 명확해질 것이다.

조직원도 디스트레스에서 벗어나기 위한 노력이 필요하다. 조직원 중에는 자신의 말과 행동이 조직에 부정적인 영향을 미치지만, 이를 인지하지 못하는 조직원이 의외로 많다. 그러므로 자신이 스트레스 원인이 되는지 수시로 성찰할 필요가 있다. 이럴 때 스트레스에서 벗어나 쾌적한 환경에서 업무에 전념할 수 있게 된다.

4장
___

만성적 스트레스의 굴레에서 탈출하기

지금 당장 고생 끝, 행복 시작!

건강한 조직은
스트레스도 즐긴다!

조직원의 성과는 조직원이 조직의 목표 또는 과업을 달성하기 위한 노력의 결과이다. 조직원의 성과는 조직의 성과로 연결되기 때문에 조직원 개인의 성과는 조직의 경쟁력 강화에 중요하다. 즉, 개인성과는 개인 차원에서 생산성, 승진, 임금, 직무만족, 조직몰입 등으로 나타나며, 조직원이 자신의 역할을 어느 정도 지각하느냐에 따라 개인과 조직의 성과에 많은 영향을 미친다.

조직원이 조직과 조직원을 신뢰할수록 일하려는 의욕이 생긴다. 또한, 자기 업무에 몰입할 수 있고, 조직의 경쟁력에 대한 믿음도 높아진다. 조직과 조직원을 신뢰할수록 상호관계의 강화, 결속감 및 네트워크 형성 등을 통해 높은 성과를 만들게 된다. 이처럼 조직원이 인식하는 관계와 조직문화는 조직의 목표나 목적 달성 그리고 성과에 큰 영향을 미치고 있다.

누구나 건강한 조직에서 일하고 싶어 한다. 이런 조직이 갖춰야 할 대표적인 조건은 조직원의 만족도가 높고, 조직원들이 같은 가치와 신념을 지니고 있으며, 조직원 사이에 신뢰할 수 있는 관계가 형성되어 있는 조직이라 할 수 있다. 이런 조건들은 조직의 성공을 결정짓는 중요한 요소로 작용하기도 한다.

조직문화는 조직 내 기능과 생산성에 영향을 미친다. 조직문화는 조직원의 조직목표 및 가치에 대한 강한 믿음과 인정, 조직원의 조직에 대한 헌신과 관련이 있으며, 직무만족이나 조직몰입 등 직무수행과 업무 태도, 서비스의 품질에도 영향을 준다. 또한, 조직 내 갈등의 해소와 조직원의 적극적인 참여, 조직의 효율성과 효과성을 향상하는 데 중요한 역할을 한다. 이처럼 조직문화는 조직의 특성에 대한 종합적인 인식이자 목표 달성, 조직효과성 등 조직의 성공을 결정짓는 중요한 역할을 한다.

1) 조직문화의 이해와 영향

한 집안에 전해 내려오는 생활 관습을 가풍이라고 한다. 가풍은 그 집안의 특유한 생활양식이나 생활 태도로 나타난다. 드라마에서 아침마다 가족이 모여 식사하는 장면을 볼 수 있는데 이것도 그 집안의 생활양식 중 하나다.

아이가 건강하게 자라기 위해서는 물리적 환경뿐만이 아니라 심리적 환경도 필요하다. 부모의 사랑을 받으며 자란 아이와 그렇지 못한 아이의 차이는 분명히 있다. 만약 새로 지은 아파트에서 아이에게 아랫집에 피해를 줄 수 있으니 뛰지 말라는 말부터 시작해 '아이에게 하지 말아야 할 행동'을 알려주고 지키라고 하는 것과 집은 조금 낡았지만, 아이에게 따뜻한 관심을 보이면서 아이에게 지지를 보내는 것 중 아이에게 어떤 집이 더 도움이 되겠는가?

직장인에게도 물리적 환경과 심리적 환경 모두 중요하다. 그중에서 생각해야 할 것은 심리적 환경이다. 회사가 발전하면 물리적 환경은 개선할 수 있지만, 심리적 환경 개선에는 시간이 걸린다. 따라서 직장인들은 물리적 환경보다는 심리적 환경에 더 많은 관심을 기울일 필요가 있다. 조직문화가 중요한 이유가 여기에 있다.

조직문화란?

집안의 가풍과 비슷한 것이 조직문화이다. 조직문화는 조직의 내부 환경에서 중요한 역할을 한다. 조직문화는 조직원들이 인식하는 조직의 의미, 활동 방식, 조직의 중요성을 이해하는 데 도움이 되는 가치, 신념, 행동, 관습, 태도의 집합으로 조직원의 사고방식과 행동 패턴을 의미한다. 조직에서의 규칙과 절차, 행동과 같은 조직의 내재적인 것을 의미하며, 조직원들이 행동하는 방식과 조직에서 일이 이뤄지는 방식에 관한 조직의 규범과 기대라고 할 수 있다.

그런데 조직문화는 자연스럽게 형성되는 것이 아니다. 특정 조직문화가 조직의 경쟁력으로 이어지기 위해서는 조직원 사이에 조직문화의 확산 과정이 요구된다. 조직문화의 확산이 이뤄지기 위해서는 조직원 사이에 조직의 가치와 규범에 대한 전달 과정이 있어야 하며, 조직원이 자신들이 소속된 조직에 대해 일정 수준 이상의 신뢰가 확보돼야 한다는 두 가지 조건이 충족돼야 한다. 첫 번째 조건이 충족되지 않으면 조직원들이 조직의 가치 체계를 공유하는 데 한계가 있어 조직문화 확산이 어렵고, 조직에 대한 신뢰 수준이 낮으면 조직문화와 의사소통을 통한 조직경쟁력 강화에 어려움을 겪을 수 있다.

미시간 대학교 카메론(Cameron)과 퀸(Quinn) 교수는 조직문화를 수직 차원과 수평 차원으로 구분했다. 수직 차원은 조직문화를 유연성과 안전성을 토대로 구분했고, 수평 차원은 조직문화가 추구하는 바가 내부 지향인지 외부 지향인지에 따라 분류하고, 조직문화의 하위 영역을 관계 지향 문화, 혁신 지향 문화, 위계 지향 문화, 과업 지향 문화로 제시했다. 먼저, 관계 지향 문화는 내부 지향적이며 유연성을 지향하는 조직문화로 조직원 사이의 친밀한 인간관계를 추구하는 문화이다. 이 조직문화는 조직원 사이의 상호 배려를 중요시해 친밀하면서 가족적인 분위기를 조성하려는 노력을 적극적으로 기울이며, 조직 내 인간적 배려와 팀워크, 상호 협력, 참여 등을 강조한다. 둘째, 혁신 지향 문화는 외부 지향적이고 유연성을 기반으로 하는데 경영 환경변화에 대한 적응 능력을 중시해 조직원들의 혁신 활동을 적극적으로 지원하면서 자율적으로 업무를 수행하는 환경을 조성한다. 셋째, 위계 지향 문화는 내부 지향적이고 안정성을 중시하는 문화이며, 능률과 안정을 특징으로 공식적인 명령과 표준화된 절차를 중시하고 위계질서를 통한 예측 가능한 조직 효율성을 강조한다. 넷째, 과업 지향 문화는 외부 지향적이며 안정성을 추구하는 조직문화로 조직의 목표 달성, 생산성, 성과 등을 강조한다. 또한, 조직원의 업무 성과를 향상하기 위해 조직원 사이의 경쟁적인 분위기를 통해 실적 경쟁을 강조하기도 한다.

유연성(신축성 및 변화)

관계지향문화 집단문화	혁신지향문화 발전문화
위계지향문화 위계문화	과업지향문화 합리문화

내부지향   외부지향

안정성(통계 및 질서)

조직문화와 사회자본의 관계는?

사회자본은 조직원이 공유하는 비공식적인 가치 또는 규범으로, 조직원 사이의 협력과 협동적인 행동을 촉진할 수 있다. 사회자본은 가용할 수 있는 자원으로서 사람들 사이의 신뢰 관계에 포함되어 있어 개인이나 집단의 긍정적인 행위를 촉진한다. 사회자본은 특정 집단 또는 조직에서 같은 목적을 달성하기 위해 조직원들이 함께 일할 수 있는 능력을 의미한다.

사회자본은 조직과 조직원의 특정 행위를 촉진하는 작용을 한다. 특히, 조직 내에서 이뤄지는 공식적·비공식적 의사소통과 이를 바탕으로 하는 신뢰 형성은 조직원 사이에 조직의 가치 체계와 규범에 대한 인식과 공유를 확산시켜 특정 조직문화를 강화한다. 이처럼 조직의 가치와 규범에 대한 조직원 사이의 지속적인 교류와 의사소통, 신뢰는 강한 수준의 조직문화를 형성한다.

조직 내부에서 사회자본과 조직문화는 중요한 역할을 한다. 조직원은 직장생활을 통해 조직문화와 사회자본을 인식하고 습득한다. 또한, 사회자본과 조직문화는 조직원의 행동에 영향을 미치는 내부 통제

메커니즘으로 작용한다.

조직문화와 사회자본은 개인과 공동체, 네트워크, 조직 내 관계에 포함된 일종의 자산이라는 공통적인 특징을 지니고 있다. 조직문화는 조직이 추구하는 목표와 가치 체계, 조직이 처한 환경 특성 등을 강조한다. 반면, 사회자본은 조직원 사이의 관계를 강조한다.

신뢰, 호혜적 규범, 네트워크 등과 같은 사회자본은 조직 내에서 조직원의 행위에 영향을 미친다. 조직 내 사회자본 중 신뢰는 조직원 사이의 상호관계를 강화하고, 존중, 배려 등은 행동에 영향을 미친다. 조직원 사이에 신뢰가 형성되어 있으면 원활한 의사소통과 협력이 강화된다.

호혜적 규범은 조직원 사이의 공동체 유대감을 강화하고 서로 도움을 주고받는 균형적인 호혜 관계에 기반을 두고 있다. 호혜적 규범을 통해 조직원 사이의 일반화된 인식이 공유된다.

네트워크는 조직원 사이의 상호작용, 결합, 참여 등을 바탕으로 하는 연계 형태를 의미한다. 네트워크의 형성은 사회적인 상호작용, 지식의 교환에 대한 참여동기를 강화한다. 조직원들은 이런 과정을 통해 문제해결을 위한 역량 및 협력 활동이 강화되면서 조직성과에 긍정적인 영향을 미치게 된다.

조직문화가 조직경쟁력에 미치는 영향은?

조직경쟁력은 다른 조직과 비교해 우위에 있는 조직의 역량이다. 조직경쟁력은 다양한 요소로 이뤄지는데 각각의 요소들이 지닌 차별화된 경쟁우위가 모여 조직의 역량이 된다.

경쟁우위는 다른 조직이 쉽게 모방할 수 없는 고유한 속성이다. 경쟁우위는 단기간에 확보되기보다는 장기간에 걸친 학습을 바탕으로 축적되기 때문에 다른 조직이 쉽게 모방하기 어렵다. 특히, 시장 환경이 빠르게 변화하는 제조업의 경우 조직의 생존을 위해 새로운 고객 수요를 발굴하고, 다양한 제품과 서비스를 개발해야 하므로 비교우위의 경쟁력이 중요한 요소로 작용한다.

일반적으로 다른 조직과 비교해 비교우위에 있는 조직은 상대적으로 높은 성과를 낼 가능성이 크다. 이때 조직이 높은 성과를 위해 상대적으로 중요하게 작용하는 경쟁력 요소는 조직이 처한 대내외적 환경에 따라 달라진다. 이중 조직원의 경쟁력은 다른 경쟁력 요소에 비해 고유성과 차별성이 높다.

조직이 다른 조직과 비교해 뛰어난 조직원을 확보하기 위해서는 지속적인 교육 훈련과 경험이 요구된다. 또한, 조직원이 지닌 지식과 기술 수준이 높을수록 대체 인력을 확보하기 어렵기에 조직원의 역량은 조직이 지속적이고 안정적인 성과를 창출하기 위해 갖춰야 할 가장 중요한 역량이다.

조직문화가 조직경쟁력에 영향을 미치기 위해서는 활발한 의사소통과 조직에 대한 조직원들의 신뢰가 뒷받침돼야 한다. 조직문화가 조직원에게 긍정적인 영향을 미치기 위해서는 조직의 가치와 규범에 대한 지속적인 교류가 요구되며, 이를 위해서는 조직원 사이의 의사소통이 적절하게 이뤄져야 한다. 또한, 조직과 상사, 동료들에 대한 조직원의 신뢰가 낮으면 조직문화와 조직원의 실제 행동이 일치하지 않아 조직경쟁력 향상에 긍정적인 영향을 미칠 가능성이 작다.

조직 내부의 커뮤니케이션은 목표 달성을 위한 필수적인 과정이다.

이런 커뮤니케이션은 조직과 조직원 사이 그리고 조직원들끼리의 가치 차이로 인한 갈등을 줄이고 서로의 이해를 높이는 데 도움이 된다. 또한, 의사소통을 통해 조직의 상황이나 활동에 관한 다양한 정보를 조직원들에게 제공하고, 조직에 대한 불확실성을 줄여 조직원들에게 동기를 부여한다. 이러한 측면에서 조직원끼리의 의사소통은 조직원들이 조직의 가치 체계에 대한 이해를 높이고 조직원들이 공통된 조직문화와 규범을 공유할 수 있도록 한다. 이처럼 조직 내부의 커뮤니케이션은 조직에 대한 조직원 사이의 공감대 형성에 영향을 미치며 조직에 대한 신뢰 수준을 높이는 데 도움이 된다.

커뮤니케이션은 조직문화를 기반으로 진행된다. 커뮤니케이션은 조직문화에 따라 방식과 분위기에서 차이가 나며 조직원에게 미치는 영향도 달라진다. 즉, 커뮤니케이션은 조직문화가 발전하는 과정에서 조직원에게 조직의 목표를 공유하게 해 조직원 사이의 협력을 강화하며, 개인성과 달성에 영향을 미친다. 이처럼 조직문화는 원활한 커뮤니케이션을 통해 조직원에게 단순한 정보전달을 넘어 조직 분위기를 만들어내며, 조직원 간의 협력을 강화하고 성과에 긍정적인 영향을 미치는 수단이 된다.

커뮤니케이션은 긍정적인 상호관계를 형성하고 조직의 성과에 직접적인 영향을 미친다. 효과적인 커뮤니케이션은 조직원의 조직몰입과 직무만족에 긍정적인 영향을 미친다. 하지만 부정적인 커뮤니케이션은 조직원 사이에 부정적인 영향을 미치며, 불신과 불만을 품게 만든다. 또한, 업무 태도를 부정적으로 만들어 개인 성과를 저해하고, 조직의 목표 달성을 지연시키는 원인이다.

2) 건강한 조직으로 거듭나기 위한 방법론

사람의 신체에서 항상성은 외부 환경과 신체 내의 변화에 대응해 순간순간 신체 내 환경을 일정하게 유지하려는 현상을 말한다. 이렇게 신체의 항상성이 유지되면 건강한 상태가 되고, 항상성이 무너지면 건강이 나빠지거나 병에 걸리게 된다.

조직의 항상성은 조직 체계가 에너지의 투입과 그것으로부터의 산출을 계속하면서 항상 새로운 균형을 유지하려는 성향을 의미한다. 이때 투입과 산출의 관계는 균형 상태 속에서 이뤄진다. 따라서 조직은 건강한 상태를 유지하면서 성장이 이뤄져야 건강한 조직이 되며, 조직 내 문제점들이 쉽게 밖으로 드러나지 않는 만큼 그 예방과 관리에 노력을 기울여야 조직은 장기적 발전을 지속할 수 있다.

건강한 조직이란?

사람이 건강한 삶을 추구하는 것과 마찬가지로 조직도 건강이 매우 중요하다. 건강이란 유기체가 자신이 속한 환경에 잘 적응하는 것으로 인간은 아프지 않고 오랫동안 삶을 영위하는 것이라고 한다면, 조직 또한 치열한 경쟁 속에서 계속 성장하며, 오랫동안 살아남는 것이라고 할 수 있다. 건강한 사람은 신체적, 정신적으로 적절하게 기능하는 상태를 의미한다. 건강한 사람이 맡은 일을 잘할 수 있고 높은 성과를 낼 수 있다. 여기서 건강은 질병이 없는 것뿐만 아니라, 신체적, 정신적, 영적으로 안녕한 상태(웰빙)이다.

건강한 사람은 행복하고, 다양한 도전을 하면서 생산적인 삶을 영위한다. 조직도 건강한 조직일수록 창의적이며 생산적인 활동과 함께 다양한 도전을 시도한다. 마찬가지로 건강한 조직은 조직원들을 통해 조직이 원하는 업무나 기능을 적절하게 수행하고, 조직원들의 창의적인 아이디어들을 끌어낼 수 있어 목표 달성이 쉽고 높은 성과를 기대할 수 있는 상태를 의미한다.

조직의 건강을 유지하는 방법은?

조직은 살아있는 유기체로서 생애주기 동안 아프기도 하고, 치료도 받으며, 재활하기도 한다. 조직 건강은 '조직의 최적 기능 상태'를 의미한다. 어떤 조직은 사람과 같이 만성적으로 아프기도 하고 사망할 때까지 정상적으로 기능하기도 한다. 여기서 기능은 생산기능, 유지기능, 환경 적응 기능 등으로 구분된다.

건강을 조직에 적용하면 개인과 같이 하나의 유기체로 탄생, 성장, 성숙, 퇴화 등의 과정을 거친다. 조직이 건강하다는 것은 이런 과정에서 계속 성장하며 오랫동안 살아남는 것을 의미한다. 조직 건강은 환경변화에 대한 조직의 적응 정도인데 건강한 조직일수록 급변하는 환경에 효과적으로 대처해 조직의 성과를 높여 지속적인 발전을 유지할 수 있다. 하지만 조직은 급격히 변화하는 환경에 항상 노출되어 있어 긴장 속에서 업무를 수행해야 하기에 조직 건강이 나빠질 가능성이 매우 크다.

조직의 신체 건강은 조직이 환경과 과업 수행에 적합하도록 구성되어 조직원이 자신이 맡은 일을 수행할 수 있는 최적의 기능 상태다. 조직의 정신 건강은 조직이 공동체를 지향하며 조직원이 일의 의미를 찾아 활기 있게 동기화되어 안녕감(웰빙)을 느끼는 상태다. 과거에는 건강을 신체적 증상이라 할 수 있는 조직의 병리 현상에 주로 관심이 집중됐다면, 최근 연구들은 신체적 건강뿐만 아니라 정신적, 사회적으로도 조직이 안녕(웰빙)한 상태인가를 건강에 포함하고 있다.

사람의 건강을 신체에 국한하지 않고 심리나 정신 건강까지 고려하고 있듯이, 조직 건강도 사람과 마찬가지다. 정신은 조직의 영혼으로 조직의 핵심이자 심장이며 생기를 불어넣어 조직을 움직이고 활기차게 하는 것이다. 조직의 건강을 신체와 정신까지 함께 고려할 때 건강한 조직을 추구할 수 있다.

조직의 정신 건강이 중요한 이유는 조직이 능력을 발휘해 목표를 달성하기 위해서는 건강해야 하는데 건강한 조직은 생기가 있어야 한다. 생기가 있는 조직은 조직원이 업무에 몰입하도록 확실하게 동기를 부여하고, 조직원은 활기와 열정이 가득한 모습으로 일하는 조직이다.

정신이 건강한 조직은 사명감과 관련해 일에 대한 의미와 삶의 목적이 있다. 그리고 사회적 공동체를 위해 일과 삶의 균형, 사회적 책임감, 환경보호 등 정신적으로 풍요로운 삶과 공동체 의식을 중요하게 여긴다.

조직이 건강할수록 조직원이 자기 업무에 몰입할 가능성이 크다. 조직의 건강을 유지하기 위해서는 환경에 맞추고, 환경변화에 적절하게 대응하면서 유연하게 변화해 나가야 한다. 매일 음주와 흡연, 과로 등에 시달리는 사람이 건강을 유지하기 어려운 것처럼, 조직원들이 지치고, 스트레스를 받고, 시키는 일만 억지로 한다면, 건강한 조직이라고 하기 어렵다. 따라서 환경변화에 적절하게 대응하는 조직이 조직의 건강을 유지하는 요인일 수 있다.

3) 스트레스를 줄여주는 환영받는 조직

산업이 발달하면서 조직원에게 영향을 주는 스트레스의 원인도 달라졌다. 농업이나 공업으로 대표되는 2차 산업에서는 신체적 스트레스가 주요 원인이었다면, 3차 산업 이후에는 정신적 스트레스가 직장인을 괴롭히는 주요 원인이 되고 있다.

건강한 조직문화는 직장인이 업무에 몰입해 일할 수 있는 건강한 환경이다. 아무리 업무 환경이 쾌적하더라도 마음이 불안하거나 불편하다면, 직장인은 업무에 온전히 몰입하기 어렵기 때문에 자기 능력을 제대로 발휘할 수 없다. 따라서 직장인에게는 물리적 환경만이 아니라 심리적인 환경도 중요하다.

안전감을 주는 조직

조직원이 당면한 문제나 애로사항을 해결하기 위해 서로 원활한 협력관계를 유지해 온 조직에서는 조직원 사이에 신뢰가 형성되고 활발한 소통이 이뤄지고 있을 가능성이 크다. 이런 우호적인 관계에서는 업무상 도움이 필요할 때도 주저 없이 서로 요청할 수 있게 된다. 협력이나 도움 요청이 자기 능력이나 이미지를 훼손할 수 있다고 걱정할 필요도 없다.

즉, 조직원 사이에 공유와 협력의 사회적 자본이 잘 축적되어 있으면 그만큼 서로 간에 심리적 안전감을 높게 지각하게 된다. 또한, 직위 고하를 막론하고 조직원들이 서로 이해와 포용을 바탕으로 존중한다면, 조직원들은 서로를 믿고, 솔직하게 자신의 감정과 의견을 교환해 갈 가능성이 커진다.

조직원의 갈등과 스트레스의 수준이 높아지는 주요 원인에는 문제 해결을 회피하는 태도도 한몫한다. 예를 들어, 제품에 문제가 발생했다는 사실을 인지하면 즉시 상사에게 보고하고 가능한 빨리 해결 방법을 찾아 문제를 해결해야 비용을 최소화하고 고객의 신뢰도 유지할 수 있다는 사실은 누구나 알고 있다. 하지만 현실에서는 많은 기업이 문제가 발생했을 때 해결보다는 숨기기에 급급해하는 모습을 쉽게 찾을 수 있다. 조직원이 이런 모습을 보이는 이유는 솔직한 보고가 자신에게 안전하지 않다고 판단했기 때문이다.

안전감은 개인의 성격특성이라기보다는 심리적 상태다. 심리적 안전감은 조직원이 자신의 의견, 아이디어를 제시하려고 할 때 부정적인 결과에 대한 두려움 정도이다. 즉, 자신이 주변의 동료나 상사에게 어떠한 발언이나 행동을 해도, 그것이 본인에게 큰 불이익이 되지 않는다는 믿음이다. 많은 경우 본인의 의견표현이나 행동에 대해 상사나 동료가 부정적 반응을 보이지 않을까 염려하는 심리적 상태이므로, 개인에게 주어진 상황이나 조직 내 분위기와 연관이 높다.

안전감은 조직원이 말을 하거나 의견을 표현했을 때 얻을 수 있는 이익이 난처함이나 힐난과 같은 감당해야 할 비용을 능가한다고 믿을 수 있게 만드는 조직 분위기이다. 심리적으로 안전함을 느끼면 조직에서 일어나는 불편한 진실에 대해서도 신속하게 보고하거나 솔직하게 말할 수 있기에 조직 전체의 성과에도 긍정적인 영향을 미친다.

안전감은 조직원이 자신의 직무 열의를 끌어낼 수 있는 중요한 심리적 조건이다. 심리적 안전감의 보장은 조직원에게 활력과 관계 에너지, 그리고 자발성을 높이는 중요한 조건으로 작용한다. 이로 인해 조직원의 직무 열의를 고취하고, 실수와 실패를 크게 두려워하지 않고 과감히 새로운 혁신업무 행동을 시도하도록 진작시키게 될 가능성이 크다. 특히, 일정 수준의 시행착오나 실패가 있을 수밖에 없는 학습과 개발과정에서 조직원의 창의성과 혁신 행동을 촉진하는 데 매우 효과적이다.

지지하는 조직

직장인은 외롭다. 상사나 동료가 옆에 있지만, 그 사람들이 자신이 해야 할 업무를 대신해주지는 않는다. 특히, 상사나 동료가 자신을 질책하기 위해 실수할 때만을 기다린다고 하면 차라리 외로운 것이 나을 수도 있다.

어두운 터널을 지날 때 믿을 수 있는 동료가 있다면, 터널이 아무리 길더라도 어둠과 두려움을 이겨내고 터널을 빠져나올 가능성이 커진다. 반대로 자신을 믿지 못하는 상사와 동료와 함께라면 출근을 위해 지나는 회사 정문이 지옥문을 지나갈 때처럼 괴롭고 힘들 것이다.

'빨리 가기 위해서는 혼자 가고, 멀리 가기 위해서는 둘이 가라'라는 말처럼 직장생활에서 자신과 함께할 사람이 있다는 것 자체만으로도 힘이 난다. 어려울 때 도움을 받을 수 있다고 생각하는 것만으로도 든든함을 느끼면서 마음의 부담감이 상당 부분 줄어든다. 이처럼 사회생활을 하면서 다른 사람을 통해 얻을 수 있는 격려, 칭찬이나 도움 등 얻을 수 있는 모든 긍정적 자원을 사회적 지지라고 한다.

지지는 개인이 어려움에 직면했을 때 주위의 가족, 친척, 친구, 상사, 동료, 전문가 등으로부터 제공되는 다양한 형태의 긍정적인 도움이다.

어려운 상황에 빠진 사람에게 제공하는 적절한 도움은 어려운 상황을 해결하는 데 큰 도움이 된다. 즉, 조직원이 스트레스 상황에 부닥쳤을 때 조직원에게 필요한 도움이 제공되면 조직원은 스트레스 상황을 수월하게 해결할 수 있게 되면서 스트레스로 인한 부정적인 영향이 줄어든다. '어려울 때 도움을 받을 수 있구나'라는 믿음이 생기면서 조직과 조직원에 대한 신뢰가 높아진다. 이런 것들이 조직원에게 필요한 심리 자원이 된다.

지지를 많이 받는 사람은 위기에 대처하고 적응하는 능력이 높으며 어려움이 닥치더라도 이겨낼 수 있다는 자신감을 가질 수 있다. 자신감은 직무스트레스를 완화해줄 수 있다. 그런데 개인이 지지받는 객관적인 빈도나 질도 중요하지만, 지지에 대한 개인의 인식 즉, 지지받고 있다고 받아들이는 것이 더 중요하다. 지지받고 있다는 믿음은 직장인이 대인관계의 질에 대한 주관적인 평가로 필요할 때 상사나 동료로부터 도움을 받을 수 있다는 믿음이다. 이는 객관적인 지지보다는 자신이 지각하고 있다는 주관적인 인식이 더 의미 있다는 것을 뜻한다.

이런 건강한 조직을 유지하기 위해서는 리더의 역할이 중요하다. 리더가 조직에 미치는 영향은 상당히 크기 때문에 리더는 조직의 건강에도 큰 영향을 미칠 수 있다.

리더는 스트레스를
관리하는 조율자다

'아빠 힘내세요'라는 동요가 있다. 이 동요의 노랫말에는 '아빠 힘내세요, 우리가 있잖아요'라는 내용의 가사가 있다. 피곤한 상태로 퇴근하고 아이로부터 "아빠 수고했어요" 혹은 "아빠 힘내세요"라는 말을 들으면 피곤이 가시면서 얼굴에 미소가 떠오르는 경험을 한 사람도 많을 것이다. 부모가 아이의 응원에 힘을 얻는 이유는 부모의 어려움과 고마움을 아이가 알아준다는 인정과 힘내라는 응원 때문일 것이다. 물론 아이가 부모 일을 대신해줄 수는 없겠지만 혼자가 아니라 함께라고 생각하면 혼자라고 생각할 때보다는 외로움과 힘듦은 확실히 줄어든다.

또한, 다른 사람과 함께 할 때 새로운 도전도 가능하다. 만약 어떤 사람이 스카이다이빙이나 번지 점프가 자신의 버킷리스트라고 말했다고 하자. 이 사람이 버킷리스트를 실현하기 위해서는 혼자보다는 다른 사람과 같이할 때 도전에 대한 두려움을 극복할 가능성이 커지는 경험은 누구에게나 있을 것이다.

이처럼 '함께'하는 동료가 있다면, 어려움, 외로움, 괴로움, 기쁨이나 보람 등 직장에서 경험할 수 있는 다양한 감정들을 나눌 동료가 있다면, 그렇지 않은 사람보다 어떤 힘든 상황도 이겨낼 가능성이 커진다. 특히, 상사가 자신을 든든하게 지켜준다면, 부하로서는 두려울 것이 없을 것이다. 하지만 여전히 많은 직장인의 주요 스트레스 원인은 상사다.

1) 리더는 직장 내 스트레스를 예방하는 역할

많은 사람이 리더가 되기 위해 노력한다. 유명한 리더십 책을 읽고, 명강사라고 소문난 사람으로부터 강의를 듣기도 하고, 관련 이론을 머릿속에 집어넣더라도 진정한 리더로 거듭나는 사람은 드물다. 물론 직장 상사로부터 유능하다고 인정받는 사람도 많지만, 부하로부터 진정으로 존경을 받으면서 '저 사람과 평생 함께하고 싶다' 혹은 '저 상사를 존경한다'라는 말을 듣는 사람은 드물다.

상사도 억울하다. 상사는 조직의 목표를 달성하기 위해 부하를 긴장하게 할 필요가 있고, 부하의 실적이 부진하면 질책을 해서라도 성과를 높일 필요가 있기 때문에 부하의 성과 향상을 위해 어쩔 수 없이 부정적인 피드백을 한다고 항변하는 상사도 많다.

질책이 필요할 때도 있다. 하지만 상사 스스로 부하를 향한 질책이 성과를 높인다고 믿는 순간 상사는 부하의 신뢰를 절대 얻을 수 없다. 왜냐하면, 상사가 이런 생각을 하는 순간부터 부하는 긴장감을 느끼면서 마음의 평정을 잃고 스트레스를 받기 시작하기 때문이다. 따라서 상사 스스로 부하가 느끼는 스트레스의 원인이 되는 것을 경계해야 한다.

리더의 언행 불일치는 조직 스트레스의 주요 원인이다

역사에서 존경받고 인정받는 리더는 말과 행동의 일치를 보이는 사람이다. 이런 유형의 리더는 실제 업무 현장에서 만날 수 있는 사람들이다. 이런 리더는 말과 행동이 같고, 솔선수범으로 조직을 이끈다.

하지만 이런 리더보다 말과 행동이 일치하지 않는 리더를 더 자주 더 많이 만나는 것이 현실이다. 상사의 말과 행동이 일치하지 않을 때 조직을 위험에 빠뜨릴 수 있는 원인이 된다. 이것은 부하가 상사를 진정으로 믿고 따를지를 결정할 때 자신에게 닥쳐올 위험을 줄이는 유용한 판단 기준이 되기 때문이다.

상사의 말과 행동이 일치하지 않을 때가 한 번이라도 있다면, 부하는 상사의 진실성을 의심하게 된다. 이것은 부하의 실행력을 떨어뜨리는 주요 원인이 된다. 따라서 리더십의 출발점은 리더의 언행일치이다.

리더의 언행일치는 리더의 도덕성이나 윤리성보다는 생각과 행동이 일관되느냐를 판단하는 기준이 된다. 만약 상사가 "내가 책임질 테니까 이대로 실행해."라고 부하에게 말했고, 부하가 상사의 지시를 충실히 따랐지만, 원하는 결과를 얻지 못하면서 경영진의 질타를 받았다고 하자. 이때 상사가 모든 책임은 자신에게 있다고 말하면 부하는 '상사는 말과 행동이 일치하는 사람이다'라는 믿음이 생기면서 상사의 지시를 충실하게 따른다. 하지만 경영진의 질책이 심해 자신이 책임을 떠안고 회사를 떠나야 한다면, 아마도 책임을 부하에게 떠넘기는 사람도 많을 것이다. 이런 상황이 발생하면 당사자는 물론 이런 상황을 아는 다른 부서 사람들도 '상사를 믿지 못하겠다'라고 생각하면서 상사의 지시를 녹음하거나 메모로 남기는 안타까운 상황이 발생할 수도 있다. 부하는 상사가 지시를 내릴 때마다 자신을 보호하기 위해 불필요한 에너지를 써야 하고, 업무를 하면서도 자신의 불안한 미래를 생각할 때마다 불안에 떨게 되면서 경험하지 않아도 되는 스트레스를 억지로 경험하는 것이다.

리더의 언행에 대한 진실성의 판단 여부는 부하의 주관적 인식에 따라 결정된다. 따라서 어떤 조직원의 눈에는 리더가 말한 대로 행동하는 것으로 보일지라도 다른 조직원에게는 그렇지 않을 수 있다.

하지만 조직원들의 주관적 인식은 비교적 일치하는 경향을 보인다. 예를 들어, 상사가 말로는 자신 혹은 조직이 중요하게 생각하는 가치를 추구한다고 하면서 행동을 다르게 한다면, 부하는 그를 '진실하지 않은 사람', '위선자', 혹은 '거짓말쟁이'로 인식하게 된다. 또한, 말로는 부하의 의견을 적극적으로 반영하겠다고 하면서 실제로는 부하의 의견을 무시한다면, 부하는 상사가 진실성이 없는 사람이라고 받아들이게 된다. 이런 결과는 상사에 대한 부하의 평가, 수용, 인정뿐 아니라 조직에서 부하의 일상에도 영향을 미치게 된다. 왜냐하면, 상사는 부하의 역할모델이며 상사의 바람직한 행동은 조직에서 장려하는 모범적 행동이 될 수 있기 때문이다.

비난은 누구나 할 수 있지만, 적절한 도움은 리더만이 가능하다

교통사고로 도로에서 정체가 발생했다. 이럴 때 차를 운전하거나 차에 타고 있는 사람의 입에서 나오는 말은 사고를 낸 운전자를 향한 비난이나 원망이다. 하지만 그 사람들을 아무리 강하게 비난하더라도, 큰 소리로 빨리 수습하라고 외쳐도 사고 수습에 도움이 되기는커녕 오히려 사고 수습에 방해만 될 뿐이다. 그 사람들을 원망하는 대신 차량 소통을 돕거나 차 안에서 차분하게 기다리는 것이 사고 수습에 도움이 된다.

직장에서도 마찬가지다. 평소 부하에게 아무런 관심을 기울이지 않던 상사도 부하가 사고를 치면 이때부터 부하에게 엄청난 관심을 기울인다. 이럴 때 상사의 눈에서는 부하를 녹일 듯한 레이저가, 입에서는 대부분 교통사고로 손해를 입은 사람의 입에서 나올만한 비난이나 원망뿐이다.

그런데 상사와 차량 승객의 처지는 완전히 다르다. 상사와 부하는 운명공동체로 부하의 사고는 곧 상사의 사고나 마찬가지다. 부하의 업무 처리 잘못으로 문제가 일어나면 상사는 "나는 운전하지 않았기 때문에 책임이 없다"라고 말하고 싶겠지만, 주변 사람들은 아무도 상사의 이런 변명을 받아들이지 않는다. 오히려 '얼마나 못났으면 모든 책임을 부하에게 떠넘기나?'라고 속으로 욕할 뿐이다.

교통사고 현장에서 필요한 것은 사고를 수습할 능력이 있는 사람의 도움이다. 직장에서도 마찬가지로 부하의 잘못을 수습하고, 그런 상황이 더 이상 발생하지 않도록 할 능력과 책임은 상사에게 있다. 따라서 상사는 부하를 질책만 하는 사람이 아니라 필요할 때 적절한 도움을 주는 사람이어야 한다.

상사가 부하보다 업무와 관련이 있는 다양한 지식과 높은 인격이 요구되는 이유도 여기에 있다. 일단 사고가 터지면 당사자는 당황하더라도 상사는 냉정함을 유지해야 사고를 수습할 방법을 찾을 수 있다. 방법을 찾았다면, 실행에 필요한 사람과 사고 수습을 위한 정보와 지식이 필요하다. 이런 과정을 거쳐 하나씩 해결해나가면 웬만한 사고는 수습할 수 있다. 이 과정에서 부하는 상사의 태도와 문제해결 방법을 배우면서 성장한다.

우리는 어려운 상황에서도 냉정하게 현상을 파악하고 해결한 많은 리더를 알고 있다. 하지만 진정한 리더 혹은 영웅이 탄생할 수 있는 이유는 함께하는 사람들이 있었기 때문이다. 따라서 상사는 부하를 어떻게 바라보느냐에 따라 리더로 거듭날 수도 있고, 그저 그런 상사로 남을 수도 있다. 이것은 상사 자신의 결심에 달려있다.

리더는 조직원이 주인의식을 갖도록 돕는 사람이다

차를 소유한 사람과 빌린 사람이 차를 대하는 태도에는 큰 차이가 있다. 특히, 새 차를 산 사람이라면 차에 티끌이라도 묻어있으면 바로바로 닦아내는 등 차에 대한 애착이 남다르다. 하지만 빌린 차를 타는 사람은 '어차피 내 차가 아닌데….'라고 생각하면서 차 관리에 별다른 관심을 쏟지 않는다. 이처럼 자기 차냐 아니냐에 따라 차에 쏟는 관심의 정도는 완전히 다르다. 소유의식은 인간의 욕구인 동시에 본능과도 같아 주인의식을 가질 때 자기 소유에 애정을 쏟게 된다.

이런 속성이 경영에도 도입됐다. 조직원 주식 소유제도는 미국에서 처음 도입된 제도로 조직원이 자기가 근무하는 회사의 주식을 소유할 수 있도록 함으로써 조직원에게 회사의 주주로서 소속감을 높이고 경영인의 시각에서 조직에 애정을 갖고 열심히 일하도록 동기를 부여하려 했다. 조직원이 자사주를 보유하면 조직에 대한 자부심이 증가하고, 자부심의 증가는 조직에서 주어진 직무 책임을 회피하지 않는 모습들로 이어져 업무 성과를 달성하려는 노력으로 나타나기를 기대하면서 도입한 제도이다. 하지만 예상과는 달리 주식을 소유한 조직원과 그렇지 않은 조직원 사이에 큰 차이가 없음이 드러났다.

이런 결과는 그저 주식을 소유하는 것만으로는 만족감이나 조직성과에 직접적인 영향을 주지 않는다고 해석할 수 있다. 단순히 주식을 소유했다는 이유만으로는 조직에서 바라는 조직원의 태도나 행동의 변화는 일어나지 않는다. 오히려 조직원이 '내가 주인'이라고 생각하도록 돕는 것이 업무를 대하는 조직원의 태도와 행동 변화에 효과가 더 높다는 결과를 바탕으로 조직원의 심리적인 주인의식을 높이는 방법에 관심을 두게 됐다.

조직원은 자신의 의지로 통제할 수 있는 대상이 있다면, 그 대상을 자신의 일부로 생각한다. 반면, 그 대상이 다른 사람에 의해 통제된다고 생각하면 자신의 일부라고 여기지 않는다. 즉, 조직원이 업무를 수행할 때 그 업무에 관한 전반적인 통제 권한이 자신에게 있다고 판단하면 그 업무에 대한 주인의식을 갖는다.

소유의 대상이 조직원의 마음에 자리 잡으면 조직원은 그 소유의 대상 안에 자신이 존재하는 것을 발견하게 되고, 곧 '내 것', '우리 것'이 된다. 그에 따라 그 소유의 대상은 자신의 일부가 된다.

하지만 상사를 비롯한 다른 사람에게 주도권이 있다고 여기면 업무를 자기 일이라고 여기지 않게 된다. 이처럼 심리적 주인의식을 만드는 중요한 요인 중 하나는 조직원이 느끼는 통제의 양과 수준이다. 결국, 상사가 조직원의 업무를 통제할수록 조직원의 주인의식은 사라지면서 그 자리를 스트레스로 채우게 된다.

조직원이 마음으로 조직에 대해 주인의식을 느낄 때 조직원은 조직에 큰 애정과 관심, 책임 등을 품게 된다. 자기 조직과 직무에 주인의식을 가진 조직원은 소유의식을 느끼는 대상에 애착을 두고 보다 주도적이고 자발적으로 업무를 수행하게 된다.

조직에 대한 주인의식을 가지고 일하는 조직원과 그렇지 않은 조직원은 동료, 고객 그리고 업무를 대하는 태도에서 차이가 날 수 있다. 조직원이 주인의식을 가지고 일할 때 업무능력이 향상되고 어려운 상황을 이겨낼 힘도 생기는 긍정적인 결과를 얻을 수 있다.

리더는 조직원을 지원하는 사람이다

리더십은 조직의 성패에 영향을 미치는 중요한 요소이다. 특히, 변화와 복잡화의 속도가 빠른 경영환경에서는 역량이 뛰어난 리더를 원한다. 그러나 현실적으로 특정 리더가 급격하게 변화하고 복잡해지는 조직을 이끄는 데 필요한 모든 기술과 능력을 갖추기는 점점 어려워지고 있다.

리더가 조직원들을 대하는 태도에 따라 조직원들이 자기 업무에 대한 인식에 영향을 미친다. 이런 관점에서 리더의 역할은 조직원이 성공할 수 있도록 조직원들의 동기를 유발해 긍정적인 태도와 성과를 끌어내는 것이다.

결국, 리더는 부하가 원하는 목표를 달성하도록 지원하는 사람이어야 한다. 리더가 부하를 지원하는 내용은 크게 네 가지인데 도구, 정보, 감정, 평가라는 도움을 줄 수 있다. 부하는 상사로부터 여러 가지 도움을 받을 때 상사를 의지하고 신뢰하게 된다.

도구에 대한 지원은 부하가 직무수행에 필요한 도구 혹은 물질을 도와주는 행위다. 돈, 인력, 운송 수단과 같은 물질적 재료들을 제공하는 것이다. 정보에 대한 지원은 당면한 문제의 해결을 위한 충고나 제안, 지시와 같은 행위로 다양한 정보에 대한 접근을 제공하고 변화에 적응할 수 있도록 돕는 것이다.

부하가 업무를 수행할 도구와 정보는 필수적이다. 하지만 현실에서는 상사가 부하를 통제하거나 자기 영향력을 확대하기 위해 조직의 이익과 다르게 도구와 정보를 사용하기도 한다. 이것이 조직 갈등과 스트레스의 원인이 된다. 따라서 상사가 조직으로부터 위임받은 도구와 정보는 상사의 이익이 아니라 조직을 위해 사용돼야 한다.

감정에 대한 지원은 부하에게 심리적 안정을 준다. 감정에 대한 지원은 자신이 애정을 받고 있다고 느끼게 해주는 주변 사람들의 행위로 사랑, 신뢰, 돌봄이나 감정이입 등의 표현처럼 사람의 기본 욕구를 직접 충족해주는 도움이다.

감정에 대한 지원은 언어와 비언어적 소통으로 이뤄진다. 상사가 사랑이나 돌봄과 같은 감정을 부하에게 전하기 위해서는 마음 깊숙한 곳에서 그런 감정을 느껴야 한다. 상사가 부하에게 "믿는다"라고 말하더라도 부하가 상사의 표정이나 말투에서 진실성이 부족하다고 느끼면 부하는 '무슨 수작을 부리려고 입에 발린 말을 하지?'라고 의심부터 한다.

평가에 대한 지원은 부하가 어떻게 행동하고 있는지 알 수 있도록 피드백을 제공하는 것이다. 평가는 부하의 행동에 대해 인정과 칭찬을 할 수도 있지만, 부족한 부분을 스스로 평가할 수 있도록 비교 자료를 제공하기도 하고, 적합한 방향으로의 전환을 요구하기도 한다.

하지만 부하는 상사의 피드백을 꺼린다. 이는 피드백이 필요하기는 하지만, 내용 자체가 부정적인 경우가 많기에 상사의 피드백을 비난 혹은 질책으로 받아들이기도 한다. 상사의 피드백이 긍정적인 영향을 발휘하기 위해서라도 상사는 평소 커뮤니케이션 역량을 향상하고, 부하와의 신뢰 관계도 돈독히 해 둘 필요가 있다.

리더는 지식공유를 돕는 사람이다

직장인에게 지식이나 경험은 업무를 수행하는 데 핵심적인 역할을 한다. 상사가 부하에게 지시하고 부하를 통제할 수 있는 이유는 회사로부터 위임받은 권한도 있지만, 부하는 업무에 관한 지식과 경험이 부족해 상사에게 의존해야 하기 때문이다.

지식공유는 조직 내 구성원들 간의 원만한 관계를 형성하는 데 중요한 역할을 한다. 지식이나 경험이 부족한 조직원은 상사나 동료의 도움 없이는 주어진 업무를 수행하지 못한다. 이때 상사나 동료에게 업무에 관한 지식이나 정보를 요청했지만 거절당하면 상대를 보는 시선이 적대적으로 변할 가능성이 크다. 이렇게 되면 상대와의 관계는 멀어지고, 스트레스 수준은 높아진다. 이처럼 지식공유는 조직의 성과를 높이기 위해 조직원들이 서로를 이해하는 과정이다.

지식공유는 커뮤니케이션과는 다른 의미의 의사소통 과정이다. 지식공유는 정보의 단순 교환을 넘는 고차원적인 수준의 행위로 조직원들이 업무와 관련이 있는 지식과 노하우를 서로 주고받는 상호작용이다. 이런 방식으로 공유된 지식은 조직 내의 수직적 또는 수평적 관계에서 서로에 대한 이해와 공감대를 형성하게 함으로써 성과에 영향을 주는 중요한 요인이 된다. 이처럼 지식공유가 조직에 도움이 되는 영향을 주지만, 지식공유가 활발하게 일어나지 않는 이유는 지식공유 딜레마가 발생하기 때문이다.

조직 또는 전체를 위한 행동이 자신에게 손해가 되는 상황 혹은 자신에게는 유익하지만, 전체에는 손해가 되는 상황을 딜레마라고 한다. 지식공유 딜레마도 이와 유사하다. 개인이 조직의 이익을 위해 지식을 공유하더라도 자기 이익만을 추구하는 동료로 인해 자신만의 정보 권력과 경쟁력을 잃어버릴 수 있다는 불안감은 지식공유 활동을 딜레마에 빠지게 하는 원인이 된다.

조직원은 자신의 자원을 보호하고 더 많은 자원을 얻기 위해 노력한다. 즉, 향후 자원 손실에 대한 위협에 대비하기 위해 자원이나 에너지를 최대한 보호하려고 하는 기본적인 성향이 있다. 지식공유는 조직이나 단체를 위해 자신의 소중한 인지, 감정적 자원을 소비하는 행동이 되기 때문에 스트레스의 주요 원인이기도 하다.

따라서 리더는 조직원이 공유하는 지식의 가치를 충분히 인정할 필요가 있다. 부하는 리더가 자신을 인정하고, 자신을 돕는다고 인식할 때 스트레스 감소 경험을 넘어 적극적으로 스트레스에 대처할 수 있다.

직장인은 하나같이 "힘들다"라는 소리를 입에 달고 산다. 아침이 되면 고단한 몸을 일으키면서 다시 출근 준비를 한다. 이렇게 힘든 일상이지만 상사나 동료로부터 "고마워." 혹은 "수고했어."라는 말을 듣는 순간 그동안 쌓인 피곤이 사라지게 된다. 이런 경험이 직장인들에게 힘들고 어려운 시간을 견디게 만드는 원동력이 된다.

상사나 동료로부터 인정받았다고 느낄 때 몸에서 무언가 뜨거운 기운이 솟아오르는 것을 경험할 수 있다. 이런 경우 평소와는 다르게 피곤한 줄 모르고 오랫동안 업무에 전념할 수 있다. 이처럼 어떤 일에 정신적으로 집중하고 몰입하기 위해서는 에너지가 공급돼야 하는데 이때 필요한 에너지를 '심리 에너지'라고 한다. 과거 노동집약적인 산업에서는 육체적인 능력이 생산성에 영향을 미쳤지만, 현재와 같은 서비스 산업 시대에는 심리 에너지의 양이 업무 성과에 결정적인 영향을 미치게 된다.

상사는 부하의 언행이 마음에 들지 않으면 큰소리로 '화'를 낸다. 상사가 화를 내면 부하는 일사불란하고 빠릿빠릿한 움직임을 보인다. 상사는 부하의 이런 반응을 보면서 자신의 리더십에 자신감을 느끼지만, 부하의 생각은 완전히 다르다. 부하는 상사가 화를 내면 '소나기는 일단 피하고 보자'라는 의도로 상사의 말에 열심히 따르는 것처럼 행동하는 것이다.

사람이 하루에 사용할 수 있는 에너지의 양은 정해져 있다. 한정된 에너지를 어떻게 효율적으로 활용하느냐에 따라 업무 성과가 결정된다. 하지만 많은 리더는 이런 문제에는 별다른 관심이 없다. 리더는 부하의 주의를 집중시키거나 부족한 역량 향상을 위해 질책이나 비난과 같은 말을 하기도 한다.

하지만 이런 말이 효과를 발휘하기 위해서는 부하가 상사의 질책을 '애정 어린 관심'으로 받아들여 에너지를 얻어야 하지만 실제로는 상사가 큰소리를 낼수록 조직원의 심리 에너지만 낭비하는 결과를 가져온다. 즉, 부하는 자신의 한정된 에너지를 업무에 쏟는 것이 아니라 상사의 공격을 회피하는 데 사용하기 때문에 결과적으로 '상사의 화'는 '부하가 불필요한 곳에 에너지를 낭비하게 만드는 결과'를 낳게 된다. 이처럼 상사의 화는 아무런 생산적인 결과를 낳지 못하고 조직원의 스트레스 수준만 높인다.

이런 주장에 대해 반대하는 사람들도 있다. 물론 상사의 화나 비난은 일시적으로 부하의 행동을 촉진하는 효과는 있지만, 오랫동안 지속하게 만들 수는 없다. 격려나 인정은 에너지를 생성하게 만들지만, 화나 질책은 에너지를 소모하게 만들기 때문이다.

상사의 무리한 요구는 부하를 끊임없이 긴장하게 만든다. 이것이 갈등과 스트레스의 원인으로 작동해 다양한 부작용을 낳게 된다. 부하의 이런 심리 상태에서는 평소에 쉽게 용납되던 동료의 사소한 행동조차 심한 말다툼으로 이어지고, 조직 갈등으로 연결되기 쉽다. 이런 상태가 오래될수록 업무 성과는 기대하기 어렵게 된다.

이와는 반대로 리더가 적절하게 부하의 긴장도 풀어주고 필요할 때만 긴장할 수 있도록 조직을 이끌면 부하는 오랫동안 높은 성과를 유지할 수 있다. 이것이 리더의 격려가 필요한 이유이기도 하다. 리더의 격려는 부하의 고갈된 심리 에너지를 채우는 역할을 한다. 이렇게 채

워진 에너지는 업무에 쓰이게 된다. 높은 성과를 내는 많은 리더가 이런 방법을 사용하고 있으며 많은 리더십 이론에서 인정과 격려를 권장하는 이유가 여기에 있다.

심리 에너지의 속성을 활용하면 리더가 조직을 제대로 이끌고 있는지 판단하기 쉽다. 리더는 자기 말과 행동으로 조직원들의 심리 에너지가 올라가면 생산적인 리더십을 발휘하고 있는 것이며, 그렇지 못한 경우에는 조직 운영 방법을 달리할 필요가 있다.

리더는 스트레스에 대처할 자원을 늘려주는 사람이다

상사의 요구가 많을수록 조직원은 긴장한다. 반면, 업무를 수행할 지식이나 경험이 있거나 상사나 동료 혹은 관련 분야 전문가의 도움을 받을 수 있는 사람은 그렇지 않은 사람보다 힘든 상황에서도 덜 긴장하게 된다. 이럴 때 당연히 스트레스도 덜 받는다.

또한, 업무에 관한 지식이나 아이디어가 풍부한 사람이 업무를 대하는 태도나 업무를 바라보는 시선은 그렇지 않은 사람과 분명히 다르다. 이처럼 업무 수행에 필요한 다양한 자원을 가진 사람이 업무에 관한 동기나 어려운 상황을 극복할 가능성이 크기 때문에 조직의 리더는 조직원의 자원에 관해 관심을 둘 필요가 있다.

조직원은 리더에 비해 업무에 필요한 자원과 지식이 부족하다. 또한, 조직원이 자원의 필요성을 알고 있다고 해도 그 자원을 얻는 방법이나 정보에 대해 리더보다 부족한 것도 사실이다. 따라서 리더가 자원의 필요성과 정보를 조직원에게 수시로 제공한다면, 조직원의 자원 획득은 훨씬 효과적으로 이뤄질 수 있다.

조직원의 자원 획득은 결국 리더를 위한 것이다. 제방의 높이는 가장 높은 곳이 아니라 가장 낮은 곳이 기준이 된다. 마찬가지로 조직원 모두의 역량이 균등하게 향상될 때 조직의 역량도 높아질 수 있고, 이 것이 리더의 경쟁력이 된다.

따라서 리더는 조직원이 자원을 얻을 수 있도록 적극적으로 협조해야 한다. 리더 중에는 조직원의 자기계발을 방해하는 사람도 있다. 이런 사람은 리더로서의 자격 상실이고, 이런 행위는 직장 수명을 스스로 줄이는 것과 같고, 조직에 해를 끼치는 행위라고 할 수 있다.

2) 리더는 조직원을 격려하는 사람

사람은 자신이 가진 자원이 줄어들 때 스트레스를 느끼게 된다. 자동차에 기름을 가득 넣고 운행을 시작했다. 운행 거리가 늘수록 기름은 줄어든다. 이때 주유소가 없는 한적한 곳에서 기름 부족이라는 경고등이 켜지면 운전자는 그때부터 긴장하게 된다. 기름 부족이 스트레스를 부른 것이다.

직장인의 업무 성과는 심리 에너지가 영향을 미친다. 심리 에너지는 업무를 하는 순간부터 소모되기 시작한다. 따라서 온종일 업무에 집중하기 위해서는 최소한 소모된 에너지만큼이라도 보충할 필요가 있다. 조직원은 피곤할 때 스트레스에 더 민감하다. 즉, 같은 자극이라도 활기찰 때보다 피곤할 때 더 민감하게, 더 부정적으로 반응하는 이유가 여기에 있다. 이럴 때 에너지를 보충하는 효과적인 방법이 리더의 격려.

상사와 부하 모두 '격려가 중요하다'라고 격려의 필요성은 인정한
다. 그러나 조직원에게 에너지를 불어넣는 말이 사용되는 빈도는 실망
스러울 정도이다. 그 이유는 격려하는 방법에 대한 이해 부족과 상사
와 부하와의 인간관계 때문이다. 또한, 격려보다는 질책이 효과적이라
고 믿는 사람이 아직도 조직의 중요한 역할을 담당하고 있는 것도 이
유의 하나다.

특히, 격려하는 문화는 중소기업에서 더 필요하다. 대기업은 중소기
업에 비해 금전적인 보상이 상대적으로 더 크기 때문에 격려가 부족하
더라도 다른 것으로 보상받을 수 있다. 하지만 중소기업이 물질적인
보상도 적으면서 비난이나 질책만 있다면, 심리 에너지라는 자원을 소
모한다. 이때 불만과 같은 부정 감정을 경험하고, 스트레스 수준도 높
아지기 때문에 이직을 결심하게 된다. 이런 이유도 중소기업의 이직률
을 높이는 원인 중의 하나다. 따라서 대기업에 비해 급여 수준이 낮은
스타트업이나 중소기업이라면 심리 에너지로 보상할 필요가 있다.

격려는 조직원에 대한 선물이다

자동차를 운전하는 사람들은 자동차의 상태를 점검하기 위해 운전
을 시작할 때나 운전 중에 수시로 계기판을 확인한다. 기름이 부족하
다는 신호가 있으면 '빨리 기름을 넣어야겠다'라고 생각하면서 주유소
에서 기름을 보충하게 된다. 운전자가 경고의 신호를 무시하면 자동차
가 멈추거나 큰 사고로 이어질 수도 있다.

자동차와 마찬가지로 사람도 일을 계속하기 위해서는 에너지의 보
충이 꼭 필요하다. 자신의 머릿속에서 '지친다' 혹은 '피곤하다'라는 생

각이 들 때면 에너지가 고갈되고 있다는 신호이다. 이때부터 스트레스는 시작된다.

자기 몸이나 감정이 보내는 신호를 무시하면 큰 문제가 일어날 수 있다. 피곤한 상태에서는 업무에서나 대인관계에서나 문제가 일어날 수 있다. 피곤할 때는 평소와 다르게 동료의 사소한 말이나 행동에도 짜증이나 화를 내기 쉽다. 이를 무시하면 동료나 부하와 충돌이 발생할 가능성이 커진다.

직장인이 일하면서 얻을 수 있는 이익은 두 가지다. 하나는 급여와 같은 물질적 보상이고, 다른 하나는 심리적 보상이다. 직장인이 일을 통해 얻는 성취감과 자신감은 돈으로 살 수 없는 가치 있는 경험이다. 여기에 리더나 동료로부터 "수고했다" 혹은 "고맙다"라는 말이라도 들으면 그동안 쌓인 피로가 한순간에 사라지면서 보람과 함께 활력이 넘치는 경험을 할 수 있다. '활력', '성취감'이나 '자신감'과 같은 것들이 직장인이 얻을 수 있는 심리적 보상이다.

금전적 보상은 일시적이지만 심리적 보상은 오래간다. 금전적 보상은 폭약과 같아서 화력은 세지만 오랫동안 지속되지 못한다. 반면 심리적 보상은 화력은 금전적 보상보다 세지 않지만, 오랫동안 유지된다. 또한, 금전적 보상은 보상 효과를 유지하기 위해서는 마약처럼 보상의 강도를 계속 높여야 하기 때문에 부작용이 따르지만, 심리적 보상은 부작용이 없고 돈도 들지 않지만, 효과는 엄청나다. 또한, 심리적 보상은 주변 사람과 함께 할 때 더 큰 효과를 얻을 수 있다. 따라서 리더가 조직원에게 하는 심리적 보상은 리더와 조직원이 함께 누릴 수 있는 선물이다.

격려의 출발은 따뜻한 관심이다

직장인 대부분은 칭찬에 인색하다. 상사나 동료로부터 칭찬을 받으면 반갑기는커녕 어색하거나 칭찬하는 의도를 의심하기까지 한다. 상사로부터 질책을 받을 때 오히려 편안하다고 말하는 사람도 있다. 이만큼이나 직장인에게 칭찬이나 격려는 낯설기만 하다.

칭찬이나 격려는 상대에 관한 관심이 있어야 가능하다. 교육이나 모임 등에서 동료에게 칭찬해보라는 말을 들은 경험이 있을 것이다. 이때 많은 사람이 "눈이 정말 예쁘시네요."와 같이 외모를 표현하는 말이나 "옷이 오늘 모임에 잘 어울리네요."와 같이 복장에 대해 칭찬한다. 복장이나 외모에 대한 칭찬이 끝나면 대화가 더 이상 진행되지 않고 어색한 침묵으로 이어진다. 이런 상황이 만들어지는 이유는 평소 칭찬할 기회가 없어 방법이 서툰 것도 있지만, 상대에 관한 관심 부족으로 그 사람을 제대로 알지 못하기 때문이다.

칭찬하는 방법은 책이나 교육을 통해 배운다고 능숙하게 되지는 않는다. 책에서 본 문장을 외웠다고 해도 그 문장을 쓰기에 적합한 상황이 오지 않으면 소용이 없다. 또한, 우연히 책에 있는 문장과 같은 상황이라도 칭찬에 진심이 담기지 않으면, 상대는 칭찬이 아니라 야유 혹은 빈정거림으로 들을 수도 있다.

칭찬을 듣는 사람은 '입에 발린 말'인지 '진심에서 우러나오는 칭찬'인지 금방 구분할 수 있다. '진심이 담기지 않은 칭찬'은 오히려 상대에게 거부감이 들게 하는 역효과를 불러올 수 있다. 따라서 제대로 칭찬하기 위해서는 자기 말에 진솔한 마음을 담는 것부터 시작해야 한다.

상사가 부하를 제대로 칭찬하기 위해서는 부하에게 관심을 가져야 한다. 처음 본 사람을 향해 칭찬이 아니라 대화거리를 찾으려고 해도 외모 혹은 옷 외에는 대상이 되지 않는다. 하지만 이렇게 어색하게 대화를 시작했더라도 상대를 자세히 알게 되면 "그런 어려운 상황을 잘 극복하셨네요" 혹은 "그런 노력이 성공의 밑거름이 됐네요"와 같은 말을 할 수 있게 된다.

칭찬이나 격려는 노력의 결과이다. 상사가 부하의 일상을 관찰하면서 속 깊은 대화를 하다 보면 자신이 상대를 오해했거나 제대로 알지 못했다는 사실을 알게 된다. '업무에 대한 애정이 별로다'라고 생각했던 부하가 예전 상사로부터 상처를 받으면서 자기 보호를 위해 아이디어를 더 이상 말하지 않고 있다는 사실도 알 수 있다. 또한, 씩씩하게 생활하고 있는 부하가 실제로는 가족의 병간호로 굉장히 힘들어하는 내용도 파악할 수 있다. 이렇게 상대의 속 깊이 있는 내용까지 알기 위해서는 상대의 신뢰도 얻어야 한다. 신뢰를 바탕으로 대화를 할 때 상대는 '상사에게 속에 있는 말을 해도 안전하다'라는 확신이 들 때 비로소 속마음까지 털어놓기 때문이다.

상대에 대한 칭찬이나 격려는 반드시 표현해야 한다. 사람들은 '내가 말하지 않아도 상대는 내 마음을 알 거야'라는 착각에 빠질 때가 있다. 몇십 년을 함께 살았고, 심지어 유전자도 물려받은 부모님의 마음도 제대로 모르는데 부하가 상사의 마음을 이해할 거라는 믿음은 엄청난 착각이다. 따라서 상사는 '부하는 내 마음을 전혀 모른다'라고 생각하면서 수시로 자기 마음속에 있는 말을 솔직하게 표현할 필요가 있다.

명확한 기준이 칭찬 효과를 높인다

조련사는 사람의 말을 알아듣지 못하는 동물도 훈련할 수 있다. 동물은 사람이 하는 말을 이해하지는 못하지만, 표정이나 어감 등을 통해 '칭찬'인지 '질책'인지 구분할 수 있다. 조련사는 동물이 자신이 원하는 행동을 할 때마다 보상과 칭찬을 한다. "그렇지" 혹은 "잘했어!"와 같은 칭찬의 말을 할 때는 조용하고 다정한 말투를 사용한다. 반대로 행동을 통제하려 할 때는 "안 돼" 혹은 "멈춰"와 같은 문장을 단호하고 큰 소리로 말한다.

상사도 부하가 자신이 원하는 말이나 바라는 행동을 하는 즉시 피드백할 필요가 있다. "그렇게 하시면 될 것 같습니다" 혹은 "제가 그런 결과를 원했습니다"와 같은 말을 하면 부하는 '상사가 내게 이런 행동을 원하고 있구나'라고 상사의 기준을 이해하게 되면서 가능한 상사의 기준에 따라 행동하려고 노력하게 된다.

칭찬하는 목적에는 '지금과 같은 행동을 계속하기 바란다.'라는 메시지가 담겨 있다. 상사가 부하에게 바라는 행동의 기준이 명확할수록 부하는 상사가 원하는 대로 실천할 가능성이 크다. 상사는 부하가 실천하기를 바란다면, 자신이 원하는 '지금과 같은 행동'이 어떤 행동인지를 부하에게 구체적이고 명확하게 알려줄 필요가 있다.

상사의 기준이 명확하지 않으면 부하는 자기 마음대로 상사의 말을 이해하고 행동할 가능성도 있다. 만약 상사가 부하에게 "정말 잘했습니다"라고 막연하게 말했다면, 이 말을 들은 부하는 '내가 어떤 행동을 잘했을까?'라고 의문을 품고, 이에 대해 자기 마음대로 결론을 낸다. 하지만 상사가 "회사 전략에 적합한 제품을 적절하게 선정했다"라고 명확하게 말한다면, '아, 회사의 전략까지 고려해 제품을 선정해야 하는구나'라고 이해하고 다음에도 여러 가지 변수를 고려해 업무를 수행할 것이다.

상사의 기준이 명확하지 않으면 부하는 실행을 주저하게 된다. 목적지를 향해 차를 운전하고 있는 사람이 '뭔가 이상해. 길을 잘못 든 것 같다'라고 생각하면 속도를 내지 못하게 된다. 반대로 제대로 된 방향이라는 확신이 들면 속도를 내게 된다. 부하도 목적지를 찾아가는 운전자와 마찬가지다. 부하는 자기가 일하는 방향이 상사가 제시한 기준에 적합하다는 확신이 들면 계속 추진하겠지만, 확신이 없으면 업무를 망설이게 된다. 이처럼 상사가 제시하는 기준이 모호할수록 부하의 행동을 주저하게 만들어 생산성을 떨어뜨리게 된다.

격려와 칭찬은 다르다

칭찬은 상사의 관점에서 부하를 평가한다. 상사가 "A 씨는 우수한 사람입니다"라고 말했다면, '우수한 사람'에서 '우수한'은 상사가 정한 기준이다. 부하는 이런 말을 들으면 '우수하지 못한 부하가 될까 걱정한다. 부하는 상사를 만족시키지 못하면 우수한 부하에서 열등한 부하로 전락하게 된다. 이처럼 '성공하지 못하면 실패하는 것이다'라는 이분법적 사고는 두려움을 낳게 된다. 이런 두려움은 새로운 도전을 하지 못하게 만들면서 상사에 대한 의존이 심해진다. 이것이 칭찬의 부작용이다.

격려는 칭찬과 목적과 방법이 다르다. 칭찬은 '결과'에 초점을 두지만, 격려는 '노력의 과정과 보람의 양'에 초점을 둔다. "프로젝트를 성공시키셨네요"라는 말은 결과를 중시하는 칭찬이지만 "프로젝트 성공을 위해 다양한 노력을 하셨네요"라는 말은 과정에 초점을 둔 격려다.

프로젝트 결과에 초점을 두면 '성공과 실패'로 구분된다. 모든 조직원이 프로젝트 성공을 위해 주말까지 반납하면서까지 애를 썼더라도 결과만으로 평가한다면, 성공과 실패로 구분되기 때문에 프로젝트를 위해 노력하는 과정과 그 과정에서 얻은 학습효과나 경험 등은 아무런 가치가 없는 것이 된다.

격려는 칭찬과 달리 부하의 모든 노력이 존중받는다. 격려는 상사의 의견이나 동료들과의 비교가 아니라 부하 자신이 기준이 된다. 사소한 것이라도 향상된 노력의 근거를 바탕으로 한다. 설사 프로젝트가 성공하지 못했더라도 그 과정에서 있었던 부하의 모든 노력이 격려의 대상이 된다.

상사가 부하를 격려하기 위해서는 부하의 모든 것을 그대로 인정해주면 된다. "저는 A 씨가 최선을 다하리라 믿습니다"라는 문장은 부하의 존재를 인정하는 말이다. 이런 말을 듣는 부하는 상사가 자신을 신뢰한다고 느끼게 만든다.

격려는 부하에게 발전적인 태도를 보이게 한다. "업무에 열정을 보이는 모습을 보면 저도 에너지가 느껴집니다"와 같은 말은 부하의 행동에 초점을 두고 격려하고 있다. 부하는 상사로부터 이런 말로 격려를 받으면 자기 행동에 자신감을 느끼게 되면서 스스로 동기를 부여하게 된다. 또한, 상사의 격려는 주변 부하에게도 좋은 기분을 유지하면서 용기와 자신감을 느끼게 만든다. 이처럼 격려는 격려받는 부하는 물론 격려받는 부하의 주변 사람들에게까지 긍정적인 영향을 주게 된다.

구분	칭찬	격려
사전적 의미	좋은 점이나 착하고 훌륭한 일을 높이 평가함.	용기나 의욕이 솟아나도록 북돋워 줌.
대상	사람: "우수한 직원이다."	행동: "원하던 목표를 달성하셨네요."
초점	성과의 질	노력과 즐거움의 양
변화의 목적	다른 사람	자신
평가와 판단	평가와 판단이 강해 평가받는다고 느낌	평가와 판단이 거의 없어 수용 받는다고 느낌
생각의 방향	외부: "다른 사람은 어떻게 생각할까?"	내부: "나는 어떻게 생각하고 있는가?"
영향	타인에 대한 의존 강화	자신에 대한 믿음 강화
결과	실패에 대한 두려움 중도에 포기 대립과 경쟁	자부심과 독립심 시도 협력과 기여

상사는 격려하는 조직 분위기를 만드는 사람이다

조직에서 과도한 칭찬이 문제가 되기보다는 오히려 칭찬이 부족해 문제가 되는 경우가 더 많다. 부하가 좌절하고 낙담하는 이유는 프로젝트에 성공할 수 있다는 자기 능력에 대한 확신이 없기 때문이다. 상사가 그나마 칭찬을 적절하게 활용한다면, 부하에게 자신감을 느끼게 만들어 업무 성과를 높이는 데 도움이 된다.

칭찬은 잘 쓰면 약이지만 잘못 쓰면 독이 된다. 이런 문제를 해결하는 방법이 '격려'이다. 격려의 사전적 의미는 '용기나 의욕이 솟아나도록 북돋워 줌'이다. '좋은 점이나 착하고 훌륭한 일을 높이 평가'하는 칭찬과는 분명한 차이가 있다. 부하에 대한 격려는 부하의 잠재력과 능력에 초점을 맞추고 있다.

격려하는 조직문화에서 부하는 열정적으로 된다. 자신의 역할에 충실하게 되고 도전적인 목표를 달성하기 위해 노력하면서 스스로 '할 수 있다'라고 생각하며 자신감을 가지게 된다. 이런 부하는 자신의 모든 에너지를 업무에 쏟게 되면서 업무 성과 또한 향상된다. 격려하는 조직에서는 조직원들이 다음과 같은 행동들을 한다.

〈격려하는 조직문화의 특징〉
- 조직의 비전을 공유한다.
- 조직원들 사이에는 신뢰가 구축되어 있다.
- 조직원들은 상대에게 자신의 솔직한 의견을 말하고, 말을 듣는 사람은 마음을 열고 상대의 의견을 듣는다.
- 동료의 능력을 인정한다.
- 자신과 동료는 목표를 향해 함께 하는 사람이라는 것을 믿는다.
- 동료와 수평적인 관계를 형성한다.
- 개인보다는 조직의 성과를 먼저 생각한다.

이런 조직문화를 만들기 위해서는 상사의 역할이 중요하다. 상사가 격려하는 조직을 만들기 위해서는 다음과 같은 역할이 필요하다.

〈격려하는 조직을 만들기 위한 상사의 역할〉
- 부하의 발전과 기여에 대한 자신의 기대와 믿음을 전달한다.
- 부하가 자신에 대한 믿음을 가질 수 있도록 돕는다.
- 부하에게 노력의 필요성과 중요성에 대해 인식시킨다.
- 부하 스스로 동기를 부여할 수 있는 능력을 길러준다.
- 부하에게 관계 형성 능력과 문제 해결 능력을 길러준다.

- 목표 설정 방법과 목표 달성 방법을 알려준다.
- 부하의 성과를 정확하게 평가하고 솔직하게 피드백한다.

격려는 부하에게 긍정적인 영향을 준다. 상사가 부하에게 보내는 격려는 주로 비언어적인 방법으로 이뤄진다. 부하에게 보이는 상사의 따뜻한 눈길은 어떤 말보다 더 효과적일 수 있다. 상사가 부하를 격려하기 위해서는 다음과 같은 방법을 사용할 수 있다.

〈상사가 부하를 격려하는 방법〉
- 부하에게 열정을 보인다.
- 부하의 의견을 존중한다.
- 부하에게 공감한다.
- 부하의 의견에 자신의 의견을 덧붙여 건설적인 결과를 만든다.
- 부하의 과제 해결을 위해 긍정적인 대안을 찾는다.
- 공정한 태도로 부하를 대한다.
- 여유 있는 태도를 보인다.
- 힘든 상황에서도 유머 감각을 발휘할 수 있다.

격려는 부하가 긍정적으로 변화하도록 돕는 과정이다. 격려하는 상사는 부하가 일하는 동안 만나는 장애물을 넘을 수 있도록 하며, 부하는 물론 주변 사람들에게까지 긍정적인 영향을 준다.

격려의 말은 각각의 상황에서 도움이 되는 행동이 무엇인지, 그런 행동이 부하 자신에게 어떻게 도움이 되는지와 다른 사람들도 가능하다는 표현으로 이뤄진다.

　상사가 하는 격려의 말은 부하가 행동으로 옮기는 계기가 된다. 상사가 부하를 제대로 격려하기 위해서는 부하의 행동에 대한 정확한 이해가 있어야 하고, 그 상황에 대한 근거를 바탕으로 표현돼야 한다. 상사가 격려할 때 객관성 있게, 상황에 적합한 표현을 해야 격려의 효과를 높일 수 있다. 즉, 격려의 말은 부하의 행동 그 자체에 대한 피드백을 바탕으로 해야 한다.

　상사는 부하를 칭찬할 때보다 질책할 때 더 조심해야 한다. 많은 상사는 칭찬에는 인색하면서 부하의 실수에는 과하게 질책하는 경우가 있다. 부하는 실수에 대해 상사로부터 과한 질책을 받으면 지나치게 긴장하면서 에너지가 고갈된다. 또한, 상사로부터 질책을 듣지 않기 위해 상사를 피하게 된다.

　격려는 부하가 실수한 상황에서도 사용할 수 있다. 부하의 실수로 인해 가장 힘든 사람은 실수한 부하다. 실수한 부하를 향한 상사의 질책은 부하에게 전혀 도움이 되지 않는다. 따라서 상사는 부하의 실수를 부하가 성장하는 교육의 기회로 삼아 부하가 발전할 수 있도록 도와야 한다.

〈실수 상황에서 사용할 수 있는 격려의 말〉
- "제품 기획에 대한 준비가 부족했네요. 좀 더 체계적으로 준비한다면, 다음 기획은 성공할 수 있습니다."
- "제품 특성을 이해하는 시간을 늘리면 성공 가능성을 높일 수 있습니다."

상사는 부하에게 부정적인 표현을 사용하지 않고도 자기 뜻을 전달할 수 있다. 상사의 긍정적인 말은 부하의 경각심을 높이는 역할을 한다.

〈상사의 긍정적인 말〉

① 부하를 인정하기 위한 말

- A 씨의 업무 수행 방식을 다른 사람들도 배우기를 바랍니다.
- A 씨가 문제를 해결하기 위해 노력하는 방식을 저도 좋아합니다.
- A 씨가 만족하는 모습을 보니 저도 기쁘네요.
- A 씨는 업무를 즐기시네요.

② 부하에게 신뢰를 나타내는 말

- 저는 A 씨가 성공하리라 믿습니다.
- A 씨는 그 계약을 성사할 겁니다.
- 저는 A 씨의 판단을 믿습니다.
- 이번 프로젝트 제안서는 고객의 요구가 까다로워 어렵게 생각되지만, 저는 A 씨가 해낼 수 있을 거라고 믿습니다.
- A 씨는 그 일을 잘 해결할 거라고 믿습니다.

③ 부하의 기여와 감사를 표현하는 말

- 많은 도움을 주셔서 감사합니다.
- 동료를 배려하는 A 씨의 사려 깊은 행동에 감사합니다.
- B 씨가 업무를 마무리할 수 있도록 도와줘 감사합니다
- 격려 문화를 알리기 위해 A 씨의 도움이 필요합니다.

④ 부하의 노력과 발전을 표현하는 말

- A 씨는 이번 프로젝트를 위해 열심히 준비하고 계시네요.
- 이번 계약에 많은 시간을 투자하는 것처럼 보이네요.
- A 씨는 끊임없이 노력하고 계시네요.
- A 씨가 지금까지 이뤄낸 성과들을 보세요.
- A 씨는 계속해서 발전하고 있습니다.
- 지금까지 만들어 온 성과를 보면 얼마나 큰 노력을 기울였는지 알 수 있습니다.

상사가 부하에게 격려의 말을 할 때 가장 중요한 것은 '태도'다. 부하를 진심으로 존중하고 애정을 갖고 하는 격려의 말은 부하에게 도움이 된다. 하지만 억지로 하는 격려는 오히려 부정적인 영향을 미치게된다. 격려의 목표는 부하의 '나는 할 수 없어'를 '나는 할 수 있다'로 생각을 바꾸는 것이라는 사실을 잊지 말자.

tip. 격려는 혼자서도 할 수 있다

직장인은 업무 수행 과정에서 많은 에너지가 소모된다. 상사의 격려는 부하와 함께할 때만 가능하다. 많은 시간을 혼자 해야 하는 부하는 자신에게 하는 격려 방법을 익힐 필요가 있다. 업무를 하면서 에너지가 소진됐다고 느끼면 격려를 통해 에너지를 보충해야 업무에 몰입할 수 있다.

- 나는 나를 사랑한다.

- 나는 더 할 수 있어. 내 생각을 펼치자.

- 나는 지금 점점 더 발전하고 있어.

- 나는 어떤 상황에서도 잘 대처할 수 있는 사람이야.

- 나 자신을 믿고 나아가자.

- 아직 실패한 건 아무것도 없어. 포기하기에는 아직 일러.

- 지난달에 무슨 고민을 했는지, 작년에 무슨 고민을 했는지 기억하는가? 이것 또한 지나가리라. 그러니 즐기자.

- 나는 이 문제를 해결할 수 있을 만한 용기와 실력을 갖추고 있다.

- 조금만 천천히 말한다면, 모든 말을 마법처럼 잘 할 수 있다.

- 내 마음은 차분하고 호수처럼 잔잔하다. 의식은 명료하고 아무것도 두렵지 않다.

- 더 어려운 상황 속에서도 언제나 일어났잖아.

- 어두운 터널 뒤에는 늘 빛이 기다리고 있어. 앞이 보이지 않아도 우선 걸어가자.

- 내가 어려우면 남도 어려운 거야. 상황이 같다면, 내가 유리해. 늘 그래 왔으니까….

- 내가 못 하는 것은 다른 누구도 할 수 없다. 내가 하는 것이 최선이고 최고다.

- 누구보다 많은 준비를 했어. 준비한 만큼만 하자.

- 용감한 사람이란 힘들지 않은 사람이 아니라, 그 힘듦을 자기 내면의 힘으로 초월하는 사람이래. 너의 내면의 힘을 믿어! 화이팅!

- 지금 힘든 것은 앞으로 나아가고 있기 때문이고, 도망치고 싶은 것은

지금 현실과 싸우고 있기 때문이고, 불행한 것은 행복해지기 위해 노력하기 때문이다.

- 자, 다시 일어나 가자!
- 조급해하지 말고 편하게 생각하자!

상사는 조직원과 커뮤니케이션한다. 상사는 업무와 관련이 있는 주제뿐만 아니라 식사 자리 등에서도 대화를 한다. 하지만 많은 조직원은 상사와 대화하는 과정에서 격려와 같은 에너지를 느끼는 것이 아니라 '이 시간이 지옥과 같다'라고 생각한다. 만약 상사가 업무를 지시할 때 말이 아니라 문서로 하면 어떨까? 아마도 지금보다는 조직원들의 부담감이나 부정적인 반응은 덜할 것이다. 결국, 상사의 커뮤니케이션 역량이 조직원에게 스트레스로 작용한다는 뜻이다. 따라서 상사는 자신의 커뮤니케이션 역량을 객관적으로 성찰하고 역량이 부족하다고 판단되면 가능한 빨리 역량을 향상할 필요가 있다.

하지만 가장 빨리 편안하게 커뮤니케이션 역량을 높일 방법이 있다. 그것은 바로 조직원을 바라보는 시선의 온도를 높이면 된다. 이렇게 하기 위해서는 상사와 조직원은 2인3각 경기를 하는 파트너라고 생각할 필요가 있다. 상사가 부하와 파트너가 되기 위해서는 시간이 필요하다. 데면데면한 사이가 친숙한 사이가 되기까지 시간이 걸리는 것처럼 상사와 조직원 사이가 가까워지기 위해서는 충분한 시간이 필요하다. 이때 상사가 과도하게 화를 내거나 불편함을 온몸으로 표현하면 상사와 조직원의 관계는 더 나빠질 수 있기에 주의할 필요가 있다.

상사와 조직원이 파트너가 돼야 하는 이유는 '성과 향상'이다. 이때 상사는 '가슴은 따뜻하게, 머리는 차갑게'라는 말을 기억하면서 조직원을 대할 필요가 있다. '조직원은 문제해결 능력이 있다'라고 긍정적인 생각을 하면서 조직원을 대해야 한다. 하지만 조직원이 게으름을 피우거나 업무에 집중하지 않을 때는 따끔하게 충고할 필요도 있다. 이렇게 하면서 두 사람이 머리를 맞대고 업무를 추진해 간다면, 분명 두 사람 모두 만족할만한 결과를 얻을 수 있을 것이다.

3) 신뢰는 스트레스 예방의 첫걸음

많은 직장인이 스트레스의 주요 원인으로 상사를 지목한다. 아마도 상사 중에는 자신이 부하의 주요 스트레스 원인이라는 지적에 동의하지 않는 사람도 있을 것이다. 상사는 억울할 수 있어도 상사가 부하의 스트레스 원인으로 지목되는 것은 상사의 운명일 수도 있다.

상사의 역할은 부하에게 업무를 지시하는 것이다. 이 과정에서 부하에게 부정적인 피드백도 해야 하고, 업무를 지시하는 과정에서 불편한 상황을 만들 수도 있다. 하지만 상사의 피드백이나 지시는 부하와의 관계에 따라 부하가 느끼는 불편함과 수용 정도는 달라진다.

상사와 친분이 있는 부하는 상사의 거친 말에도 불편한 감정을 느끼기보다는 '나를 위해 조언을 한다'라고 받아들일 수 있다. 반대로 상사와 거리가 있는 부하는 상사의 친절한 말에도 '무슨 꿍꿍이가 있어 평소와 다른 모습을 보이지?'라고 경계할 수도 있다. 이런 상황에서 벗어나 부하가 상사의 의도를 제대로 파악하고 지시에 따르기 위해서는 상사와의 신뢰 관계가 중요한 역할을 한다.

파트너십 형성을 위해서는 신뢰가 필요하다

파트너십은 '둘이 짝이 되어 협력하는 관계'를 의미한다. 상사와 부하가 '파트너십을 갖는다'라는 문장에는 '상사와 부하가 협력하는 관계'라는 의미가 담겨 있다. 상사와 부하가 협력하기 위해서는 '자신이 상대에게 도움이 된다'라는 서로에 대한 확신이 필요하다.

상사와 부하 사이에는 믿음이 중요하다. 상사와 부하 사이에 신뢰가 없으면 제대로 된 조직을 만들 수 없기 때문에 함께 일하기도 어렵고 시너지 효과를 낼 수도 없다. 상사와 부하가 서로를 믿지 못하게 되면 협력은커녕 서로의 의도를 의심하면서 갈등이 발생하고 이로 인한 스트레스로 생산적인 결과를 기대하기란 불가능하다. 따라서 조직의 성장과 발전에는 상사와 부하 사이에는 신뢰가 절대적으로 요구된다.

신뢰 형성을 위해 필요한 것은?

상사가 '나는 부하를 신뢰한다.'라고 말했다면, '신뢰'는 상사의 마음 깊숙한 곳에서 부하를 이해하고 믿으며, 편안하고 즐거운 분위기를 느끼는 상태라는 것을 의미한다. 한마디로 부하의 말이나 행동에 대해 의심하지 않고 온전하게 믿고 받아들인다는 뜻이다.

신뢰는 인간관계와 소통을 위한 가장 중요한 기반이다. 비즈니스와 관련된 사람들 사이에 신뢰가 없다면, 비즈니스는 존재할 수 없다. 상사와 부하 사이에 신뢰가 없으면 성과를 내기란 어렵다. 이처럼 조직에서 신뢰가 업무 성과에 결정적인 영향을 미치지만, 많은 조직원이 '신뢰'의 중요성과 필요성에 대해 무관심한 경우가 많다.

상사는 부하와 협력적인 관계를 형성하기 위해서는 신뢰가 절대적으로 필요하다. 상사와 부하는 서로의 마음속에 불편함이 없어야 업무에 모든 에너지를 쏟을 수 있다. 만약 서로에 대해 신뢰하지 않으면 '열심히 해봐야 나만 손해다'라는 생각이 들면서 최선을 다하지 않게 된다. 서로를 믿지 못하면 모두에게 부정적인 영향을 미치게 된다.

〈신뢰의 4가지 특징〉
① 신뢰란 모험과도 같다. 상대를 신뢰할 때 좋은 결과를 낳을 수도 있지만 나쁜 결과를 가져올 수도 있다.
② 신뢰는 자신의 권한이나 역할을 상대에게 맡기는 행동이다. 즉, 자기 스스로 상대의 영향력 범위 안으로 들어가게 된다.
③ 신뢰의 결과가 실망스러울 때는 신뢰로 얻을 수 있는 이익보다 훨씬 더 나쁘다.
④ 상대를 신뢰하는 사람은 상대가 자신의 신뢰를 악용하지 않는다는 긍정적인 기대를 하면서 상대를 신뢰한다.

회사나 상사가 부하를 신뢰한다는 사실을 위의 4가지 특징으로 설명하면 다음과 같다.

〈상사가 부하를 신뢰할 때의 행동〉
– 부하가 프로젝트에 실패할 수 있다.
– 프로젝트와 관련이 있는 모든 권한을 부하에게 맡겼다.
– 부하의 횡령이나 고객 기만과 같은 행동은 회사의 신뢰에 치명적인 영

향을 미칠 수 있다.

- 부하가 자신을 실망하게 하지 않을 것이라고 기대하고 있다.

경영진이나 상사는 부하가 회사에 부정적인 영향을 미칠 수 있다는 사실을 알고 있으면서도 기꺼이 부하를 신뢰하는 모험을 선택한다. 신뢰는 의도적으로 계산된 모험을 포함하기 때문이다.

상사는 부하의 신뢰를 얻기 위해 감수해야 할 것이 있다. 부하를 신뢰하는 상사는 부하가 걱정하거나 의심하지 않도록 자신의 우월한 지위를 포기하고, 부하를 공격할 수 있는 무기도 버려야 한다. 심지어 자신도 마음에 상처를 입을 수 있다는 각오가 필요하다.

또한, 부하와의 신뢰 관계를 형성하기 위해서는 상사의 자신감이 중요하다. 상사 스스로 자신감이 있고 자신을 존중한다면, 부하의 행동을 긍정적 혹은 중립적으로 받아들일 수 있다. 반면 상사가 자신은 외롭고 가치가 없는 사람으로 평가하고 자기 역할에 대해 의미가 없다고 여기면 부하의 행동을 온전하게 받아들이지 못하게 된다.

대인관계에서의 신뢰는 강한 '자의식'이 전제돼야 한다. 자신의 약점이나 실수에 대해 공개적으로 책임을 지고, 자기 내면에서 일어나는 걱정을 극복할 수 있는 상사만이 부하와 신뢰 관계를 형성할 수 있다. 따라서 부하와의 관계에서 신뢰를 경험한 상사만이 부하와 솔직하게 대화할 수 있다. 부하에 대한 신뢰는 상사의 다음과 같은 행동으로 형성된다.

① 자기 공개

부하를 신뢰하는 상사는 개인적으로 모험을 한다. 상사는 부하와의 사이에서 만들어진 당혹스러운 상황, 희망과 걱정 등을 솔직하게 표현하면서 자신의 마음 깊숙한 곳에 자리 잡은 모든 것들을 부하에게 털어놓아야 한다. 상사의 이런 행동들에 대해 부하는 처음에는 당혹스러울 수 있지만, 부하가 상사의 진심을 알게 되면 부하는 상사를 신뢰하게 된다.

② 관용

상사는 부하를 도발하거나 상처를 줄 수 있는 모든 가능성을 없애야한다. 상사가 부하와 대화하는 과정에서 나오는 부하의 약점이나 상처에 대해 자신이 부하를 휘어잡을 좋은 기회라는 생각은 버려야 한다.

신뢰 관계 형성을 방해하는 요소

상사가 부하들과 신뢰 관계를 형성하기 위해서는 많은 시간과 노력이 필요하다. 이렇게 만든 신뢰 관계도 한순간에 무너질 수 있다. 그러므로 신뢰 관계를 유지하기 위해서는 신뢰 관계에 부정적인 영향을 미치는 요소를 이해하고, 제거해야 한다. 부하는 이런 부정적인 영향에 상당히 높은 수준의 스트레스를 받게 된다.

① 의견 무시

부하가 상사에게 자기 의견을 말하기 위해서는 큰 용기기 필요하다. '내가 이런 말을 했을 때 상사가 면박을 주면 어쩌지?'와 같은 두려움을 이겨내야 비로소 자기 생각을 말로 표현할 수 있다. 또한, 부하가 상사에게 조금이라도 조직에 도움이 되기를 바라는 마음으로 말을 했는데 상사가 자신의 이런 의도를 몰라준다면, 마음의 문을 닫게 되면서 부하는 상사가 지시할 때만 행동하는 수동적인 부하가 된다.

② 비난과 비평

사람들은 누군가로부터 부정적인 말을 들으면 상처를 입는다. 부정적인 말을 들은 사람은 마음의 상처를 입힌 상대로부터 자신을 보호하기 위해 부정적인 말을 하는 상대를 피하게 된다.

상사가 부하를 향해 부정적인 의미가 담긴 말을 했다면, 상사는 부하의 긍정적인 면보다는 부정적인 면에 초점을 맞추고 있다는 것을 의미한다. 특히, 부하의 약점에 대한 상사의 주관적이고 일방적인 지적은 부하에게 고통을 주게 되고, 부하의 마음의 문을 닫게 만들어 관계를 멀게 만드는 주요 원인이 된다.

③ 강요와 강제

상사는 부하가 자기 지시를 '제대로 따를 것이다'라고 바라면서 부하에게 지시한다. 하지만 상사로부터 지시를 받은 부하는 상사의 지시가 자신에게 별다른 이익이 되지 않다고 판단되면 상사의 지시대로 행동하지 않는다. 상사는 부하의 이런 모습을 보면서 '감히 내 지시를 무시해?'라고 괘씸하게 생각하면서 더 강하게 명령하게 된다. 이럴 때 부하는 상사가 자신에게 강요한다고 생각한다.

상사가 자기 의견을 관철하기 위해 부하에게 압박을 가하더라도 효과는 그리 크지 않다. 오히려 부하와의 관계만 악화시킬 뿐이다. 자신에게 강요하는 사람을 좋아하는 사람은 아무도 없다. 아직도 많은 상사는 부하에게 노력을 강요하면 성과가 향상된다고 믿고 지금도 부하에게 요구하고 있으나 그 효과는 일시적일 뿐이다. 오히려 부하의 반발을 불러일으켜 장기적으로는 성과에 부정적인 영향을 미치게 되면서 상사에게도 치명상을 입히게 된다.

④ 다른 사람과의 비교

사람은 누구나 존중받기를 원한다. 하지만 다른 사람으로 인해 자신의 존재가치가 떨어지게 되면 좌절하게 된다. 이럴 때 자신의 가치를 떨어뜨린 사람을 '적'이라고 인식하면서 생존경쟁과 같은 갈등과 스트레스의 대상이 된다. 부모가 자식을 비교할 때 형제 사이에 분쟁이 발생하는 것과 같다. 이런 다툼은 직장에서도 일어난다.

자신이 비교 열위가 되는 상황을 편안하게 받아들이는 사람은 없다. 특히, 상사의 주관적 평가로 인해 열등하게 된다면, 상사를 파트너가 아니라 적으로 인식할 가능성은 커진다.

상사가 부하의 성과 향상을 자극하기 위해 A와 B를 비교하는 경우가 있다. 이럴 때 성과가 낮은 A는 B에 대해 '저놈 때문에 내가 힘들다.'라고 적개심을 품게 된다. A는 경쟁자인 B를 공격하기 위해 B에 대한 험담 등을 한다. 이런 행동은 조직의 균열을 가져오는 출발점이 된다.

⑤ 다른 사람들과의 경쟁을 부추김

사람은 경쟁자를 동료가 아니라 물리쳐야 할 적으로 인식한다. 이런 상황에서는 동료와 같은 공간에 있는 것만으로도 불편하다. 또한,

이런 불편한 상황을 만든 상사 또한 적대감이나 분노를 느끼게 만든 원인으로 인식해 적개심을 품게 된다.

자신에게 괴로운 경험을 안겨주는 사람을 좋아하는 사람은 아무도 없다. 자신을 불편하게 만드는 상사에 대해 '저 사람은 나를 괴롭히는 사람이야.'라는 생각을 하게 되면서 상사를 신뢰하지 않고 본능적으로 피하려고 한다.

⑥ 부정적인 면에 집중

사람들은 자신의 약점 혹은 부족한 점을 지적받으면 불편함을 느낀다. 일부 상사는 실적이 부진한 사람에게 자극을 주려고 일부러 아픈 부분을 지적하기도 한다. 하지만 이런 지적은 부하의 실적 향상에 별다른 도움이 되지 않고, 오히려 상사나 부하 사이를 멀게 만드는 원인이 된다. 만약 이런 지적이 성과 향상에 도움이 된다면, 실적이 부진한 부하는 아무도 없을 것이다.

부하의 약한 부분은 깨지기 쉬운 달걀과 같아 조심스럽게 다룰 필요가 있다. 상사의 역할은 부하의 약점을 지적하는 것이 아니라 약한 곳을 보호해 부하가 자신감을 가지고 일할 수 있도록 돕는 것이다. 상사가 부하의 부족한 부분을 보완하기 위해 함께 노력해 간다면, 부하는 상사를 신뢰하고 존경하게 된다.

⑦ 책임 부인

상사가 부하의 신뢰를 잃는 대표적인 사례는 상사가 자기 책임을 회피할 때이다. 상사가 자신이 한 결정을 부정하면 부하로서는 상당히 곤혹스럽다. 이런 상황을 경험한 부하는 더 이상 상사의 말을 믿지 않게 된다. 부하는 상사의 말을 믿지 못해 상사의 의도를 의심하게 되고, 자신을 보호하기 위해 다양한 방법을 사용하게 된다. 이로 인해 상사와 부하 사이에는 높은 불신의 벽이 만들어지고 소통은 단절된다.

⑧ '결과'에 따른 보상

"상반기 실적 결과와 함께 상금도 나왔습니다. 그동안 고생한 여러분을 위로하기 위해 오늘 오페라 관람을 하려고 합니다. 하지만 전부가 아니라 목표를 달성한 사람만 보도록 하겠습니다. 목표를 달성하지 못한 사람은 사무실에서 일하다 시간에 맞춰 회식 장소로 오기 바랍니다."

만약 상사로부터 이런 지시를 들었다면, 기분이 어떻겠는가? 오페라 공연을 보면서 즐거워하는 부하도 있겠지만 공연을 보면서 '만약 내가 다음에 목표를 달성하지 못하면 어떻게 되는 거지?'라는 의문이 들 수 있다. 또한, 함께 하지 못하는 동료에게 미안함을 느끼면서 오페라 공연에 집중하지 못할 수도 있다. 결국, 오페라 공연을 보는 부하도 오페라 공연을 보지 못하는 부하처럼 불편한 기분을 느끼게 된다.

조직원의 역량은 단시간에 판단하기가 쉽지 않다. 지금 눈에 띌만한 성과를 내지는 못했지만, 시간이 지나면서 능력을 발휘하는 조직원도 있다. 상사가 더 많은 관심을 보여야 하는 사람은 성과가 부진한 부하이다. 이런 사람에게 보내는 상사의 따뜻한 관심은 부하를 성장하게 만드는 보약이 된다.

상사는 모든 부하에게 따뜻한 관심과 신뢰를 보여야 한다. 이렇게 하기 위해서는 상사의 노력과 열정이 필요하다. 하지만 이런 노력은 절대 배신하지 않는다. 신뢰는 상당한 무게를 가지고 있어 처음 움직이게 만들기는 어렵지만 한 번 움직이기 시작하면 그다음부터는 약간의 힘만으로도 계속 움직이도록 만들 수 있다. 상사가 부하에게 관심과 애정을 쏟는 초반에 맞닥뜨릴 수 있는 어려움을 극복할 수만 있다면, 시간이 지날수록 노력한 보람을 느낄 것이다.

상사는 자신감과 확신이 필요하다. 상사는 가끔 좌절할 수도 있다. 부하에게 긍정적인 신호를 보낼 때 부하의 응답이 없으면 포기하고 싶어진다. 이런 때일수록 부하에게 관심과 도움을 쏟아야 한다. 이런 시간을 거쳐야 상사와 부하 사이에는 신뢰라는 결실을 얻을 수 있다.

4) 리더는 스트레스를 활용하는 사람

긍정심리학의 연구가 활발히 진행되면서 스트레스에 관한 인식도 변하고 있다. 스트레스를 백해무익한 것으로 여기던 관점에서 벗어나 업무 몰입과 성과 향상에 스트레스를 활용할 수 있게 된 것이다.

스트레스를 활용하기 위해서는 두 가지가 선행돼야 한다. '스트레스의 속성에 대한 이해'와 '조직원에 대한 긍정적인 관심'이다. 이렇게 할 때 스트레스의 굴레에서 벗어나 스트레스를 생산적으로 활용할 수 있다. 조직원에게 관심을 두어야 한다는 것에 긍정적이란 조건을 더한 이유는 조직원을 부정적인 관점으로 바라보는 상사가 많기 때문이다.

사람은 상대가 긍정적인 말을 하면 긍정적인 말로, 부정적인 말을 하면 부정적인 말로 돌려주려는 경향이 있다. 상사가 부정적인 말을 하더라도 상사에게 직접 부정적인 말을 돌려주지는 못한다. 하지만 부하는 자신이 부당한 대우를 받는다고 여기면 뒷담화부터 시작해 나름대로 복수를 하기 때문에 결코 조직에 도움이 되지 않는다.

또한, 조직이 상사에게 권한을 위임한 것은 조직에 도움이 되는 행동을 하라는 의미이다. 전날 개인적인 일로 인한 스트레스로 조직원을 함부로 대하면 조직원의 스트레스는 상당한 수준으로 높아지면서 조직에 해가 될 수 있다. 이것은 조직으로부터 위임받은 권한에 포함되지 않는 것이다.

상사가 부하를 있는 그대로 객관적으로만 대하더라도 부하의 스트레스는 상당 부분 줄어들 것이다. 여기에 상사의 따뜻한 관심이나 도움이 더해진다면, 부하는 업무에 집중해 성과를 올리기 위해 최선을 다할 것이다.

적정한 수준의 스트레스는 성과 향상에 도움이 된다

여키스-도슨 법칙(Yerkes–Dodson Law)이 대표적인 예이다. 자극의 수준에 따라 성과는 아래 그림처럼 변하게 된다는 것이다. 업무 강도가 자신의 역량보다 낮을 때 조직원은 지루함을 느낀다. 모든 직장인이 단순하고 반복적인 업무를 피하는 이유는 지루하고 경력에 도움이 되지 않는다고 생각하기 때문이다. 일부 직장인 중에는 이런 업무를 선호하기도 하지만, 오랫동안 지루한 일이 계속되면 이것 또한, 부정적 스트레스인 디스트레스의 원인이 된다.

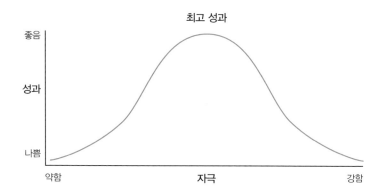

최고 성과

좋음

성과

나쁨

약함   자극   강함

직장인은 단순하고 반복적인 업무에서 벗어나 업무 난이도가 어느 정도 높아질 때까지 업무에 집중하면서 흥미를 갖게 되면서 업무 성과도 높아진다. 이럴 때 조직원은 긍정적 스트레스인 유스트레스를 경험할 수 있다.

하지만 조직원은 업무 강도나 난도가 지나치게 높으면 불안감을 느낀다. 신입사원에게 회사 경영전략을 수립하라고 지시할 때와 같은 부담감이다. 이럴 때 부정적 스트레스를 경험하며, 스트레스 수준도 극도로 높아지게 된다. 따라서 리더는 업무 배분을 통해 조직원에게 긍정적인 자극을 줄 수 있다.

리더는 자기 판단에 따라 조직원의 역량에 적합하게 업무를 분배한다. 이럴 때 리더의 판단과 다른 결과가 나올 수 있다. 어렵다고 판단한 업무를 쉽게 처리할 수도 있고, 반대의 상황도 일어날 수 있다. 이럴 때 리더는 조직원이 성과를 낼 수 있도록 적절하게 개입할 수 있다.

적정한 수준의 스트레스는 업무 몰입에 도움이 된다

적정 수준의 스트레스가 업무 성과에 긍정적인·영향을 미치는 것처럼 업무 몰입에도 도움이 된다. 칙센트미하이 교수는 '어떤 행위에 깊게 몰입해 시간의 흐름이나 공간, 더 나아가서는 자신에 관한 생각까지도 잊어버리게 되는 심리적 상태'를 몰입(flow)이라고 정의했다.

칙센트미하이 교수는 몰입은 자신의 역량과 과제가 가장 정점에서 만날 때 일어난다고 주장했다. 이것을 그림으로 나타내면 다음과 같다.

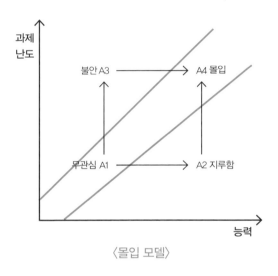

〈몰입 모델〉

칙센트미하이 교수는 조직원의 능력과 과제의 난도에 따라 위의 그림과 같이 구분했다.

• A1 : 과제의 난도가 낮고, 조직원의 능력도 낮다. 조직원은 업무에 별다른 주의를 기울이지 않으며 부정적 스트레스를 경험한다.

- A2 : 조직원의 능력에 비해 과제의 난도가 낮으면 지루함을 느끼게 된다. 조직원은 도전 의식을 갖지 못하게 되며 과제는 조직원의 역량 향상에 도움이 되지 않는다. 이럴 때 조직원은 부정적 스트레스를 경험한다.
- A3 : 과제의 난도는 높으나 조직원의 능력이 부족하다. 조직원은 자기 능력 수준에 벗어나는 업무로 인해 불안감을 느끼게 되면서, 부정적 스트레스 수준도 높아진다.
- A4 : 과제의 난도와 조직원의 능력이 적절할 때 업무에 몰입하는 최적 경험을 할 수 있다. 이럴 때 조직원은 긍정적 스트레스를 경험하게 된다.

리더는 업무 분배를 통해 조직원의 성장과 몰입을 도울 수 있다. 능력에 비해 수월한 업무를 하는 조직원에게는 능력보다 조금 어려운 업무를 배분해 도전 의식을 가질 수 있도록 하고, 능력에 비해 너무 어려운 업무를 담당하는 조직원에게는 도움을 주거나 부담을 줄여주는 방법으로 스트레스 감소를 도울 수 있다.

리더는 모든 조직원의 능력과 업무 난도를 고려해 조직원이 도전 의식을 갖도록 하고, 도전 과제를 통해 조직원의 성장을 돕는 사람이다. 이를 위해 리더는 모든 조직원에게 관심을 기울이고, 필요에 따라 적절한 도움을 주는 사람이어야 한다. 이럴 때 조직과 조직원 모두가 발전할 수 있다.

스트레스의 파도를 잘 타는
직장인이 되라!

직장인은 취업하는 순간부터 스트레스와 함께한다. 어떤 직장인은 스트레스를 운명으로 받아들이고 함께 지내는 선택을 하기도 하지만, 어떤 직장인은 스트레스에서 벗어나기 위해 애쓰기도 한다. 하지만 스트레스는 몸속에 있는 바이러스와 같아서 살아서 숨을 쉬는 동안에는 함께 해야 한다.

몸속에 있는 모든 바이러스가 몸에 해롭지는 않다. 장에 있는 유익한 바이러스는 우리 몸을 건강하게 유지하는 데 도움을 주는 것처럼 스트레스도 마찬가지다. 따라서 직장인이 해야 할 일은 '어떻게 하면 스트레스를 받지 않을까?'라는 질문이 아니라 '어떻게 하면 스트레스를 생산적으로 활용할 수 있을까?'라는 질문에 대한 답을 찾는 것이다.

1) 추측 대신 객관적인 사실로 판단한다

'글래디에이터'라는 유명한 영화가 있다. 이 영화에서 주인공은 칼과 방패를 들고 싸우는 모습을 볼 수 있다. 칼과 방패를 든 사람과 칼만 든 사람이 싸우면 칼만 든 사람은 방어에 취약할 수 있지만, 칼과 방패를 든 사람은 방어에서 상대보다 우위에 설 수 있어 상대를 이길 가능성이 커진다. 이런 유리한 점이 있기 때문에 방패를 들고 싸우는 것이다.

방패는 적의 공격으로부터 나를 보호하는 역할을 한다. 아무리 칼을 잘 쓰더라도 다치면 싸움에서 지는 것이다. 따라서 공격을 잘하기 위해서는 먼저 방어가 필요하다.

직장인의 업무 몰입을 방해하는 원인에는 분명히 스트레스도 있다. 직장인이 자기 에너지를 쏟아 업무에 집중하기 위해서는 스트레스로부터 자신을 먼저 보호할 필요가 있다. 하지만 많은 직장인은 자신을 제대로 보호하는 방법을 알지 못해 자신을 보호한다고 사용한 방법이 오히려 자신을 해치는 바람직하지 못한 결과를 가져오기도 한다.

삶에 영향을 미치는 5가지 요소

회사 입구에서 부서장의 모습이 보였다. 인사했지만, 부서장은 굳은 표정으로 사무실로 들어가 버리는 것이 아닌가. 부서원들에게 친절하기로 소문난 상사인데 평소와 다르게 인사를 받지 않으니 당황스럽다.

이런 상황을 맞이하면 '내가 잘못한 게 뭘까?'라는 부정적인 생각부터 먼저 하게 된다. 부서장의 반응을 보면서 '내가 뭔가 잘못한 것이 있다'라고 생각하는 순간 불안감을 느끼게 된다. 또한, 불안함으로 온종일 일에 집중하지 못하고 '언제 부서장으로부터 야단을 맞을까?'라고 긴장하면서 부서장의 눈치를 보게 된다. 부서장이 움직이는 기미라도 있으면 맥박이 빨라지고 호흡이 가빠지면서 손이 땀으로 인해 축축한 것을 느낄 수 있다.

조직원은 부서장이 평소와 다르게 인사를 받지 않는 모습(환경 변화)을 보면서 자신의 어떤 행동에 부서장의 심기를 건드렸다고 생각했다(생각). 이로 인해 불안과 긴장감을 느꼈다(감정). 또한, 온종일 상사의 눈치를 보느라 업무에 집중하지 못했으며(행동) 맥박이 빨라지고, 호흡이 가빠지며 손에는 땀이 났다(신체 반응).

이처럼 우리의 일상은 환경, 생각, 행동, 기분, 신체 반응 등의 영향을 받고 있는데 이 다섯 가지 영역은 서로 연결되어 있다. 자동차가 움직일 때 네 바퀴가 저마다 다른 방향으로 움직이면 앞으로 나갈 수 없거나, 큰 사고가 나듯이 환경과 신체 반응, 생각, 기분, 행동은 서로 연결되어 같은 방향으로 움직이면서 우리의 일상을 구성하고 있다.

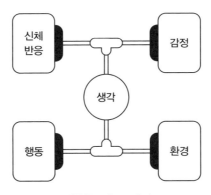

삶에 영향을 주는 5가지 요소

생각은 감정에 영향을 미친다

식당 주인이 음식을 내면서 "많이 처먹어라!"라는 말을 한다면, 어떻게 반응할까? 아마도 모든 사람은 식당 주인이 막말한다고 여겨 식당 주인에게 화를 내면서 식당을 나갈 것이다. 여기에서 그치지 않고 식당을 망하게 하려고 자신이 할 수 있는 모든 수단을 동원하는 사람도 있을 것이다.

하지만 식당 주인이 욕쟁이 할머니로 소문난 사람이라면 어떨까? 식당 주인에 관한 소문을 듣지 못한 사람이라면 화를 낼 수도 있겠지만, 욕쟁이 할머니를 아는 사람이라면 화를 내기는커녕 웃으면서 식당 주인을 대할 것이다. 사람들이 욕쟁이 할머니의 막말을 들으면서 즐거워하는 이유는 할머니의 진심을 알기 때문이다. 이처럼 같은 상황이라도 상대와의 관계와 그 상황을 내가 어떻게 받아들이냐에 따라 반응이 달라진다.

욕쟁이 할머니 식당에서 욕이라고 생각할 때 느끼는 감정과 친근한 소리라고 받아들일 때 느끼는 감정은 완전히 다르다. 욕쟁이 할머니의 목소리를 들으며 '할머니가 내게 친근하게 말하고 있구나'라고 받아들이면 할머니의 말에서는 정감을, 음식에서는 고향의 맛을 느끼게 된다. 반대로 '아무리 할머니라지만 손님에게 저렇게 말을 해도 되는 거야?'라고 여기면 할머니의 목소리가 들릴 때마다 불쾌한 기분이 들어 아무리 맛있는 음식도 맛없게 느껴질 것이다.

말하는 사람의 의도보다 말을 듣는 사람의 생각이 더 큰 영향을 미친다. 만약 식당 주인이 반가운 마음을 담아 투박한 사투리로 친근하게 인사를 했다. 하지만 사투리를 이해하지 못한 사람은 식당 주인의 인사말을 들으면서 '손님에게 무뚝뚝하게 말하면서 식당이 잘 되기를 바라는 건가?'라고 생각할 수 있다. 이럴 때 손님은 불편함과 불쾌함을 느낄 수 있다. 이처럼 상대의 의도보다는 자신이 어떻게 상대의 말과 행동을 받아들이느냐에 따라 느끼는 감정은 달라진다.

경제 상황이 어려워진다는 소문이 들리면 식당 주인은 주로 두 종류의 생각을 하게 된다. '손님이 줄어들면 식당 운영이 어려워질 텐데…'라고 생각하면서 불안해하는 사람도 있지만, '그래, 내가 준비한 새로운 메뉴로 어려움을 이겨낼 수 있을 거야!'라고 각오를 다지는 사람도 있을 것이다.

직장에서도 마찬가지다. 야단치는 상사를 향해 '자기는 얼마나 잘났다고…'라고 비난하는 사람도 있지만, '나의 성장을 위해 이렇게 말씀하시는구나'라고 받아들이면서 상사의 질책을 값진 교훈으로 받아들이는 사람도 있다. 전자처럼 생각하면 몸도 마음도 피곤해지고, 상사와의 적대감과 갈등은 더 심해지면서 직장생활이 지옥으로 느껴질 수 있다. 반면, 후자처럼 생각하면 한결 가벼운 기분으로 일하게 되면서 상사와의 관계도 친근해질 것이 분명하다. 따라서 자신을 보호하는 길은 상사의 실제 의도보다는 자신이 상사의 말과 행동을 긍정적으로 받아들일 때라는 것을 기억할 필요가 있다.

〈상황에 따른 기분의 변화〉

상황의 예	생각	기분
구조조정 소문이 돌 때	'내가 대상이 되어 회사에서 잘리면 어쩌지?'	불안, 우울, 분노
	'새로운 인생을 시작할 수 있는 좋은 기회야!'	설렘, 편안함, 차분함
고객이 불만을 늘어놓을 때	'정말 진상이네.'	불안, 긴장, 성가심
	'단골로 만들 좋은 기회다.'	활기, 즐거움, 애정

그렇다고 생각을 하지 말라는 뜻이 아니다. 스스로 어떤 생각을 하고 있는지 살펴보고, 행동하기 전에 내가 생각하는 것이 객관적인 사실에 근거한 것인지, 단지 혼자서 막연하게 추측하고 판단하고 있지는 않은지를 명확하게 구분할 필요가 있다.

생각은 신체 반응에도 영향을 미친다

인적이 드문 길을 걷고 있는데 누가 뒤에서 따라온다고 생각해보자. 긴장되면서 호흡과 맥박이 빨라지고, 손에는 땀이 촉촉이 배고, 걷는 속도도 빨라질 것이다. 그리고 머릿속에는 '나쁜 사람이면 어쩌지?', '나를 해치려고 따라오는 걸까?', '어떻게 해야 내가 무사히 이 상황에서 벗어날 수 있을까?' 등 별별 생각이 다 든다. 그러다 우연히 뒤에서 익숙한 소리가 들려 뒤를 돌아봤더니 아는 사람이었다면, 아마도 '괜한 걱정을 했네'라는 생각이 들면서 호흡이 진정되고 걸음걸이도 평상시처럼 안정되면서 반갑게 그 사람과 인사를 나눌 것이다.

이처럼 생각은 신체 반응에도 영향을 미친다. TV에서 뱀이 혀를 날름거리는 모습을 보면 자신도 모르게 소름이 돋으면서 몸이 긴장하고, 자신이 갔다 온 놀이공원이 나오면 놀이기구 탈 때의 경험 등이 떠오르면서 저절로 미소가 지어지면서 즐거운 기분이 드는 이유 등이 모두 생각이 신체 반응에 영향을 미쳤기 때문이다.

생각이 신체 반응에 영향을 미친다는 사실은 실험으로도 증명됐다. 미국 일리노이 대학에서는 농구팀 선수들을 A, B, C 세 그룹으로 나누어 A그룹 선수들에게는 한 달 동안 슈팅 연습을 시키고, B그룹 선수들에게는 슈팅 연습을 전혀 시키지 않았으며, C그룹 선수들에게는 매일

30분 동안 마음속으로 자신이 공을 던져 득점하고 자신의 기량이 점점 향상되는 모습을 상상하도록 했다. 한 달이 지난 후의 결과는 아주 놀라웠다. 훈련을 전혀 하지 않은 B그룹 선수들은 슈팅 실력에 아무런 진전이 없었고, 매일 실제로 연습한 A그룹 선수들과 이미지 트레이닝만 한 C그룹 선수들은 모두 슈팅 득점률에서 25%의 향상을 보였다. 결국, 어떤 생각을 어떻게 하느냐에 따라 신체 반응이 달라지고, 신체 반응에 따라 생각 또한 바뀌면서 상황이 나아지기도 하고 악화하기도 하는 것이다.

직장에서 일할 때도 마찬가지다. 자신이 힘들 때 상사나 동료로부터 도움을 받을 수 있다고 생각하면 몸이 이완되면서 편안함을 느낄 수 있지만, 그렇지 않다면 몸이 경직되면서 호흡이 가빠지면서 스트레스를 느끼게 된다. 이런 상태가 계속되면 엄청난 스트레스 상황까지도 갈 수 있다. 결국, 상사와 동료를 어떤 관계로 인식하느냐에 따라 자신에게 미치는 영향이 달라질 수 있다.

추측 놀이가 스트레스를 만든다

앞에서 아침에 부서장에게 인사를 했지만, 부서장이 인사를 받지 않아 온종일 부서원이 스트레스에 시달린 사례를 설명했다. 이 사람이 온종일 스트레스와 함께하면서 제대로 업무에 집중하지 못한 주요 원인은 '자신에 대한 불만으로 인사를 받지 않았다'라고 스스로 판단했기 때문이다. 많은 직장인이 자신을 대하는 부서장의 반응에 일희일비하면서 고민한다. 이럴 때 부서장의 긍정적인 반응이 아니라 부정적인 반응에 집중하는 경향이 있다. 하지만 아무리 고민하고 동료들과 부서장의 반응에 대한 원인을 분석하더라도 부서장이 직접 하는 말이 아니라면 아무런 소용이 없다.

진짜 문제가 되는 것은 이런 분석의 결론이 대부분 부정적인 방향으로 흐른다는 것이다. 동료들과 원인을 분석할 때 동료들은 '부서장을 화나게 하거나 불편하게 했던 일'에만 초점을 두기 때문에 과거부터 지금까지 부정적인 결과를 낸 모든 일을 끄집어낸다. 이것 자체만으로 스트레스 수준은 엄청나게 높아진다. 그나마 이런 고통스러운 시간을 통해 원인을 제대로 파악했다면 다행이지만, 그렇지 않다면 이 시간이 순전히 스트레스만 받은 의미 없는 시간이 된 것이다.

이럴 때 해결할 수 있는 유일한 방법은 용기를 내어 부서장에게 직접 확인하는 방법이다. 직접 확인할 때 일어날 수 있는 최악의 상황은 젖은 옷에 비 한 번 더 맞는 것으로 불안에 떨고 있는 지금보다 더 나빠질 가능성은 크지 않다. 반면, 부서장이 솔직하게 말해준다면, 관계를 개선하고 성장할 계기가 되기 때문에 잃는 것보다 얻는 것이 더 많아진다.

부서원은 용기를 내어 부서장을 만나 아침 상황을 설명하고 인사를 받지 않은 이유를 조심스럽게 물었다. 그러자 부서장은 갑자기 웃으면서 "미안하다"라고 사과를 했다. 그러면서 "어제저녁 늦게 딸아이가 갑자기 열이 나 응급실에서 주사를 맞고 새벽에 겨우 퇴원했다. 이로 인해 제대로 잠을 자지 못해 피곤한 상태로 출근하느라 인사를 받지 못했다"라고 말했다. 부서장의 설명을 들은 부서원은 '진작 확인했어야 하는데…'라고 자신의 어리석은 행동을 후회했다.

아무리 상대의 행동을 추측하더라도 추측은 추측일 뿐이다. 추측의 문제는 추측할수록 점점 정답에서 멀어진다는 사실이다. 내가 추측하는 동안 상대는 아무런 자극을 주지 않았지만, 혼자서 북 치고 장구 치면서 상대에 대한 적개심만 키운 것이다. 추측하는 동안 받은 스트레스는 추측의 덤이다.

이런 상황을 피하기 위해서는 자신이 직접 보고 들은 내용만을 가지고 상대의 행동을 판단해야 한다. 상사가 아침에 인사를 받지 않았으면 '상사가 인사를 받지 않았다.'라는 것만 사실이다. 여기서 한발 더 나아가는 순간 추측이 시작된다. 상대로부터 직접 확인하지 않은 채 부정적인 가정을 먼저 떠올리는 것은 어리석은 추측일 뿐이다.

2) 분노의 늪에서 벗어나기 위해 의식적으로 노력한다

바둑에서 경기가 끝난 후 '복기'를 한다. 복기는 한 번 두고 난 바둑의 판국을 비평하기 위해 두었던 대로 다시 처음부터 놓아 보는 것이다. 이렇게 함으로써 경기의 승부처도 알 수 있고, 경기에서 이기거나 패한 원인을 파악하면서 실력 향상에도 도움이 된다.

복기가 경기하는 사람에게 도움이 되는 이유는 경기에 참여한 두 사람이 직접 자신의 의도를 설명하기 때문에 설명을 들은 사람은 상대의 의도를 파악할 수 있고, 전략을 다른 경기에서 활용할 수 있기 때문이다. 직장에서도 이런 과정을 거치면서 업무 프로세스를 정비하거나 조직원의 필요 역량을 점검하기도 한다. 하지만 복기처럼 지난 일을 돌아보는 과정이 항상 긍정적인 결과만을 가져오지 않는다.

사람은 혼자 지난 일을 되새김하는 경우가 있다. 상사로부터 질책을 당한 직장인은 자신의 실책 정도와 상사의 질책 정도를 혼자 주관적으로 평가한다. 혼자서 평가하면서 상사의 질책이 자신의 실책보다 과하다고 판단되면 상사를 원망한다. 상사의 질책이 심할수록, 억울함이 심할수록, 상사에 대한 비난의 강도가 높아진다.

상사에 대한 비난은 가정에서도 이어질 수 있다. 가족에게 "회사에서 억울한 일이 있었다"라는 정도로 표현하면 가족들도 "힘들었겠다"라고 공감하면서 대화를 마무리할 수 있다. 하지만 가족 앞에서 상사를 강하게 비난하면 가족들도 함께 스트레스를 받게 된다. 이런 상황이 반복해 일어나면 가족으로부터 공감은커녕 오히려 "당신이 실수하지 않았으면 이런 일도 없었을 것 아냐!"라는 비난을 들을 수도 있다.

따라서 지나간 일은 빨리 털고 일어날 필요가 있다. 이때 해야 할 일은 자기 잘못으로 인해 영향을 받은 상사나 동료가 있으면 빨리 사과를 하면서 마무리하고, 부족한 역량으로 인한 일이라면 역량 향상에 매진하는 것이 훨씬 생산적인 결과를 만들 수 있다.

자기 보호는 스트레스 예방의 시작이다

직장인의 업무 몰입을 방해하는 원인에는 분명히 스트레스도 있다. 직장인이 자기 에너지를 쏟아 업무에 집중하기 위해서는 스트레스의 모든 원인으로부터 자신을 먼저 보호할 필요가 있다. 하지만 많은 직장인은 자신을 제대로 보호하는 방법을 알지 못해 자신을 보호한다고 사용한 방법이 오히려 자신을 해치는 바람직하지 못한 결과를 가져오기도 한다.

직장인이 스트레스를 받으면 그 스트레스를 해소하려고 다양한 선택을 한다. 선택 중에는 도움이 되는 선택도 있지만, 그렇지 않은 선택도 있다. 도움이 되지 않는 대표적인 행위는 틈날 때마다 과거에 있었던 사건을 끄집어내는 것이다. 예를 들어, 상사로부터 모욕적인 말을 들었다고 시간 날 때마다 상사의 생생한 목소리를 떠올리는 것이 자신에게 어떤 도움이 되겠는가?

상사를 생각할 때마다 스트레스 호르몬이 분비되면서 건강도 해치게 된다. 상사를 비난하기 위해 평소보다 더 많은 술을 마실 수도 있다. 결국, 자신의 인생에 도움이 되지 않는 사람을 위해 자기 몸과 마음을 희생한 것이다.

자신에게 상처를 준 상사가 그럴 만큼 가치 있는 사람인가? 누구나 하루 24시간이 주어지는데, 이 시간을 어떻게 쓰느냐에 따라 시간의 가치는 달라진다. 내가 하루 중 2시간을 자신을 화나게 한 상사를 떠올리는 데 사용했다면, 상사는 내게 소중한 사람이라고 할 수 있다. 그런데 상사가 사랑하는 가족을 위한 시간을 줄이면서까지 떠올릴 만큼 중요한 사람인가? 중요한 사람이 아니라면 될 수 있으면 빨리 머릿속에서 털어내는 것이 자신을 보호하기 위한 선택이다.

자신에게 도움이 되지 않는 사건이나 사람은 빨리 잊어버릴 필요가 있다. 이때 '잊어버려야지'와 같은 부정적인 명령을 입력하면 뇌는 긍정과 부정을 구분하지 못하기 때문에 잊기는커녕 오히려 그 장면이나 사람을 떠올리는 역효과를 가져온다. 이럴 때는 '잊어버리겠다'와 같은 부정적인 결심 대신 '인생에 도움이 되는 사람'을 만나거나 '자신에게 도움이 되는 즐거운 장면이나 기억' 등을 의식적으로 떠올리면 된다.

이런 적극적인 행동이 부정적인 사건이나 사람을 지우는 데 도움이 된다. 처음에는 분노 등으로 다른 사람이나 즐거운 장면을 떠올리기 쉽지 않을 수 있지만, 조금씩 노력한다면, 생각보다 쉽게 적용할 수 있을 것이다. 이런 적극적인 노력이 스트레스로부터 자신을 보호하는 첫 걸음이 된다.

분노는 표현하는 것이다

사람이 살면서 경험하는 분노는 자연스러운 감정이다. 분노는 생존이나 자존감 등이 위협받을 때 발생하는데 생존, 욕구 표현이나 성장을 위해 필요하다. 그러나 개인적으로 부당한 피해나 상처를 받았다고 지각할 때 느끼는 분노가 잘 해결되지 못할 때 이 분노는 원한과 미움으로 발전될 수 있다

분노는 문제나 위험으로부터 보호하는 바람직한 순기능도 있다. 하지만 분노를 자주, 오래, 강하게 경험하면 사람을 신체적, 정서적, 정신적으로 파괴하는 부정적인 결과들을 가져온다. 분노는 암, 심장질환, 뇌졸중, 기타 다양한 현대 질병과 관련이 있다. 이처럼 분노의 파괴성과 이로 인한 폐해가 이루 말할 수 없이 다양하고 심각하게 나타나며 때때로 다시는 되돌릴 수 없는 고통과 피해를 주고 있다.

분노를 느끼면 자신을 보호하기 위해서 분노를 억제하거나 회피하기도 하고 분노를 직접적으로 표현하기도 한다. 분노를 억제하거나 부정하는 수동적 대처방식은 그 순간에는 문제가 없거나 해결된 것 같지만, 미해결된 갈등과 상처가 속으로 쌓이게 되면서 억압된 분노로 말미암아 우울감 증가, 죄의식과 수치감, 제3자에게 분노를 터뜨리는 등

의 부작용을 가져올 수 있다. 분노를 밖으로 표출하는 대처방식은 지나치게 상대를 공격하면서 복수나 보복을 하게 되어 상대에게 피해를 가져올 수 있다.

분노를 조절하는 분노 대처 및 표현 방식은 상대를 공격하지 않으면서도 자신을 보호하고 자기주장을 적절하게 하는 바람직한 분노 대처방식이다. 그러나 분노를 조절하고 표현하는 접근만으로는 인간관계에서 공격받은 부정적인 기억과 이로 인해 만들어진 상처를 해결하고 분노 이면에 있는 원한과 미움을 없애는 데는 한계가 있다.

의식적 노력으로 스트레스 반응에서 벗어나라

사람들이 어떤 상황에 부닥쳤을 때 나타나는 반응은 두 가지로 구분할 수 있다. 하나는 즉각적이고 반사적으로 하는 반응이다. 예를 들어, 조직원 중 상습적으로 지각을 하거나 보고서에 오자가 많은 사람이 있다고 하자. 이 사람이 지각하거나 보고서에 문제가 있으면 '또 저 인간이야?'라는 비난이 저절로 머릿속에 떠오른다. 이런 반응을 '반사적 반응', '감정적 반응' 혹은 '스트레스 반응'이라고 하는데, 그 결과는 스트레스다.

반사적 반응은 특정 상황에서 '사람'에 초점을 둘 때 일어난다. 이런 반응은 주변에서 흔히 볼 수 있다. 급한 일로 빨리 가야 하는 운전자의 눈에 '초보운전' 스티커를 붙인 차가 보이면 마음이 급해지면서 거칠게 차선을 바꾸거나 클랙슨을 울리면서 빨리 가라고 재촉하기도 한다. 이 사람이 이렇게 스트레스를 유발하는 행동을 하는 이유는 '저 차로 인해 약속 시간에 늦을 수 있다'라는 막연한 불안감 때문이다. 초보운전자 혹은 운전에 미숙한 사람을 지칭하는 '김 여사'라는 이름도 반사적 반응의 결과이다.

〈반사적 반응〉

초점	성격, 성별, 직업, 나이, 외모 등
결과	폭력, 관계 단절, 스트레스, 갈등과 같은 부정적인 결과

"나이 들어 왜 저 모양이야!"

"요새 애들은 왜 다 저래?"

이런 말들은 사람을 평가할 때 흔히 사용하는 문장이다. 평가의 대상을 사람의 행동이 아니라 사람 자체에 초점을 맞추고 있다. '지각 대장' 혹은 '거짓말쟁이'와 같은 말도 사람을 평가하는 단어들이다. '지각 대장'이라는 말을 듣는 사람의 문제는 약속 시각보다 늦게 나타나는 '지각하는 습관 혹은 행동'이 문제이지 '사람 그 자체'가 문제가 되지는 않는다.

'골 때리는 사람이네'라는 말은 형편없는 사람이라고 인격을 평가하는 말이다. 이런 사람을 '골 때리지 않는 사람'으로 만들기 위해서는 사람 자체가 변해야 하는데 사람을 변화시키는 것은 불가능하다. 이처럼 '사람 그 자체'를 평가하는 말들은 서로에게 스트레스를 일으키고, 관계를 멀어지게 만든다.

상대가 화를 낼 때 상대를 향해 같이 화를 내는 것도 반사적 반응이다. 내가 반사적 반응을 하면 상대의 반응에 따라 말싸움을 하면서 인격에 손상을 입을 수도 있고, 상처를 입어 병원에 입원하거나 상처를 입혀 문제가 되기도 하는 등 내 삶에 부정적인 영향을 받을 수 있다. 이처럼 반사적 반응을 보이면 자신을 돌볼 기회가 줄어들 수 있다.

반사적 반응의 주요 원인은 상대에 대한 추측이다. 추측하는 시간이 길어질수록 상대를 향한 반사적 반응의 강도는 커지는데, 심하면 관계 회복이 불가능해질 수도 있다.

다른 하나의 반응은 그 사건이 일어난 원인을 궁금해하는 반응이다. 평소 성실하고 꼼꼼하다고 소문난 사람이 어느 날 지각을 하거나 작성한 보고서에서 잘못된 내용이 발견됐다면, 야단을 치기에 앞서 '무슨 일이 있나?'라고 그 이유에 대해 궁금해한다. 이런 반응을 하기 위해서는 의식적으로 노력해야 한다는 의미에서 '의식적 반응'이라고 이름을 붙였다.

〈의식적 반응〉

초점	행동의 원인
결과	행동의 원인 파악, 해결 방법 탐색, 관계 개선, 스트레스 해소

의식적 반응은 '자신에게 영향을 주거나 주었던 사람'이 아니라 자신에게 영향을 미치는 '상대의 행동'에 초점을 두는 것이다. 의식적 반응은 '상대의 행동에는 분명히 이유가 있을 것이다'라고 여기고, 상대가 그런 행동을 하게 된 이유에 관심을 두는 것이다.

의식적 반응을 하면 '상사가 저렇게 화를 내는 이유가 뭘까?' 혹은 '고객은 무엇 때문에 제안서 내용을 탐탁지 않게 여길까?'와 같은 호기심이 생기고, 문제 해결에 집중할 수 있는 마음의 여유를 가지면서 문제를 해결할 수 있게 된다.

특정 상황에서 어떻게 반응하느냐에 따라 감정이나 행동이 달라진다. 반사적 반응은 다른 사람이 자신의 감정이나 행동을 지배하게 되지만, 의식적 반응은 자신의 감정과 행동을 적절히 통제하면서 합리적인 해결 방법을 모색할 수 있다.

의식적 반응은 자신을 보호하고 발전시키면서 주변 사람들과의 관계를 돈독히 하는 방법이다. 상사가 자기 실수에 대해 지적을 했다면, 지적을 받는 그 순간은 불편하고 불쾌하다. 특히, 상사의 말투가 거칠었다면 적대적인 감정까지 느낄 수도 있다. 하지만 그 순간을 성장의 기회로 만들지 아니면 상사와의 관계를 악화시킬지는 자신의 선택에 달려있다.

의식적 반응은 자기 행동에 초점을 맞추면서 '이렇게 하니 화를 내는구나'라는 것을 깨닫고 상사 혹은 동료가 원하지 않는 행동을 피하려는 의식적인 노력이다. 이렇게 의식적으로 상대의 행동을 이해하려고 노력하면 상대와의 관계는 개선될 수 있고, 업무에 집중할 수 있게 되면서 성과도 저절로 높아진다.

3) 작은 일에도 감사한다

스트레스는 자원의 감소와 관련이 있다. 다음의 그림에서 담겨 있는 물에 주목하면 '물이 있다'라는 생각이 들면서 안심이 되지만, 컵의 비어있는 부분을 보면 '물이 부족하다'라는 생각이 들면서 불안하고 초조해진다. 불안과 초조함을 느끼면 마음의 균형이 무너지면서 스트레스도 커지게 된다.

스트레스를 방지하거나 강도를 줄이기 위해서는 자원의 확보가 필요하다. 가장 쉬우면서 효과가 높은 방법은 긍정 경험의 빈도를 늘리는 것이다. 가족, 동료나 상사, 친구나 지인 등으로부터 도움을 받을 때 이를 소중하게 간직한다. 또한, 업무를 마무리했을 때의 성취감, 다른 사람에게 도움을 주었을 때의 즐거움이나 보람 등을 기억하거나 기록해 놓을 필요가 있다. 자신이 힘들거나 동료와의 관계에서 보람을 느끼지 못할 때 과거 있었던 긍정적인 경험을 확인하면서 긍정 감정을 느낄 수 있기 때문이다.

감사의 의미는?

직장에서도 어떤 생각으로 일하느냐에 따라 달라진다. 다른 회사에 다니는 지인과 비교해 급여가 적다면 불만을 느끼게 된다. 상사가 업무를 지시할 때마다 '돈도 조금 주면서 시키는 건 더럽게 많네.'라고 불편하게 상사를 대하게 된다. 이런 부하의 태도를 보면서 불편함을 느낀 상사도 부하를 향해 퉁명스럽게 말하게 되면서 두 사람 모두 스트레스를 경험하게 된다.

이처럼 어떤 사람은 자신이 가지고 있는 좋은 것들을 알아차리지 못하고, 주위 사람의 소중함을 인식하지 못하며 살기도 한다. 오히려 자신의 존재와 누군가의 도움을 당연하게 여기고, 가지지 못하거나 받지 못한 것에 의한 결핍감과 괴로움을 호소하기까지 한다. 이런 사람과 달리 어떤 사람은 자신의 하루를 새로운 날로 여기며 소중히 살아가고, 다른 사람의 존재에 대해 기뻐하며, 누군가를 도우면서 활기차게 살아간다.

철학자 애덤 스미스(Adam Smith)는 감사를 '우리에게 가장 즉각적이고 직접적으로 보상을 주는 인사말'이라고 했다. 사람이 심리적으로 건강하고 행복한 삶을 추구하는데 감사는 필수적이다. 매일 불평만 늘어놓은 사람이 행복할 수 없기 때문이다.

감사를 뜻하는 영어 단어 gratitude는 호의를 뜻하는 라틴어 gracia와 기쁘게 함이라는 의미의 라틴어 gratus에서 유래했다. 이 라틴어 어원에서 나온 모든 파생어는 친절, 관대함, 선물, 주기와 받기의 아름다움, 아무 대가 없이 무엇인가를 얻는 것 등과 연결되어 있다.

감사와 스트레스의 관계는?

무인도에서 혼자 생활하게 됐다. 이때 가장 먼저 하는 것은 주변을 탐색하면서 안전한 곳인지를 살피고, 식량과 식수를 찾게 해달라고 간절하게 기도한다. 만약 식량이나 식수를 확보하면 저절로 누군가에게 감사하게 된다. 이때는 마음이 편안해지면서 차분하게 앞날을 그려볼 수 있다. 반면, 식량이나 식수가 눈에 띄지 않으면 누군가를 원망하고, 불안과 분노를 느끼면서 극단적인 스트레스 상황이 될 수도 있다.

감사하는 사람들은 자신의 긍정적 경험에서 다른 사람의 도움을 인식하고 고마움을 느끼는데 이런 일반화된 경향성을 '감사 성향'이라고 한다. 감사 성향은 '긍정적 경험을 하거나 긍정적 결과를 얻은 것에 대한 다른 사람의 공헌을 인식하고 고마운 마음으로 반응하는 일반화된 경향성' 또는 '감사를 경험하기 쉬운 성향'이다.

감사는 사건이나 사람, 행동이나 사물 등이 갖는 가치와 의미를 깨닫고, 그것들에 대해 긍정적으로 받아들이는 것이다. 감사 성향이 높은 사람은 우울이나 불안, 스트레스를 적게 경험할 가능성이 크다. 감사를 위해서는 보유자원을 탐색하고, 주변 사람들과의 관계에서 호의를 느끼기 때문이다.

감사는 주변 사람들로부터 친절한 대우를 받았다는 것을 인식할 때 느낄 수 있다. 이럴 때 주변 사람들과의 관계는 건설적인 관계로 발전하고, 파괴적인 관계로 변하는 것을 방지할 수 있다.

감사는 주변 사람들로부터 받은 이익에 초점을 맞춘다. 직장인에게는 직장의 상사나 동료로부터 사랑과 보살핌을 받는다는 생각을 끌어낸다. 그에 따라 친사회적 상호 의존성을 높이고 공감과 용서 등의 친사회적 행동 동기를 증가시킨다. 즉, 감사를 경험하면서 유발된 행동들은 사회적 유대와 우정을 증가하고 강화할 수 있다. 감사는 이미 형성된 사회적 관계의 결과일 뿐 아니라 새로운 정서적 유대의 형성을 촉진해 실제적인 사회적 이득을 증가시킬 수 있다.

긍정심리학자인 프레드릭슨(Fredrickson) 교수는 기쁨, 흥미, 만족, 자부심, 사랑 그리고 감사와 같은 긍정 정서가 개인의 사고-행동을 확장하고, 신체적·지적·심리적·사회적 자원을 늘리는 기능을 한다는 확장구축 이론(broaden—and—build theory)을 주장했다. 즉, 즐거운 정서를 경험하면 순간적으로 부정 감정들은 줄어들고, 유연한 인지적 과정으로 다양한 대안을 찾을 수 있게 되고, 신체적 건강과 지적인 풍부함, 그리고 심리적·사회적 자원을 증가할 수 있다는 것이다.

감사하는 동안 긍정적 사건들은 물론 중립적이거나 부정적인 사건에 대해서도 긍정적인 의미를 발견할 수 있다. 감사는 스트레스 상황에서도 자신의 성공적인 경험을 더 쉽게 떠올리고, 그것을 극복할 수 있는 자기 능력에 대한 믿음을 유지하게 한다.

상사나 동료로부터 받는 여러 가지 형태의 도움 역시 중요한 심리적 자원이다. 이는 실제로 지지를 얼마나 받느냐보다 지지에 대한 인식이 더욱 중요하다. 감사하는 과정에서 주변 사람들에게 받은 도움을 인식하는 것은 필수적이기 때문에 감사는 자신이 주변 사람들로부터 받는 도움을 인식하는 데 매우 효과적이다.

감사는 개인 차원에서만이 아니라 개인과 집단, 사회 등과 같은 다양한 상황에서 이뤄질 수 있다. 개인과 조직 사이의 관계에서도 다양한 방식으로 조직원들이 조직에 대해 감사를 느끼는 관계가 형성될 수 있다. 가령 조직원들이 조직으로부터 기대하지 않은 대우와 혜택을 받고, 뜻밖의 능력을 인정받거나 존중되거나, 특별한 기회, 성장 기회 등을 받거나 조직원이 자신이 원하는 일을 하도록 배려받는 경우와 같이 감사의 마음을 갖게 되는 다양한 일들이 존재한다.

이러한 일들로 조직원들이 조직에 대해 감사의 마음을 가지면 조직과 조직원 사이의 관계는 단순한 교환관계를 넘어서서 조직원들이 일과 조직에 더 몰입하고 단결하는 관계로 발전할 수 있다.

감사하는 방법은?

감사하는 방법은 정보 검색을 통해 쉽게 접할 수 있다. 이 중 몇 가지 방법을 소개하면 다음과 같다.

• 감사하는 마음 써보기

감사하는 일들을 쓰기 위해서는 경험했거나 하고 있는 긍정적인 경험을 집중해 살피게 된다. 감사할 내용을 적을 일기장을 준비하고 매일 감사했던 일 몇 가지와 그 이유를 적는다. 또한, 감사함을 느끼게 했던 분께 메모, 편지, 문자 메시지 혹은 이메일을 보내는 것도 감사함을 느끼는 데 도움이 된다.

• 매일 감사하는 것들을 돌아보는 시간 갖기

감사 일기를 쓸 시간을 갖지 않더라도 감사했던 일들을 떠올리거나 소리 내어 말하는 것으로 감사하는 습관을 키울 수 있다. 이런 시간은 식탁에서 가족이 돌아가면서 감사를 표현하거나 잠자리에 들기 전 잠깐 시간을 내어 하루 중 좋았던 일들을 떠올리는 것 등이 포함될 수 있다.

• 힘든 상황에서도 감사하기

스트레스 상황에서는 감사하기가 쉽지 않을 수 있다. 그러나 힘든 시기에도 희망을 찾으려고 하는 자세는 고난을 극복하는 데 도움을 줄 수 있다. 힘든 시기일수록 긍정적인 면을 찾으려고 노력하면 그렇지 않을 때보다 어려움을 이길 수 있는 에너지를 얻을 가능성이 커진다. 살면서 누구나 한 번쯤 어려운 상황을 맞닥뜨리는 것은 피할 수 없는 일이므로 모든 일에서 긍정적인 부분을 찾으려고 노력할 필요가 있다.

• 명상하기

현재 감사해야 하는 것들과 감사하는 마음을 전해야 하는 사람들을 떠올린다. 현재에 집중하는 것은 지나간 일들은 보내주고 미래에 대한 불안을 쫓아내는 데 도움이 된다.

• 감사의 마음을 표현하기

직장 동료가 도움을 주면 말로 표현할 필요가 있다. 감사하는 마음을 표현하면 기분이 좋아지고 인정받은 사람들은 자기 행동을 강화하는 경향이 있다.

배려심 없는 상사로부터 부당한 대우를 받거나 프로젝트에서 실패하는 등 스트레스 상황에서 감사하기란 감사 성향이 높은 사람이라도 쉽지 않다. 상사의 부당함을 계속 생각하거나 프로젝트를 진행할 때 상사나 동료로부터 느꼈던 서운함 등을 떠올리면 분노와 같은 부정적인 감정을 느끼게 된다. 이런 상태로 동료나 가족과 만나면 어떤 형태로든 분노의 에너지가 상대에게 미치기 때문에 정상적인 대화가 어려울 수 있다.

감사할 때 감사한 마음을 거창하게 표현할 필요는 없다. 식사 전에 감사의 기도를 하는 것처럼 일상적인 상황에 대한 간단한 감사 정도로도 충분한 효과가 있다.

지금 감사할 일을 떠올려보자. 부모님에게 감사하고, 자신을 도와준 동료에게 감사하자. 잠들기 전에 하루를 정리하면서 업무적으로나 개인적으로 도움을 받은 사람을 떠올려보자. 자신의 도움을 받고 기쁜 표정을 짓는 상대의 얼굴도 떠올려보자. 이렇게 감사의 대상을 떠올리기 시작하면 생각보다 많은 사람과 상황을 떠올릴 수 있다. 이런 기억이 많을수록 마음은 편해지고, 호흡이 진정되면서 몸이 가벼워진다.

감사도 연습이 필요하다. 좋은 일이나 기쁜 일이 생기면 감사하자. 나를 인정해주는 상사, 내가 어려울 때 도움의 손길을 내미는 동료, 나를 도와주는 후배, 나를 위해 조언해주는 친구, 주변 사람, 지하철 역무원, 버스 기사, 식당 주인 등 만나는 모든 사람에게 감사하자. 감사하는 시간이 길어질수록 감사의 대상도 늘어날 것이다.

즐거웠던 기억도 감사와 같은 효과가 있다. 기분이 울적할 때 이 세상에 처음 태어난 날을 상상해보고, 어머니의 따뜻한 가슴, 아버지가 장난감을 만들어 함께 놀아주었던 기억, 가족 여행, 학창 시절 친구들과 함께한 소풍과 같은 기억을 떠올리면 한결 마음이 편안해질 것이다.

감사는 에너지 방향을 돌릴 수 있는 현명한 선택이다. 자신이 가고 있는 길이 잘못됐다고 알려주는 이정표의 역할을 하는 것이 바로 '감사'다. 이정표를 보고서도 잘못된 방향으로 가고 있다면, 그것도 그 사람의 선택이다. 하지만 멀리 갈수록 돌아오는 길이 멀어지고, 너무 멀리 가면 차가 고장 나거나 연료가 부족해 되돌아올 수 없는 것까지 각오해야 한다. 따라서 평소 감사하기를 통해 불필요한 자원의 낭비를 막고 상사나 동료와의 관계를 유지할 수 있는 현명한 방법이 감사다.

4) 상황을 변화시켜 스트레스를 극복한다

　오래전 미국이 베트남과 전쟁을 할 때의 상황이다. 베트남에 파견된 미군의 대다수가 죽음과 맞닿아 있는 전장에서 극심한 스트레스에 시달렸다. 전장에 있는 거의 모든 병사는 마약에 의존하면서 최악의 상황을 견디었다. 베트남에 파견된 군인들이 복무 기간을 채우고 귀국할 때가 되자 미국 정부는 이들의 마약 중독을 해결하기 위한 방법을 찾기 위해 심각한 고민에 빠졌다. 결국 미국 정부는 전문의료기관을 설립해 이들을 치료하는 것으로 결정하였다.

　이렇게 설립된 의료기관 전문가가 귀국한 병사들을 대상으로 중독 정도를 파악하기 위한 면담 과정에서 반전이 일어났다. 베트남에서 마약에 의존하던 병사 대부분이 마약 중독 증상이 사라졌고, 일부 병사만 마약 중독으로 치료가 필요하다는 판정을 받았다. 전문가는 이런 현상에 대해 '전장이라는 특수한 환경을 이겨내기 위해 마약이 필요했지만, 전장이라는 환경에서 벗어나 안전한 곳으로 귀국한 병사들에게는 더 이상 마약이 필요하지 않았다'라고 결론을 내렸다. 즉, 환경으로 인한 스트레스를 이겨내기 위해서는 스트레스 환경에서 벗어날 필요가 있는 것이다.

　하지만 환경에서 벗어나겠다고 다른 회사로의 이직은 현명한 선택이 아닐 수 있다. 어느 조직이나 정도의 차이는 있겠지만, 스트레스를 유발하는 요인은 거의 비슷하기 때문이다. 그리고 이직한 곳에서 함께 근무할 상사나 동료가 지금 직장보다 스트레스를 만들지 않는다는 보장도 없기 때문이다. 따라서 스트레스 상황을 변화하기 위해 가장 중요한 것은 물리적 환경 변화가 아니라 자신의 마음속 환경을 개선해 스트레스 요인을 줄이는 것이 먼저이다.

환경 변화를 위해서는 개인의 노력이 필요하다. 하지만 별도로 시간을 마련하거나 비용을 내야 하는 활동은 오랫동안 유지하거나 실천하기 어려울 수 있다. 근무 시간 중에 스트레스를 받는다고 매운 음식을 먹고, 명상하거나 사무실 밖으로 나가 운동하기도 어렵다. 직장인의 여러 가지 제약을 고려해 직장인이 간단하게 할 수 있으면서도 효과가 높은 몇 가지 방법을 소개한다.

차분한 음악을 듣는다

음악은 심리 상태에 영향을 미친다. 미국 하트매스 사의 연구에 따르면 약 15분 동안 시끄러운 음악을 듣는 것만으로도 적대감, 피로, 긴장이 증가하고 정신이 흐려진다고 한다. 아침마다 시끄러운 음악을 듣는 사람은 자기 마음에 해로운 스트레스와 같은 부정적인 에너지가 들어올 수 있도록 마음의 통로를 활짝 여는 것과 같다.

만약 시끄러운 음악을 들으면서 출근했다면, 직장에 도착했을 때는 이미 부정적인 에너지를 가득 품고 있다. 이런 상태에서는 외부의 조그만 자극에도 민감하게 반응하게 되면서 동료의 사소한 자극에도 과민하게 반응하거나 공격적인 태도를 보일 수 있다.

퇴근길도 출근할 때와 마찬가지다. 자극적인 음악을 들으면서 퇴근했다면, 피곤함으로 인한 부정적인 에너지가 남아 있는 상태에서 음악으로 인해 만들어진 부정적인 에너지를 더해 집으로 가져가는 것과 같다. 이런 상태가 되면 평소보다 작은 자극에도 감정이 폭발하게 된다.

이로 인해 자신도 감정이 격해지면서 평소와 다른 모습을 보이면서 동료나 가족과의 관계도 나빠질 수 있다.

이와는 달리 출퇴근 시간에 정치와 같은 감정을 자극하는 프로그램 대신 차분한 음악을 들으면 마음을 가라앉혀준다. 이런 음악은 마음속에서 일어나는 부정적인 생각을 멈추게 하고, 긍정적인 에너지를 만들면서 활기찬 기분을 느끼게 한다.

TV를 멀리하고 운동을 한다

막장 드라마와 같은 자극적인 방송을 보면 화가 나거나 불편한 감정이 드라마가 끝나도 마음에 남는다. 이런 방송은 시청자의 몸이나 마음 건강보다는 광고 수익과 관련된 시청률에만 관심이 있다. 드라마를 보는 동안 드라마의 주인공과 같이 화를 내고 슬퍼하기도 하지만 방송을 보고 나면 스트레스만 쌓이게 된다.

TV를 시청하면서 하루의 피곤을 풀려는 사람이 많다. 하지만 시청하는 사람의 바람과는 달리 피로 해소는커녕 자신도 모르는 사이에 피로나 화와 같은 불편한 감정을 더 쌓는 결과가 된다. 그러므로 될 수 있는 대로 TV 시청을 자제하고, TV 시청 대신 걷기와 같은 생산적인 활동이 피로에서 빨리 벗어날 방법이다.

운동은 기분을 즐겁게 만들어주는 가장 효과적인 방법의 하나다. 매일 부담 없이 가볍게 할 방법을 찾을 필요가 있다. 운동 동호회에 가입하거나 배우자나 아이들과 가볍게 산책을 한다면, 활기찬 생활에 많은 도움을 얻을 수 있다.

자기 비난을 피한다

자기 비난은 자신에게 부과한 기준을 만족시키지 못하고 자신을 통제할 수 없다고 인식할 때 느끼는 무능력에서 비롯된다. 자기반성과 자기 비난은 다른 개념이다. 자기반성은 발전을 위한 기초작업이지만 자기 비난은 자신의 성장에 아무런 도움이 되지 않고, 긍정적인 에너지를 빼앗기만 한다.

문제가 생겼을 때 자기반성은 필요하지만 자기 비난은 전혀 바람직하지 않다. 해결해야 할 과제나 향상이 필요한 역량에 포커스를 맞추는 것이 아니라 자신을 비난하고 있다고 스스로 인식하는 순간 생각을 과감하게 멈추어야 한다. 한숨 돌린 다음 자신에게 도움이 되는 선택을 찾는 것이 현명한 행동이다.

봉사의 즐거움을 경험한다

일반적으로 사람들은 존재감을 느끼지 못할 때 좌절하게 된다. '나는 쓸모없는 사람이야'라는 생각이 들면 자신감이 사라지면서 에너지가 고갈된다. 이런 생각에서 벗어나려면 자신의 존재감과 성취감을 느낄 수 있는 활동을 할 필요가 있다. 손쉬운 방법이 바로 봉사활동이다.

다른 사람을 위해 봉사활동을 하면 '내 도움이 필요한 사람이 많이 있구나', '내가 다른 사람에게 도움을 줄 수 있네!'라고 생각하면서 자신의 존재감을 충분히 느낄 수 있다. 이와 함께 봉사하는 과정에서 성취감도 느낄 수 있고 몰입하는 기쁨도 경험할 수 있다.

봉사활동의 또 다른 장점은 일하는 태도의 변화이다. 직장에서의 일은 상사나 고객의 지시에 따르는 수동적인 업무일 가능성이 크다.

하지만 봉사활동을 할 때는 능동적으로 자기 생각을 행동으로 옮길 기회가 많다. 봉사활동에 도움이 된다고 생각되면 스스로 계획하고 실천할 수 있기 때문이다. 이처럼 봉사활동은 업무에서의 수동적인 태도를 능동적으로 바꿀 기회가 된다.

건강한 대인관계 형성을 위해 노력한다

누구나 다른 사람과 건강한 대인관계를 원한다. 이런 관계를 통해 사랑, 웃음, 행복과 활력을 갈망한다. 주변 사람들로부터 지지를 받는 사람은 질병을 이겨내는 힘이 더 강하다는 연구 결과처럼 동료의 지지는 긴장과 스트레스를 해소하는 자연 치유제다.

건강한 사람이 건강한 도움을 줄 수 있다. 잘 웃고, 남을 위해 시간을 할애하고, 오랜 우정을 즐기면서 살아가고 곤란한 문제들도 차분하게 해결하는 사람들을 찾아 교제하자. 사람들로부터 건강한 삶의 지혜를 배울 수 있고, 함께 하는 동안 많은 도움이 되기 때문이다. 이런 사람들과 함께하면서 익힌 지혜는 자신을 건강하게 만들고, 주변 사람에게 건강한 영향을 주는 기반이 된다.

뇌를 활성화하는 식습관을 만든다

자동차를 운행할 때 나쁜 연료를 사용하지 않는다. 질 나쁜 기름을 사용하면 차를 망가뜨리기 때문이다. 매일 섭취하는 음식도 마찬가지다. 활기차게 활동하려면 건강한 음식을 먹어야 한다.

간편식은 시간을 절약하는 데 도움이 될 수는 있지만, 우리 몸의 균형을 깨뜨려 건강에 문제를 일으킬 수 있다. 간편식을 먹었을 때 일어나는 문제는 다음과 같다.

① 간편식은 몸과 마음을 불편하게 만든다

지나치게 단 음식과 탄산음료 위주의 식습관은 저혈당을 유발할 수 있다. 당도가 높은 식품을 섭취하면 혈액 중 혈당치가 급격히 상승한다. 설탕과 같은 단 음식은 소장의 상부에서 흡수되어 포도당으로 변해 신속하게 흡수되기 때문이다. 혈당치가 높아지면 이를 낮추기 위해 인슐린이 과다하게 분비되면서 혈당치가 빠르게 떨어진다.

인슐린의 과다 분비는 저혈당 상태에 빠지게 한다. 저혈당 상태가 되면 뇌에 공급하는 영양소와 포도당 공급에 장애가 생기면서 뇌에 충분한 영양물질이 공급되지 않아 뇌의 정상 활동이 어려워진다.

저혈당은 몸과 마음을 매우 불쾌하게 만든다. 저혈당에 빠진 사람은 불쾌하고 짜증스러운 상태에서 한시라도 빨리 빠져나오기 위해 혈당치를 높이려고 애쓰게 된다. 또 인슐린의 과잉 분비와 함께 아드레날린도 과잉 분비된다.

아드레날린은 스트레스 호르몬이다. 아드레날린은 스트레스를 받으면 뇌나 뼈대 근육 부분의 혈관을 확장해 근육이 스트레스에 잘 대처하도록 한다. 이와 함께 다른 부분의 혈관을 수축시켜 스트레스 반응과 직접 연관되지 않은 소화 활동 등의 반응을 감소시키게 된다.

② 간편식은 뇌의 정상 활동을 방해한다

뇌가 제대로 활동하기 위해서는 약 20가지 정도의 비타민, 미네랄과 아미노산이 필요하다. 비타민과 미네랄이 부족한 간편식을 먹으면 뇌의 정상적인 대사 활동이 어려워진다.

③ 간편식은 뇌에 산소 부족을 유발한다

간편식에는 섬유질이 부족하다. 섬유질이 부족하면 장에 있는 독소와 노폐물이 원활하게 배출되지 못하고 활성산소의 양이 증가해 뇌에 산소를 제대로 공급하지 못하게 된다.

멘토를 찾는다

업무와 관련해 도움을 받을 수 있는 사람을 찾자. 관찰과 대화를 통해 문제 해결 능력과 같이 업무에 필요한 지식을 얻을 수 있으며, 업무에서 중요하게 생각하는 철학을 배울 수 있다.

관련 분야의 전문가도 힘든 시절이 있었다. 전문가로 불리는 사람도 처음부터 탁월하지는 않았다. 전문 지식을 갖기까지 힘든 과정도 있었지만, 그 과정을 극복한 결과 지금의 그 자리에 오를 수 있었다. 따라서 그들은 보통 사람보다 훨씬 더 긍정적이고 만족한 삶은 산다. 이런 전문가를 멘토로 삼는다면, 업무를 대하는 태도와 지식을 배우면서 성장할 수 있다.

5) 일에서 의미를 발견한다

사회가 유지되고 발전하기 위해서는 구성원들이 자신에게 주어진 다양한 역할들, 즉 '일'을 해야 한다. 사람들이 일하는 목적은 크게 직업, 경력 그리고 소명으로 구분할 수 있다.

일을 돈을 벌기 위한 수단으로 인식하는 사람에게 일은 의식주를 해결하는 수단이 된다. 이런 사람은 일을 통해 수입을 얻을 수 있어 이것만으로도 일하려는 동기를 충분히 충족할 수 있기 때문에 일하면서 경험할 수 있는 성취감이나 자기 일에서 찾을 수 있는 의미에 관해서는 관심이 적다. 이런 사람은 퇴근 후 취미처럼 일을 개인의 삶을 즐길 수 있는 자원을 얻는 수단으로 여기기도 한다.

일을 경력 개발의 발판으로 여기는 사람은 일을 통해 자신의 성장과 관련이 있는 보상에 초점을 둔다. 이들의 주요 관심사는 직장에서의 승진과 이를 통해 얻을 수 있는 임금 인상, 업무와 관련한 영향력 증가 그리고 사회적 지위, 자존감 향상 등이다.

일을 직업이나 경력 개발을 위한 수단으로 인식하는 사람들의 공통점은 일의 목적을 물질적인 이득에 초점을 두는 것이다. 물질적인 것에 높은 관심을 두는 개인은 부나 지위를 성공, 삶의 중심 그리고 행복의 원천으로 받아들인다. 또한, 돈을 자신의 웰빙을 보장하는 수단으로 생각한다. 하지만 이들의 관심과 달리 물질에 대한 과도한 관심은 웰빙과 거리가 먼 불안을 초래한다.

반면, 일을 소명으로 인식하는 사람은 자기가 하는 일을 개인의 책임이나 숙명이라고 여긴다. 경제적 이득이나 승진보다는 개인의 충만감을 위해 일한다. 이런 사람들은 일을 더 좋은 세상을 위해 자신이 이바지한다는 믿음으로 일한다.

직장인의 일하는 목적에 따른 태도 차이는?

A와 B가 같은 스타트업 주식에 투자하고 있다. A의 투자 목적은 사

업자금을 마련하기 위함이고, B는 유망한 기업의 성장에 도움을 주는 데 목적을 두고 있다. 이 둘의 투자 명분은 다르지만 속을 들여다보면 회사가 발전하면 이익을 얻을 수 있다는 공통점이 있다.

하지만 투자한 회사의 실적이 나빠질 때 두 사람의 태도에는 차이를 보인다. A는 회사가 망하면 투자한 돈을 회수하지 못할 수도 있어 불안감을 느끼지만, B는 자신이 응원하는 회사가 원하는 대로 성장하지 못하는 것이 안타깝다. '두 사람 중 어떤 사람이 스트레스를 더 받을까?'라는 질문에 대해 모든 사람이 같은 대답을 할 것이다.

회사 경영이 어떤 상황이냐에 따라 조직원의 일하는 목적이 태도에 영향을 미친다. 실적이 양호할 때는 모든 조직원이 만족하고 안정감을 느낄 수 있다. 하지만 경영이 어려워지거나 일이 많은 상황에 부닥치면 일하는 목적에 따라 대처하는 방식이 달라진다.

회사가 성장하면서 업무량이 늘었다고 하자. 맡은 업무가 늘면서 평소보다 야근도 많아지면 돈을 목적으로 일하는 사람은 '월급은 쥐꼬리만큼 주면서 일은 더럽게 많이 시킨다' 혹은 '다른 회사에서 이렇게 일하면 더 많이 받을 수 있는데…'라고 불만을 느끼면서 다른 회사를 찾기 시작한다. 경력 개발을 목적으로 일하는 사람은 회사 실적이 나빠지면 '망한 회사 출신'이라는 꼬리표가 두려워 재빨리 다른 회사로의 이직을 고려하게 된다. 반면, 일을 자신의 소명으로 여기는 사람은 앞의 두 사람과 달리 회사가 정상화될 수 있도록 열심히 일할 가능성이 상대적으로 크다.

하지만 현실적으로 이런 구분이 어려울 수 있다. 사명감으로 일하지만, 가족이 가난으로 힘들어하는 모습을 보면서 현실과 타협할 수도 있다. 이와는 반대로 돈을 벌기 위해 일을 시작했지만, 일하는 과정에서 보람을 느끼면서 '이것이 나의 소명이다.'라고 결심할 수도 있기 때문이다.

일에서 의미를 찾아야 하는 이유는?

가족이 큰 수술을 받아야 하는데 수술이 가능한 의사가 세 명 있다. 이 세 명이 의사가 된 목적은 다 다르다. 한 사람은 돈을 벌어 가난에서 벗어나겠다고 의대에 진학했고, 다른 한 사람은 사람들이 의사라는 직업을 우러러보기 때문에 의사가 됐고, 마지막 사람은 질병으로부터 고통받는 사람을 돕기 위해 의사가 됐다.

의사가 된 목적에 따라 환자를 대하는 태도는 달라질 수 있다. 일상적인 진료에서는 세 사람의 태도에는 별 차이가 없을 것이다. 하지만 생사의 갈림길에 서있는 환자를 진료하거나, 가난한 사람을 진료해야 할 때처럼 어렵거나 곤란한 상황에서는 차이가 날 수 있다. 돈에 가치를 두는 의사나 자기 경력을 중요시하는 의사는 자기 가치와 다른 가난한 사람에 대한 진료나 위험한 수술을 회피하려 할 수도 있다. 반면, 의술을 통해 다른 사람을 돕겠다는 목적으로 일하는 의사는 가난하거나 어려운 상황에 부닥친 환자를 위해서도 열심히 진료할 것이다.

의사의 능력이 비슷하다는 가정하에 누구로부터 진료를 받고 싶냐고 묻는다면, 대부분은 세 번째 의사를 선택할 것이다. 누구나 남을 위해 헌신하는 의사를 돈이나 사회적 지위 목적으로 하는 의사보다 믿을 수 있다고 여기기 때문이다.

돈이나 사회적 지위를 목적으로 하는 사람은 자신의 이익을 위해 직업을 선택한다. 하지만 일을 통해 다른 사람을 돕거나 일 그 자체에 의미를 두는 사람은 자신의 이익보다는 다른 사람에게 도움을 주기 위해 일한다.

하는 일이 도덕적 규범이나 실정법을 어기지 않는다면, 어떤 직업이든 가치가 있다. 판검사, 교수나 의사와 같은 직업이 아니라도 지금 하는 일은 어떤 형태로든 동료, 조직 그리고 고객에게 도움을 주고 있다. 하지만 자신이 하는 일이 의사나 교수보다 다른 사람에게 가치가 있음에도 남이 알아주지 않거나 연봉이 적다는 이유로 스스로 하는 일의 가치를 평가절하하기도 한다. 자기 일의 가치를 떨어뜨릴수록 고통받는 사람은 자신이 된다.

자기 일에서 의미를 찾아야 하는 이유는 '자기 보호'를 위해서이다. 직장인이 일을 시작하면 어떤 형태로든 스트레스를 받게 된다. 이럴 때 일을 바라보는 관점에 따라 성취감이나 보람을 느낄 수도 있고, 자신을 힘들게 만드는 원인이라고 일을 부정적으로 생각할 수도 있다.

일을 돈벌이 수단이나 경력 개발을 위한 과정이라고 여기는 정도가 강할수록 스트레스에 노출되기 쉽다. 돈을 목적으로 하면 일을 하는 매 순간 '돈이 되느냐, 되지 않느냐?'를 따지게 되고, 스스로 만족하지 못하면 불만이 생긴다. 또한, 경력을 관리하기 위해서는 스스로 세운 경력 경로가 있는데 이를 충족하지 못하면 마찬가지로 불만을 느낀다. 결국, 일을 자기 개인 목적을 달성하는 수단으로 여길수록 스트레스에 노출되기 쉬운 것이다.

일에서 의미를 찾기 위해서는 고통이 따른다. 의미를 찾기 위해서는 일하는 과정에서 만날 수 있는 여러 어려움을 이겨내야 하기 때문이다. 하지만 힘든 만큼 보람도 있다. 일하는 과정에서 어려움을 이겨내면 성취감과 보람을 느낄 수 있고, 동료와의 관계도 돈독해질 수 있다. 또한, 어려운 일을 성공적으로 마무리하면 회사로부터 인정을 받으면서 승진과 연봉 인상은 보너스다.

사람은 누구나 일에서 의미를 찾으려는 기본적인 동기가 있다. 가치가 높거나 영향력이 큰일은 그렇지 않은 일보다 의미를 찾기 수월하게 한다. 하지만 영향력이 작다고 가치가 없는 것은 아니다. 따라서 직장인이 윤리적인 규범을 위반하지 않는 모든 일에는 나름대로 가치가 있기 때문에 자기 일에서 의미를 찾을수록 어려움을 극복하기 수월해지고 스트레스를 이겨내기도 쉽다.

또한, 주변 사람들이 도와줄 때 의미를 찾기가 더 쉽다. 상사가 업무를 지시하면서 담당자에게 '이 업무는 프로젝트의 방향을 결정하는 데 영향을 미친다'라는 식으로 업무의 영향력이나 가치를 설명한다면, 담당자는 자신이 조직이나 고객에게 어떤 도움을 주는지, 더 나아가 사회에 어떤 영향을 미치는지 깨닫게 되면 자기 업무에 자부심을 느끼면서 일할 가능성이 커진다.

일은 삶을 영위하는 중요한 원천이다. 일에서 의미를 찾는 사람은 자기 삶에서도 의미를 찾기 쉽다. 일하면서 의미를 찾는 것은 개인의 성장을 촉진하는 기회다. 따라서 일의 의미에 대한 탐구는 조직은 물론 개인의 심리 건강에도 큰 영향을 미치기 때문에 직장인이라면 도전할 충분한 가치가 있다.

7) 건강한 취미 활동을 즐긴다

출근과 퇴근을 반복하는 직장인에게 퇴근 후의 시간은 중요하다. 직장인에게 퇴근은 일과의 마무리와 다음 날 업무 준비라는 두 가지 의미가 있는데, 이 두 가지를 위해서는 휴식이 우선돼야 한다. 물론 근무 시간에 업무 대신 열심히 일하는 동료의 뒷담화로 시간을 보내거나 퇴근 후에 있을 이성이나 지인과의 만남에만 관심을 둔 사람은 별다른 휴식이 필요 없겠지만, 대부분 직장인에게는 퇴근 후 휴식이 중요하다.

지금 주먹을 힘껏 쥐어보자. 주먹을 꽉 쥐면 손바닥이 아플 정도로 힘이 들어갈 것이다. 이렇게 힘을 준 긴장 상태가 오래될수록 주먹의 힘이 점점 약해지는 것을 느끼게 된다. 이렇게 느껴질 때 주먹을 펴고 근육을 이완한 상태에서 잠깐 휴식을 취한 다음 다시 주먹을 쥐면 처음과 비슷한 강도의 힘을 느낄 것이다. 이처럼 업무에 집중하기 위해서는 퇴근 후 업무에서 벗어나 휴식을 취하면서 감정을 정리하고 몸과 마음을 편하게 이완할 수 있는 시간이 필요하다.

휴식이 필요한 이유는?

직장인은 퇴근 후 업무에서 벗어나 감정 정리가 필요하다. 직장인은 직장에서 쌓인 모든 기억, 감정, 스트레스와 갈등을 가지고 퇴근한다. 업무를 깔끔하게 마무리한 사람은 성취감, 뿌듯함과 개운함에서 오는 충만한 에너지를, 상사나 동료와 갈등이 있었던 사람은 분노와 불편함에서 오는 부정적인 에너지를 가족에게 옮긴다. 성취감을 맛본 직장인의 가족은 즐겁고 유쾌한 시간을 보내겠지만, 갈등을 집에 가져온 직장인의 가족은 불편함과 긴장감을 느껴야 한다. 자신과 가족의 안녕을 위해 다니는 직장이 오히려 자신과 가족의 안녕을 해치는 원인이 된다. 이처럼 직장인의 기분은 그대로 가족에게 전달되기 때문에 먼지가 많은 작업장에서 일한 사람이 샤워하고 퇴근하는 것처럼 직장인은 집에 들어오기 전 자신의 감정을 정리하면서 내일을 위한 에너지를 회복할 시간을 가져야 한다.

상사 중에는 로봇 부하를 원하는 사람도 있다. 이런 상사는 로봇 부하를 24시간 영업하는 편의점과 같다고 여긴다. 자신이 필요할 때마다 업무를 지시할 수도 있고, 자신의 지시에 군말 없이 따르고, 일하는 시간도 많아 높은 업무 성과를 기대할 수 있다고 생각할 것이다. 하지만 로봇도 휴식은 필요하다. 자동차 경주에서 일정 거리를 달린 자동차는 타이어를 갈고, 기름을 보충해준다. 쉼 없이 일하는 로봇 부하를 원하는 상사의 바람과 달리 기름을 채우지 않은 자동차는 달릴 수 없고, 타이어가 마모된 자동차는 속도를 낼 수 없다. 로봇 부하도 자동차와 마찬가지로 정비를 위해 잠깐의 쉼이 필요하다. 직장인의 퇴근 후 휴식 시간은 하루의 마무리와 다음 날의 업무를 준비 시간이다.

취미 활동이 필요한 이유는?

건강한 휴식을 위한 방법 중에는 취미 활동이 있다. 취미 활동은 업무에서 벗어나 삶의 활력과 새로운 경험을 할 기회이다. 자영업을 하는 후배가 경기 불황으로 사업을 접을까 고민하던 차에 스쿠버다이빙을 배울 기회가 있었다. 휴일을 이용해 스쿠버다이빙을 배우면서 평소와 다른 활기를 느낄 수 있었고, 바다에서 스쿠버다이빙을 하면서 스트레스를 날려버릴 수 있었다. 또한, 함께 취미 활동을 하던 지인의 도움을 받으면서 상황이 조금씩 개선된다는 말을 들으면서 취미 활동의 긍정적인 효과를 확인할 수 있었다.

취미 활동은 업무에도 도움이 된다. 몇 년 전 집 근처 공방에 수강생들이 도마를 만들기 위해 모였다. 공방 주인은 도마를 만들 나무를 수강생들에게 임의대로 배정했다. 수강생 A는 나무를 받자마자 자신에게 배정된 나무보다 옆 사람 B의 나무 무늬가 더 좋다고 부러워하면서 자신에게는 나쁜 나무를 주었냐고 공방 주인에게 불만을 드러내면서 B에게 바꿔주기를 간접적으로 요청했다. B는 자신에게 배정된 나무에 만족하는지 A의 요청을 무시했다. 도마 만드는 시간이 흐를수록 도마에 대한 A와 B의 만족도가 달라지기 시작했다. A는 작업 초와 달리 만족도가 높아졌고, B는 A의 무늬가 자신의 것보다 더 화려하다고 생각해 A와 교환하지 않은 것을 후회했다.

업무에서도 공방 사례와 같은 공정성 시비는 수시로 발생한다. 부서장이 업무를 배정하면 자신에게 배정된 업무보다 동료의 업무를 탐내는 A와 같은 사람이 어느 조직에나 있다. A가 부서장이 업무를 공정하지 않게 배정한다고 여기면서 주변 사람에게 부서장에 대한 불만을 드러내는 순간 갈등이 일어날 수 있다. 부서장은 이런 결과를 방지하기 위해 업무를 배정할 때 부서원의 의견을 반영하거나 부서원이 이해하도록 설명할 필요가 있다. 업무를 평가할 때도 공정한 평가가 이뤄져야 하는 것은 당연하다. 부서장의 이런 노력에도 불구하고 A가 공정성에 대해 불만을 드러낸다면, 단호하게 대처할 필요가 있다. 이처럼 취미 활동 과정에서 발생하는 공정성에 대한 시비는 업무에서도 발생할 수 있어 이에 대한 예방이나 대처 방법을 미리 생각할 기회가 된다.

취미 활동은 가족에게도 도움이 된다. 도마 공방에서는 가족이 함께 도마를 만드는 모습을 흔히 볼 수 있다. 이 가족은 도마를 만들면서 즐거운 경험을 함께 공유하게 된다. 완성된 도마를 볼 때마다 즐거웠던 경험을 떠올리게 된다. 등산도 마찬가지다. 등산하는 동안 가족끼리 대화를 충분히 나눌 수 있고, 가족 중 걷기 힘들어하는 사람이 있다면, 서로 도우면서 정상에 이르렀을 때 느끼는 성취감은 경험한 사람만 알 수 있다. 이처럼 가족과 함께 즐기는 취미 활동은 가족의 소중한 심리 자원이다.

하지만 과도한 취미 활동은 업무에 지장을 초래하기도 한다. 취미가 영화감상인 직장인이 퇴근 후에 보는 한 편의 영화는 일하는 동안 쌓인 피로를 해소하고 스트레스 수준을 낮추는 데 도움이 된다. 이와는 달리 출근 전까지 밤을 새워 영화감상을 했다면, 휴식은커녕 피로만 더 쌓여 업무에도 지장을 초래할 수 있다. 술도 마찬가지다. 동료나 지인과 편안하게 즐기는 간단한 술자리는 하루의 쌓인 피로를 덜어주지만, 상사나 동료를 비난하는 술자리는 폭음할 가능성이 커 휴식보다는 몸과 마음에 심한 후유증을 남기며 업무나 동료와의 관계에도 악영향을 미칠 수 있다.

취미 활동이 미치는 긍정적인 효과는 다음과 같다. 첫째, 뇌를 건강하게 한다. 연구에 따르면 새로운 취미 활동은 나이 든 사람들의 인지력에 효과가 높은 것으로 나타났다. 사람은 나이가 들면 자연스럽게 뇌도 노화가 진행된다. 2018년 컬럼비아 대학의 연구에 의하면 새로운 활동, 사람, 장소, 감정을 더 많이 경험할수록 뇌가 변화하고 발전한다는 것이다. 심지어 50대 이상일지라도 새로운 언어나 악기를 배우고, 운동하고, 의미 있는 사회적 관계를 발전시키는 것과 같은 활동들은 두뇌에 긍정적인 영향을 줄 수 있다.

둘째, 정신을 맑게 한다. 즐기면서 취미 활동에 열중하다 보면 근심이나 걱정거리를 잠시나마 잊을 수 있다. 전문가들은 '기술을 필요로 하는 뜨개질과 같은 취미를 가지라'라고 말한다. 양손을 사용하고 리드미컬한 움직임이 필요한 뜨개질과 같은 취미는 몰입할 수 있도록 유도하기 때문이다. 특히, 취미 활동이지만 기술이나 기량을 늘리는 데 집중하게 되면 부정적인 생각 등에 휩쓸릴 여지가 줄어든다.

셋째, 스트레스를 줄여준다. 연구에 따르면 취미 활동은 신경을 안정시켜 스트레스를 퇴치하는 데 효과적인 방법으로 나타났다. 취미에는 정적인 취미와 동적인 취미가 있다. 정적인 취미는 독서, 명상 등과 같은 고요한 종류로 자기 이해 증진이나 문제에 대한 대처 능력을 향상하는 데 도움이 된다. 반면, 동적인 취미는 스포츠, 요가나 댄스 등과 같이 몸을 움직이는 종류로 화, 분노나 슬픔과 같은 부정 감정의 배출이나 기쁨이나 즐거움과 같은 긍정 감정의 활성화에 도움이 된다.

넷째, 자신감을 느끼게 한다. 많은 사람이 잘할 자신이 없다는 이유로 취미 활동을 포기한다. 하지만 취미 활동을 하면서 기술을 연마하고 발전을 이뤄가면 계속하려는 동기가 더 많이 생긴다. 연구에 따르면 열정을 추구하는 것은 자부심을 느끼게 해 목적의식을 향상하고 전반적인 삶의 질을 높이는 것으로 나타났다.

다섯째, 사회적 유대감을 강화한다. 취미 활동을 하면서 기량을 증가하려면 경쟁적 관계가 아닌 다른 사람들로부터 배울 수 있는 동호인 모임 등에 참가하는 게 좋다. 같은 취미를 가지고 공통의 목표를 향해 일하는 사람들과 지내다 보면 활동이 더 즐거워지고 다른 사람들로부터 영감을 얻는 데 도움이 된다. 그림 그리기와 같은 혼자서 하는 취미라도 온라인 포럼 등을 통해 다른 사람으로부터 건설적인 비평과 찬사를 얻을 수 있다.

건강한 취미 활동 방법은?

경쟁이 있는 취미 활동은 긍정적인 효과를 기대할 수 없다. 많은 직장인이 취미 활동을 하면서 순위를 정하는 내기를 한다. 대표적인 사례가 내기 골프이다. 내기 골프의 목적은 전문 도박꾼을 제외하고 대부분 '골프를 하는 동안 긴장감을 유지하기 위함'이라고 생각한다. 하지만 취미로 하는 골프에 내기라는 조건이 붙으면 긴장감 해소는커녕 골프를 하는 동안 긴장감을 유지해야 한다.

또한, 내기 골프를 하는 내내 골퍼의 머리에는 '이겨야 한다'는 생각으로 가득하다. 내기에서 이기려면 자기가 잘하는 방법도 있지만 상대가 못하거나 실수할수록 이길 가능성이 커지기 때문에 마음속으로 상대의 실수를 바라기도 한다. 특히, 내기에 걸린 돈이 많을수록 실수를 유도하기 위해 상대의 아픈 곳을 찌르는 말로 상대를 자극한다. 이 과정에서 골프 하는 사람들의 긴장도와 스트레스 수준은 더 높아진다. 골프가 끝나도 마음속에는 불쾌한 기분이 남고, 심한 경우 함께 한 사람들과의 관계마저 나빠질 수 있다. 이처럼 경쟁이 있는 취미 활동은 스트레스를 일으키는 역효과가 발생한다.

내기가 없는 취미 활동에서도 성취감을 맛볼 수 있다. 취미 활동의 결과에 따라 돈이나 벌칙이 걸리면 취미 활동 내내 긴장해야 하므로 몸과 마음의 긴장 해소라는 취미 활동 본래의 목적을 달성하기 어렵다. 그러므로 취미 활동은 즐겁고 자유로운 분위기에서 할 필요가 있다.

다른 사람과 경쟁하는 대신 자신과 경쟁하면 긴장감도 유지할 수 있고, 동료의 실수를 바라는 대신 실력 향상을 위해 진심이 담긴 조언과 응원을 아끼지 않는다. 이때 경험한 격려의 방법이나 조언, 응원의 말들은 함께 한 사람들의 에너지와 친밀감을 높이고 스트레스 수준을 떨어뜨리는 역할을 한다.

모든 취미 활동이 긍정적인 영향을 미치는 것은 아니다. 대표적인 사례가 TV 시청이다. 특히, 욕하면서 보는 막장 드라마는 자신도 모르는 사이에 즐거움이나 행복함과 같은 긍정에너지 대신 분노와 같은 부정 에너지를 만든다. 중독될 수 있는 PC 게임도 마찬가지다.

이왕 취미 활동을 결심한다면, 몸과 마음에 긍정의 영향을 미칠 수 있는 건전한 취미를 선택할 필요가 있다. 또 업무와 다른 속성의 취미를 고를 필요가 있다. 정적인 업무를 하는 사람은 동적인 취미를, 혼자서 업무를 하고 있다면, 여럿이 하는 취미를 선택한다면, 업무와는 다른 경험을 할 수 있고, 기분 전환에도 도움이 될 것이다.

스트레스의 원인을 이해하고 예방하기 위해서는 상사와 동료의 도움이 필요하다. 스트레스 예방을 위해 혼자 하는 것보다는 주변 사람들과 함께할 때 효과는 훨씬 크다.

이때 자신이 주변 사람들에게 미치는 영향에 민감할 필요가 있다.

자신도 모르는 사이에 자신이 상사나 동료에게 스트레스의 원인이 될 수도 있기 때문이다. 직장인 중에는 자신이 조직과 조직원에게 미치는 영향력에 관해 과소평가하는 경향이 있다. 어제 들어온 신입사원의 태도에 따라 조직 전체에 미치는 영향을 경험을 떠올리면 자신의 사소한 행동이라도 의외로 큰 영향을 미칠 수 있다.

따라서 경영진부터 모든 조직원이 한마음 한뜻으로 스트레스 예방을 위한 조직문화를 형성한다면, 유스트레스가 디스트레스를 이겨내는 아름다운 결과를 얻을 수 있을 것이다.

나는 동료를 위협하는 경쟁자일까,
아니면 함께 성장하는 협력자일까?

　많은 직장인이 출근을 위해 경부고속도로를 이용하고 있다. 출근하는 사람들로 붐비는 고속도로에서는 조금이라도 빨리 가기 위한 운전자들의 눈치 게임이 고속도로 입구부터 출구까지 이어진다. 자신의 앞이나 옆 차량을 비교 대상으로 삼아 그 차들보다 조금이라도 빨리 가기 위해 차선을 요리조리 바꾸거나 칼치기와 같은 위험한 급차선 변경을 서슴지 않는 등 가능한 방법을 동원해 운전하는 사람도 많다.

　출근길 고속도로에서는 두 가지 유형의 운전자를 만날 수 있다. 첫번째 유형은 주변 자동차의 운전자를 경쟁자로 여기는 사람이다. 이 유형의 운전자는 주변 운전자를 보면서 '저들 때문에 고속도로가 막혀 지각할 수도 있다' 혹은 '대중교통을 이용하면 될 텐데…'라고 주변 운전자들을 부정적인 시각으로 바라보면서 운전을 하는 사람이다. 이런 생각을 하는 운전자는 주변 차량이 자신의 출근길을 가로막는 방해꾼으로 인식하므로 주변 차량의 추월을 1차 목표로 한다.

　사람은 본능적으로 경쟁자를 '적'으로 인식하는 경향이 있다. 적은 자신의 생존을 위해 수단과 방법을 가리지 않고 물리쳐야 하는 대상이다. 주변 운전자를 경쟁자로 여기면 주변 운전자의 진로를 방해할 가능성이 크다. 끼어들겠다고 신호를 보내는 차가 있으면 양보보다는 앞차와의 간격을 좁혀 끼어들지 못하게 만들거나 옆 차선의 차량 흐름이 좋아 보이면 뒤차 운전자에 대한 배려 없이 무리하게 끼어들기도 한다.

이런 운전 방법은 일시적으로 효과가 있는 것처럼 보인다. 급하게 차선을 변경하면서 앞에 있던 차를 추월하는 순간 목적지에 일찍 도착한 듯한 착각에 빠지지만 이런 착각은 오래가지 못한다. 무리하게 변경한 차선의 흐름이 나빠지는 경우가 있는데 이럴 때는 '내가 왜 차선을 바꿔서…'와 같은 생각을 하면서 자신을 비난하기도 한다. 또, 추월한 차가 어느새 자신의 앞이나 옆에 와 있는 모습을 발견하기도 하는데 이렇게 되면 경쟁심리가 발동해 그 차를 다시 추월하기 위한 시도를 한다. 이렇게 운전하는 과정에서 스트레스를 경험하고, 피로도와 사고 위험이 커지게 된다.

차선 변경이 목적지에 도착하는 시간을 단축하는 데 별다른 도움이 되지 못한다는 연구 결과가 많다. 2019년 교통신문의 기사에 따르면 이론적으로 잦은 차로 변경은 목적지까지 이동을 빨리하는 방법의 하나로 인정된다고 한다. 그러나 실제에 있어 잦은 차로 변경은 운행 시간을 단축하는 효과를 보기 어렵다고 한다. 실제로 운전하다 보면 옆 차선의 차를 추월한 지 얼마 지나지 않아 자신과 나란히 달리는 차를 발견하곤 한다.

경쟁하는 사람은 운전하는 동안 생산적인 활동을 하기가 어렵다. 눈앞에 보이는 차들과 경쟁을 해야 하므로 음악을 듣거나 차분하게 하루 계획을 세우는 것과 같은 시간을 보내기는 불가능에 가깝다. 위험을 무릅쓰고 다른 차를 추월하면서 몇 분 정도의 시간을 단축하면서 뿌듯함을 느끼기도 하겠지만 그런 행동이 그 사람의 삶에 아무런 도움이 되지 못한다.

경쟁자는 스트레스 유발자다. 경쟁자가 갑자기 끼어들기라도 하면 차분하게 운전하던 사람도 놀라게 되면서 자신도 모르게 경적을 울리거나 라이트를 켜는 것과 같은 행동을 하게 된다. 이처럼 경쟁자의 난폭운전은 주변 운전자에게도 영향을 미쳐 주변 운전자의 스트레스 수준을 높이는 결과를 가져온다.

경쟁자의 난폭한 행동은 자신에게 고스란히 돌아온다. 경쟁자의 영향으로 스트레스를 경험한 운전자는 경쟁자를 경계하게 된다. 경쟁자가 원하는 결과를 얻지 못하도록 경계를 하면서 운전하기에 경쟁자가 양보를 원하더라도 양보를 하지 않고 경계를 더 강화한다. 경쟁자가 끼어들 것 같으면 앞차와의 거리를 좁히는 등 경쟁자와 경쟁하는 또 다른 경쟁자로 변한다. 이렇게 되면 경쟁자는 자기가 만든 덫에 걸리는 결과를 맛보게 된다.

두 번째 유형은 주변 운전자를 협력자로 여기는 사람이다. 이런 유형의 운전자는 주변 사람을 자신의 출근을 돕는 협력자로 생각한다. 이런 생각을 가지고 운전하는 사람은 자신만 빨리 가는 방법보다는 주변 운전자 모두가 빨리 갈 방법을 찾는다. 앞차와의 거리를 넉넉하게 두면서 여유롭게 운전하며, 옆에 있던 차가 자신의 앞으로 끼어들겠다고 신호를 보내면 기꺼이 양보하면서 앞차가 안전하게 끼어들도록 도와준다. 이런 사람은 여유를 가지고 운전하기에 운전하는 동안 별다른 스트레스를 받지 않는다.

운전하는 시간이 길어질수록 경쟁자와 협력자의 에너지 차이는 벌어진다. 경쟁자는 운전하는 내내 자신보다는 주변 차량의 움직임에 더 많은 관심을 기울인다. 자신보다 속도가 빠른 차가 다가오면서 비켜 달라는 신호를 보내더라도 양보를 하지 않는다. 이렇게 주변 차량과 경쟁하느라 불필요한 에너지를 많이 쓰기 때문에 피로도도 높아진다. 피곤하면 짜증을 내기 쉽고 주의력도 부족해진 상태라 교통사고의 위험도 커진다.

이처럼 경쟁자는 단기 목표에 집중한다. 경쟁자의 목표 달성은 단거리에서는 효과적인 것처럼 착각을 일으키게 하지만, 운전 거리가 멀어질수록 경쟁자의 운전 방법에 대한 문제가 명확하게 드러난다. 이런 사례는 마라톤 경기에서 쉽게 볼 수 있다. 마라톤 경기를 텔레비전에서 중계할 때가 있는데 경기 초반에는 강력한 우승후보자의 모습을 시청자들은 볼 수 없다. 이들은 자신이 평소 연습한 대로 뛰기 때문에 무리 속에서 다른 선수들과 함께 뛴다. 경기 초반에 선두에 모습을 드러내는 사람은 자기 능력보다 무리한 속도로 뛰기에 뛴 거리가 멀어질수록 뒤처지기 시작해 경기를 포기하거나 후위 그룹에서 그 모습을 찾을 수 있다.

경쟁이 심해질수록 경쟁자의 목표 달성은 어려워진다. 경쟁자의 거친 행동은 주변 차량을 자극하면서 주변 차들도 경쟁에 가세한다. 이렇게 되면 서로 빨리 가겠다고 경쟁하면서 무리하게 끼어들고, 끼어드는 차를 막기 위해 차 간격을 좁히면 수시로 급브레이크를 밟게 되고 심하면 추돌사고가 일어난다.

'5분 빨리 가려다 50년 빨리 간다'라는 말이 있다. 주변 차들과 경쟁을 시작하는 순간 사고 위험은 급격히 커진다. 출근 시간에 쫓겨 과속이나 난폭운전을 하다 사고가 나면 제시간에 출근하기도 어렵고, 사고가 커지면 회사를 그만둬야 할 수도 있고, 자신이 가해자가 되는 순간 형사처분까지도 감수해야 한다. 또한, 자신뿐만 아니라 다른 사람이나 그 가족의 삶까지도 불행하게 만들기도 한다.

경쟁자와 달리 협력자는 주변 차량에 신경 쓰는 대신 자신에게 관심을 기울인다. 자신의 옆에 있던 차량이 자신을 추월하더라도 그 차와 경쟁하기보다는 자신의 몸 상태에 관심을 기울인다. 자신보다 속도가 빠른 차가 오면 빨리 달리지 않아도 되는 하위 차선으로 변경해 마음 편히 운전한다. 이런 운전 태도는 에너지의 낭비를 줄일 수 있어 목적지에 도착하더라도 피로도가 높지 않다. 또한, 사고의 위험도 줄일 수 있어 안전하게 목적지에 도착할 가능성이 훨씬 크다.

경쟁자와 협력자의 이런 태도 차이는 '목표를 달성하는 과정의 차이'라고도 할 수 있다. 경쟁자와 협력자는 모두 '최종 목적지인 직장에 출근하는 것'을 목표로 설정했지만, 경쟁자와 협력자는 목표를 달성하는 과정에서 큰 차이가 있다. 경쟁자는 주변 차량의 움직임에 민감하게 반응하면서 주변 차량을 추월해야 사무실에 일찍 도착할 수 있다고 주장한다. 경쟁자와 달리 협력자는 주변 차량을 추월하기보다는 '주변 차량과 조화를 이루면서 가야 일찍 도착할 수 있다'라고 여겨 주변 차량을 배려하면서 운전한다.

주변에서도 경쟁자와 협력자를 찾을 수 있다. 경쟁자와 협력자 중에서도 경쟁자를 더 쉽게, 더 자주 만난다. 명절에 가족이나 친척이 모여 자식 자랑을 하는 것도 경쟁자가 보이는 흔한 행태이다. 이런 사람들은 자식의 인격, 성품이나 다른 사람을 돕는 이타적인 행동 같은 것이 아니라 급여나 직위 혹은 재산 규모를 자랑의 대상으로 한다. 부모가 자식의 권력을 자랑한 뒤 몇 달 뒤에 그 사람이 비리 사건에 연루되어 언론에 보도되는 사례도 있다. 이처럼 경쟁자가 가족 모임에 끼게되면 그 모임 자체가 불편해지고 부담스럽다. 이런 이유로 인해 경쟁자가 있는 모임에는 협력자와 같이 이타적인 사람들이 발길을 끊으면서 경쟁자들만 우글거리게 된다.

경쟁자와 협력자는 직장에서도 쉽게 찾을 수 있다. 경쟁자는 주변의 모든 조직원을 경쟁상대로 삼는다. 경쟁자의 목표는 동료와의 경쟁에서 승리하는 것으로, 동료와의 경쟁에서 이기기 위해서라면 동원 가능한 모든 수단과 방법을 사용한다. 이 과정에서 동료의 평판이나 성과를 깎아내리기 위한 뒷담화는 기본이고 심한 경우 경찰이나 검찰에 투서하는 예도 있다.

경쟁자의 행동은 조직의 화합을 해치는 원인이 된다. 경쟁자가 조직에서 흔히 하는 행동에는 '정보 독점'과 '책임 떠넘기기'가 있다. 경쟁자는 정보가 경쟁에서 승리하게 만든다고 생각하기 때문에 자신이 가진 정보를 동료들과 공유하지 않는다. 경쟁자는 자신이 가진 정보를 부서장과 같이 자신의 평가를 결정하는 사람에게만 제공하는 경향이 있다. 경쟁자의 이런 행태로 인해 동료들은 비슷한 수준의 정보를 얻기 위해 불필요한 시간과 노력을 낭비하게 되고, 결국은 회사 전체의 경쟁력 약화로 이어진다. 뒤늦게 이런 사실을 알게 된 동료는 경쟁자를 원망하게 되고, 경쟁자와 같이 정보를 공유하지 않게 된다.

경쟁자의 또 다른 행동 패턴은 책임 떠넘기기이다. 경쟁자는 문제가 생겼을 때 책임을 떠안게 되면 경쟁에서 탈락한다고 생각하기 때문에 어떡하든 문제의 원인을 동료에게 떠넘기려고 한다. 이런 일이 발생하면 조직원끼리 서로 비난하면서 조직의 균열이 일어나면서 조직의 성과도 기대하기 어렵다.

조직은 '이인삼각' 경기장이다. 이인삼각 경기를 하는 두 사람이 서로를 이기겠다고 애써봐야 넘어질 뿐이다. 조직원은 동료를 이기겠다는 생각을 버리고 조직 밖의 경쟁자를 대상으로 경쟁우위에 서겠다고 노력할 때 조직이 발전한다.

'빨리 가려면 혼자 가고 멀리 가려면 함께 가라'라는 말이 있다. 직장은 마라톤과 같아 경쟁자는 결코 오래 달릴 수 없다. 멀리 가기 위해서는 동료들과 협력해야 한다.

직장인을 위한 감정노동 솔루션

스트레스를 조율하는 리더 스트레스를 이겨내는 직원

제1판 1쇄 2023년 8월 17일

지은이   최환규
펴낸이   한성주
펴낸곳   ㈜두드림미디어
책임편집   이수미
디자인   얼앤똘비악(earl_tolbiac@naver.com)

㈜두드림미디어
등록   2015년 3월 25일(제2022-000009호)
주소   서울시 강서구 공항대로 219, 620호, 621호
전화   02)333-3577
팩스   02)6455-3477
이메일   dodreamedia@naver.com(원고 투고 및 출판 관련 문의)
카페   https://cafe.naver.com/dodreamedia

ISBN   979-11-93210-10-9 (03190)